Crash au Mont-Blanc

Françoise Rey

Crash au Mont-Blanc

Les fantômes du Malabar Princess

Cette édition de *Crash au Mont-Blanc*
est publiée par les Éditions de la Seine
avec l'aimable autorisation des Éditions Glénat

AVERTISSEMENT

Construit à partir d'archives de presse, des documents d'enquêtes officielles et de témoignages, le texte qui suit est la reconstitution d'histoires vraies. À l'exception du « vieil Emile », inventé pour les besoins d'une « mise en scène », et de Christine, toutes les personnes citées existent ou ont existé. Même si des témoignages donnés publiquement pour la première fois remettent en question les résultats de la procédure judiciaire d'un des deux « crashs », il s'agit avant tout d'un récit d'aventure et non d'une enquête visant à établir une autre vérité. Depuis ces affaires, commentaires, rumeurs, mystères et sous-entendus continuent en secret leur chemin... c'est celui que nous allons suivre.

Première partie

« Ce n'est que sur le sommet des montagnes, à 3000 mètres d'altitude, loin du tumulte des hommes, que se trouvent la paix et le bonheur. »

Le pandit NEHRU.

La chanson dit qu'avec le temps tout s'en va. La vie ne dit pas le contraire. Les passions s'estompent, les amours s'effilochent, les illusions se perdent, les souvenirs s'envolent. Les rancunes s'apaisent et puis bien sûr, le corps inexorablement se fane. Un peu trop tôt, un peu plus tard, vient le jour où s'inscrit le mot fin. Plongés dans le chagrin, voilà que certains posent une photo encadrée sur un meuble, arrangent des fleurs sur une tombe. D'autres, dans d'autres contrées, font brûler de grands feux ou s'enivrent d'alcools et de danses. Et puis avec le temps... C'est la vie. Au port, les veuves laissent divaguer leurs souvenirs, mais n'attendent plus le marin jamais revenu. Quelque part, dans une chapelle, il y a sûrement un ex-voto à la mémoire de ce disparu en mer. Disparaître. Bien belle idée après tout que celle de mourir sans laisser de trace, de s'évanouir dans la nature, de s'éteindre sans offrir le spectacle de la mort. Sans que le corps encombre et pourrisse dans un cimetière. Simplement l'absence. La mer, comme la montagne, est objet de rêves, sujet de poésie. Elle est résidence des dieux, symbole de puissance, de beauté et de sérénité. Il n'empêche, la mer, comme la montagne, est peuplée d'absents. Et la contemplation de leurs paysages devrait s'appeler recueillement.

Mais si l'océan efface à jamais la trace de ceux qu'il a pris dans ses pièges, la montagne, elle, a ceci de vicieux, qu'elle entretient l'espoir, gardant tout en mémoire sous d'épaisses couches de glace.

Certains « anciens » de Chamonix racontent l'histoire saugrenue d'un homme qui fut retrouvé et reconnu soixante ans après sa disparition au fond d'une crevasse... C'est ainsi, affichant une trentaine impeccable, qu'il fut présenté pour la première fois à son petit-fils quinquagénaire. « Vérité arrangée » à laquelle on voudrait croire tant il y a d'alpinistes endormis pour l'éternité au plus profond des abîmes de glace, dans la pureté des espaces d'altitude. Ils sont si nombreux dans le massif du Mont-Blanc à n'être jamais revenus d'une course, retenus dans leur univers de prédilection, loin des murs sinistres qui encerclent nos morts alignés sous la terre. Disons que ce sont des morts libres et avertis. Imaginons que ce sont des morts heureux. Mais autour du Mont-Blanc, leur royaume est hanté par d'autres âmes, venues du ciel, tombées là par hasard, passagers d'aéronefs ayant raté leur coup. Par deux fois, le mont Blanc a stoppé net le voyage d'un avion au long cours. Par deux fois, il n'y eut aucun rescapé. Au total, plus de cent cinquante corps souvent mutilés qui furent aussitôt pris par les glaces puis se mirent à descendre vers les vallées, lentement, inexorablement, au rythme de la marche des glaciers, au milieu des débris de carlingue, de moteurs, de bagages, de sacs postaux et de bien d'autres cargaisons. Des fantômes enveloppés de rumeurs et de mystère... Jusqu'au jour où le voyage s'achève, lorsque le glacier meurt et qu'il se débarrasse de ses secrets... Ici une main de femme, fine, avec un morceau d'étoffe au poignet et une bague au doigt, là le portefeuille du pilote, à peine marqué par le temps. Une petite cuillère frappée Air India...

1

Gateway of India

Bombay, dimanche 23 janvier 1966.

Pour leur dernière journée en Inde, Bertoli avait tenu à inviter le jeune J.-C. Cornu au Tanjore, l'un des meilleurs restaurants de la ville. Sans doute aussi l'un des plus beaux, situé au cœur de cette cité dans la cité qu'est le célèbre Taj Mahâl Hôtel. C'est là que Bertoli avait l'habitude de descendre lors de ses séjours à Bombay, séjours qui étaient fréquents puisque depuis quinze ans, il travaillait à la direction européenne de la compagnie Air India, à Genève. Il en était aujourd'hui le plus haut représentant. Le Taj Mahâl, c'était un peu le passage obligatoire de tous les hommes d'affaires en mission à Bombay. S'ils n'y descendaient pas, au moins devaient-ils en avoir fréquenté l'un des nombreux bars ou restaurants. D'ailleurs, pour être dans le coup, il fallait dire le Taj, comme ceux de la Jet Society qui en avaient fait une de leurs étapes privilégiées. C'était le fleuron des hôtels d'Orient, fastueux palace de l'époque victorienne avec ses impressionnantes façades orgueilleusement dressées face à la mer d'Oman, à côté de la fameuse Gateway of India, cet arc de triomphe érigé en commémoration du débarquement en terre indienne de George V et de son épouse la reine Mary. Gateway of India, porte de l'Inde et de tous les rêves.

C'est là que J.-C. Cornu fit stopper son taxi. Il se dirigea vers le monument, s'arrêta exactement dessous, face à l'océan. Il posa à terre sa grosse valise de toile bleu marine et sa serviette de cuir. Il enfonça profondément ses mains dans les poches de son pantalon de lin, remonta haut les épaules, leva légèrement la tête comme pour respirer et marqua effectivement une longue inspiration qui gonfla tout son buste. Puis il ferma les yeux. Il resta ainsi une bonne minute. Peut-être plus.

« Je me souviendrai de tout, je n'oublierai rien... Dieu, que ce pays est envoûtant ! » Il se ressaisit bientôt, reprit ses bagages et s'éloigna vers la grande entrée du Taj Mahâl.

J.-C. Cornu, vingt-huit ans , travaillait lui aussi à la direction européenne d'Air India. Cela datait de quelques semaines à peine, il était d'ailleurs là en stage de formation. C'était son premier voyage en Orient. Encore « novice », il avait dû se contenter quant à lui, d'un hôtel plus modeste que le Taj, sur Marine Drive. Cette avance de plusieurs heures sur le rendez-vous de Bertoli était délibérée. Il voulait passer ce dernier après-midi en Inde dans l'or et les fastes du Taj. Boire un verre au bord de la piscine, lire, écrire encore quelques cartes postales, et faire quelques achats dans les boutiques de l'hôtel.

Il savait que son directeur était au Prince of Wales Museum, en compagnie d'un de ses vieux amis de Bombay. Bertoli ne pouvait jamais quitter la ville sans avoir flâné au milieu des joyaux de ce merveilleux musée. Les miniatures du XVIIe, les ivoires sculptés... A force de temps, de patience, mais surtout de curiosité, il était même devenu assez bon connaisseur en art indien. Il avait appris les noms, les différentes représentations d'un grand nombre de divinités, il pouvait réciter par cœur quelques strophes du Râmâyana, ce poème aux vingt-quatre mille versets, véritable bible des hindous. Tout cela impressionnait beaucoup le jeune Cornu, qui n'avait pourtant pas tenu à suivre son érudit directeur au cœur du grand musée.

Il n'avait pas eu le temps de voir grand-chose, mais pour rien au monde il n'aurait recommencé le marathon que représentent ces visites des sites et monuments historiques, sautant de taxi en taxi et marchant sans répit. Il lui restait beaucoup à découvrir mais qu'importe, Air India le renverrait certainement en Inde. Et si ce n'était pas le cas, il y reviendrait en voyage d'agrément avec Christine. Comme pour s'en convaincre, il se dit même que ce serait dès leurs prochaines vacances. Bien évidemment, ils descendraient au Taj, Christine adorerait.

Il entra dans le hall et marqua une pause. Coiffés de turbans rouges et la taille serrée dans de larges ceintures dorées, les hommes du personnel avaient des allures de maharajas. Légers, gracieux, ils allaient et venaient tels des danseurs, glissant silencieusement sur les marbres, comme poussés par les courants d'air des ventilateurs de cuivre dont les ronronnements s'étouffaient à peine dans les épaisses tentures de velours tombant des immenses fenêtres.

Cornu confia son bagage à la réception et se fit indiquer le jardin. Pelouse impeccable, manguiers et buissons de jasmin embaumants, chaises et tables blanches travaillées comme des dentelles composaient une délicieuse oasis protégée des rumeurs et des odeurs de la ville par les bâtiments cossus des chambres. Et partout encore, comme s'ils appartenaient au décor, des employés en tenue princière se tenaient prêts à satisfaire le moindre désir de la clientèle. Les uns circulaient avec un plateau d'argent et le sourire aux lèvres, les autres semblaient plantés entre les colonnes, l'œil sévère. Ceux-là étaient équipés d'une sorte de bat de cricket. Intrigué, Cornu comprit bientôt que l'arme visait les malheureux corbeaux qui — oiseaux de mauvais augure porteurs des miasmes de la ville — oseraient atterrir dans ce paradis.

Il était encore tôt dans l'après-midi. Cornu se dit que l'heure et l'endroit lui donneraient l'inspiration pour rédiger enfin une longue et belle lettre à sa jeune épouse. Il choisit la table la plus retirée où vint aussitôt le rejoindre un charmant petit maharaja. Il commanda un martini rouge et réclama quelques feuilles de papier. En attendant, il ouvrit un journal indien de langue anglaise. Il ignora les nouvelles internationales pour se plonger dans celles du pays. L'actualité était riche. Les manifestations et les scènes de violence avaient repris de plus belle au Kerala, dans le sud du pays, ainsi qu'au Madhya Pradesh, province du centre où une terrible famine s'était installée après deux années de sécheresse.

Depuis le 9 janvier, la ration de riz quotidienne — principal, voire unique aliment —, était passée de 160 à 120 grammes et la situation venait encore de s'aggraver.

Il y avait aussi de longs articles sur les applications des accords de Tachkent marquant la fin du conflit indo-pakistanais. De longues colonnes étaient consacrées à la mort récente du Premier ministre, Lal Bahadur Shastri, ainsi qu'à la prise de fonction officielle de Mme Indirâ Gândhi qui aurait lieu le lendemain. D'importants commentaires également sur les fêtes anniversaire de l'Indépendance qui seraient célébrées le 26 janvier. On évoquait encore Mahashivarati, la prochaine fête du calendrier hindou qui attire chaque année des milliers de pèlerins au bord des rivières. En l'honneur de Shiva, les basses castes chanteraient des chansons obscènes.

Cornu poursuivit sa lecture par les nouvelles internationales. Il apprit qu'un bombardier américain avait été percuté par son ravitailleur en vol au large d'Almeria, en Espagne. L'accident avait fait sept morts, mais ça n'était pas le plus grave. La collision datait d'une semaine et on n'avait toujours pas retrouvé les bombes thermonucléaires que l'avion transportait. Drôle d'histoire. Cornu fut interrompu dans sa lecture.

Le serveur vint déposer le drink ainsi que le papier à lettres à l'en-tête du Taj Mahâl. Cornu abandonna son journal. Le temps passait. Il s'était promis d'écrire à Christine. Il sourit, trouvant l'idée assez ridicule puisque la lettre arriverait bien après lui à Genève. Il faillit même renoncer. Il reposa son stylo, puis il le reprit. Quelque chose le poussait. Etait-ce le plaisir d'utiliser le beau papier à lettres du Taj et de coller sur l'enveloppe un timbre bien choisi qui irait enrichir la collection de son épouse ? Il ne savait. Mais ce besoin ne lui ressemblait pas. Depuis qu'il était là, il lui avait envoyé deux cartes postales. « Tout va très bien, je te raconterai. Je pense à toi. Je t'aime. » Sans plus de détails. Christine lui pardonnerait, elle le connaissait trop bien. Ce n'était pas son genre de s'épancher. Cornu était le premier surpris de cette envie subite de raconter son séjour, ses pensées, comme ça, au dernier moment. Il savait bien pourtant qu'il aurait déjà eu le temps de relater cent fois son voyage avant que cette enveloppe ne soit enfin glissée dans leur boîte aux lettres, à Genève. Mais c'était plus fort que lui.

Il finit par déboucher son Mont-Blanc qu'il tripotait nerveusement depuis un long moment et il arrondit les premières lettres. Les mots lui vinrent facilement, par flots. Il raconta l'hôtel, les rumeurs de la ville, les rickshaws, les prostituées et aussi ces Américains aux cheveux longs et drôlement vêtus que l'on croise dans le « Quartier des Cages ». Il évoqua rapidement les visages des lépreux et les regards implorants des culs-de-jatte qui hantent les trottoirs de la ville, mais il préféra s'étendre plus longuement sur la beauté des choses. L'île Elephanta où il s'était promené la veille, les sculptures, celle du Shiva tricéphale en particulier. Il décrivit aussi les réverbères de Marine Drive, qui, la nuit venue, scintillent comme le « collier d'une reine le long de la baie au galbe parfait ». Mais il avoua n'avoir presque rien vu. Ni de la richesse culturelle, ni de la misère des gens de ce pays, extrêmes toutes deux. Il lui dit pourtant qu'il était envoûté, que c'était un autre monde. « Il y a tellement de dieux et de gens qui les vénèrent, partout, à chaque instant, que j'ai l'impression de devenir plus sensible. Je te promets de te faire découvrir ce pays de mystères. »

Il ajouta ensuite quelques mots sympathiques sur Bertoli. « Il m'a dit qu'il tenait à nous présenter sa fille qui viendra le chercher à l'aéroport. Ils ont l'air d'être très proches. Je sais qu'il rentre chargé de cadeaux pour elle. Depuis le temps qu'il vient ici, sa maison doit ressembler à un musée. Moi aussi, j'ai de très belles surprises pour toi dans mes bagages. Mes voisins parlent un peu fort, en anglais et sans avoir voulu écouter, je peux te dire que l'un d'eux se nomme Robinson et qu'il sera dans le vol de ce soir. Je sais même qu'il continuera sur New York. Le monde est petit. J'ai hâte de te retrouver. Je t'aime. Ne l'oublie jamais. Comment vont nos montagnes ? Il fait 25° ici, j'ai du mal à imaginer que le week-end prochain nous serons sur les pistes de Chamonix. As-tu bien pensé à réserver notre chambre à l'hôtel de Paris ? Mais je suis ridicule de te parler ainsi, comme si tu étais à mes côtés, je te laisse pour quelques heures et je vais rejoindre Bertoli au bar... »

Lorsque Cornu eut achevé sa lettre, il avait un drôle d'air. Ses jambes agitées sous la table trahissaient sa nervosité. Des gouttes de sueur perlaient sur ses tempes. Il se mit à fixer de manière insistante ce fameux Robinson, assis à la table voisine. L'Américain avait l'air plutôt gai et cela suffit à le rassurer. Au moment de fermer l'enveloppe, Cornu ressortit les feuilles pliées et relut encore sa lettre. Très vite, il s'arrêta et la froissa. Energiquement. Le mouvement un peu brusque, ou le bruit peut-être, fit se retourner le fameux Robinson. Leurs regards se croisèrent et ils se sourirent. En boule dans un cendrier, la lettre fut presque immédiatement emportée par le serveur enturbanné, soucieux de bien faire. Cornu la regarda disparaître et ouvrit sa mallette de cuir. Il en sortit une boîte emballée avec du papier de soie rose. Dans l'écrin reposait une magnifique parure de saphir. Il saisit délicatement une boucle d'oreille et la fit tournoyer dans la lumière devant ses yeux. Mr. Robinson remarqua encore ce geste. Et Cornu sentit son regard. De nouveau, un sourire poli fut échangé. La boucle de saphir reposée sur le velours bleu de l'écrin, l'écrin replongé dans la mallette, Cornu se leva. Il traversa le jardin, passa devant la table de Robinson, qu'il salua, et prit la direction du Harbour Bar où Bertoli devait maintenant l'attendre. Il était 19 heures.

***

Pendant ce temps, à New Dehli, les époux Bruce se chamaillaient en bouclant leurs dernières malles. Oh, rien de bien grave, tout ce qu'il y a de plus normal avant un grand départ. L'excitation du voyage mêlée à la joie de retrouver bientôt leur famille à Londres, mais aussi la tristesse de laisser derrière eux une maison vide, de dire adieu leurs amis. La nostalgie de l'Orient déjà. Les souvenirs de ces longues années passées ici, dans ce quartier paradisiaque de Chanyakyapuri, les élégantes « parties » dans les senteurs des jardins fleuris... ces chaleurs d'été qu'on avait mis tant de temps à supporter. Telles étaient sans doute les pensées de Mrs. Bruce, assise sur une grosse malle d'osier où elle avait enfermé statuettes et autres bibelots de valeur. Immobile au milieu de l'immense salle de réception, elle laissa échapper un léger soupir. Vide de ses meubles, de ses tapis, de ses toiles et de ses tentures, la pièce résonnait étrangement. Le moindre soupir y devenait longue plainte. Son mari approcha.

« Ne sois pas déchirée Florence, nous reviendrons dans quelque temps.

— Ne dis pas de bêtises Robert, j'ai soixante-sept ans et toi soixante-dix, tu sais bien que nous ne reviendrons jamais. Ne refuse pas la vérité. Nous rentrons pour vieillir dans notre pays et nous mourrons sans revoir l'Inde. Je le sais bien. »

Robert Bruce n'essaya même pas de rassurer sa femme. Il l'entraîna sous la véranda. Il la serra très fort contre lui et lui caressa tendrement la nuque, au-dessous d'un épais chignon de cheveux gris. Son regard était ailleurs, il laissait aller ses pensées. Il se dit qu'elle avait raison, c'était vraiment la fin d'un chapitre. Il savait bien lui aussi qu'ils partaient pour toujours.

« Toujours... », il avait prononcé le mot à voix haute.

« Toujours... », il l'avait même répété, le laissant traîner. Florence ne put retenir ses larmes. Robert voulut se ressaisir. Il prit alors un ton plus enjoué et parla à Florence de son impatience de retrouver leur fils Harold, Joyce leur belle-fille et la petite Cheryl. Il dit qu'il était persuadé que les enfants auraient organisé une grande « party » dans la maison de Mitcham Road en l'honneur de leur retour. Une grande fête de bienvenue.

« Cheryl... comme nous allons la trouver changée ! Voilà huit ans que nous ne l'avons pas vue, elle était encore une enfant, elle n'avait que six ans. Crois-tu qu'elle nous reconnaîtra ?

— Voyons Florence, pense plutôt à choisir un bon livre pour le voyage et regarde-moi. N'ai-je pas l'air ridicule dans ce manteau ? Il doit être complètement démodé à Londres ! Allez, viens. Veux-tu que nous allions faire un tour avant que les Smith viennent nous chercher pour nous conduire à l'aéroport ? Je voudrais marcher une dernière fois au bord des bassins à lotus du Lodi Garden. Avec cette lune, ça nous rappellera des souvenirs. »

*
**

Il était un peu plus de 21 heures 30. A Bombay, Bertoli et Cornu venaient de terminer leur repas. Dans le hall du Taj Mahâl, appréciant le défilé des éclatants saris de soie des dames de la haute société indienne, ils attendaient leur taxi pour l'aéroport.

*
**

La nuit venait à peine de tomber sur Beyrouth. Il devait être 17 heures 30.

Dans la salle de restaurant sans caractère d'un hôtel de l'aéroport, seule une table était déjà occupée. Une douzaine de personnes fort animées. Ça n'était certes pas la tradition mais ce soir-là, la quasi-totalité du deuxième équipage du Bombay-Londres était réunie. Le commandant D'Souza, Wilks le second, Asnani le navigateur, Borooah le mécanicien navigant, mais aussi tout le personnel commercial, dont les deux jolies hôtesses, Miss Sahany et Doris Ludy. Malgré leur sobriété — l'embarquement était prévu pour 4 heures 30 — ils affichaient une belle gaieté. Quelques bons souvenirs de carrière refaisaient surface. Les contretemps, les anecdotes sur des passagers particulièrement difficiles, les rencontres avec certaines personnalités. L'année précédente, le commandant n'avait-il pas été choisi comme pilote pour conduire le pape Paul VI de Rome à Bombay ? Il pouvait considérer ce choix comme une véritable distinction. Il ne s'en vantait pas mais il était l'un des meilleurs éléments de la compagnie. Embauché en novembre 1947 à l'âge de vingt-cinq ans, il totalisait 14664 heures de vol dont 2651 sur Boeing 707, sans aucun incident à signaler.

« Et toi, Wilks, combien d'heures de vol ?

— Je crois que j'en suis à 12890 heures. Ah, non attends, j'oubliais le Bombay-Beyrouth d'hier, 8 heures 30 en plus, arrondissons à 12899. »

Et ils parlèrent encore de leurs qualifications respectives, de leurs derniers stages en simulateur, du nombre d'atterrissages dans tel ou tel aéroport. « Genève ? Tu as combien de Genève à ton actif depuis un an ? Sept ? Egalité ! »

Sur le même ton bon enfant, la conversation suivit son cours, en anglais. Au dessert, qu'ils demandèrent rapidement, ils en étaient à se dire et se redire qu'ils faisaient tous un merveilleux métier, ravis qu'ils étaient de se savoir enviés pour leurs voyages. Un jour ici, le lendemain à l'autre bout du monde, d'un hôtel à l'autre. Hier Bombay, aujourd'hui Beyrouth, demain Londres... Genève et Paris en escales. Quelle vie trépidante !

Les deux hôtesses étaient souvent prises à partie. La jeune Doris Ludy, de nationalité suisse, ne semblait pourtant pas d'humeur à rire, ni même à sourire. Non par timidité — entrée à Air India dix-huit mois plus tôt, elle avait eu l'occasion de travailler avec chacun d'eux — ni par coquetterie, non plus que la conversation l'agaçât. Non, tout simplement à cause d'une terrible douleur à l'estomac qui ne la lâchait pas depuis quelques heures. Malgré tous ses efforts, elle dut d'ailleurs quitter la table avant les autres, trop impatiente d'aller s'allonger dans sa chambre.

Quelques minutes plus tard, miss Sahany s'excusait à son tour, pour, solidarité féminine oblige, aller s'enquérir de la santé de sa collègue. Doris lui avoua souffrir énormément, au point d'être pliée en deux… « Ça m'arrive lorsque je suis nerveuse ou angoissée, mais ça ne m'a jamais frappée de manière aussi violente. Cette fois, c'est terrible. Enfin, je suis sûre qu'un peu de repos suffira et cette nuit je serai sur pied pour embarquer. Je tiens absolument à continuer, j'ai promis à mon frère d'aller lui rendre visite à Londres. »

Elle se laissa malgré tout convaincre de se faire examiner par le médecin de l'aéroport. Lorsqu'il fut là, miss Sahany prit congé et alla se coucher. Le médecin fut catégorique : embarquement interdit. Miss Ludy devrait garder le lit quelque temps.

Le commandant D'Souza ainsi que les responsables d'Air India pour l'aéroport furent immédiatement prévenus et il fut décidé que l'hôtesse serait remplacée par Miss Eranee. Celle-ci sans doute faisait-elle partie du premier équipage de ce vol India 101 qui allait bientôt décoller.

Il était maintenant 19 heures à Beyrouth, c'est-à-dire 22 heures 30 en Inde.

⁂

Le dernier appel pour l'embarquement sur le vol à destination de Londres résonnait dans le hall de l'aéroport de Bombay-Santa Cruz. Décollage prévu : 23 heures 10.

C'est le passager Demello, un jeune enfant non accompagné, qui eut le privilège d'entrer le premier dans l'avion, encadré de deux hôtesses. Il fut conduit à l'arrière de l'appareil comme il est d'usage pour les enfants voyageant seuls. Agé de huit ans, le petit garçon rejoignait ses parents à Londres.

Arrivés sans trop d'avance, Bertoli et Cornu avaient quand même accepté de boire une coupe de champagne au salon d'honneur. On leur apprit qu'un passager de marque, une sommité indienne, venait à peine de quitter les lieux pour embarquer dans le même avion qu'eux : le professeur Homi Jehangir Bhabha en partance pour Vienne où il devait assister à une conférence.

« C'est un physicien de réputation internationale, expliqua Bertoli à Cornu. Il préside la Commission indienne de l'Energie atomique. D'ailleurs, je crois que c'est lui qui a créé cette instance en 1945. Il a également présidé la première conférence internationale sur les applications pacifiques de l'énergie atomique qui s'est tenue à Genève en 1955. Il est membre de l'Agence internationale de l'Energie atomique à Vienne et fait partie du comité scientique de l'ONU. Un savant... »

Encore une fois Bertoli, qui s'intéressait à tout ce qui concernait l'Inde, avait impressionné son jeune compagnon avec son topo complet sur le grand atomiste Bhabha, mais il leur fallait maintenant se rendre au plus vite à l'embarquement.

Au pied de la passerelle, le jeune Cornu ne fut pas surpris de reconnaître son voisin de jardin du Taj Mahâl. D'un air entendu, Robinson souleva son chapeau. Les deux hommes se saluèrent et échangèrent enfin quelques mots. Robinson était directeur à la Union Carbide Company, il voyageait fréquemment entre Bombay et New York. Pendant cette petite conversation au pied des marches, un jeune homme qui se tenait en haut de la passerelle, ne cessait d'agiter la main en direction de la grande baie vitrée de l'aérogare. Derrière la vitre, deux femmes et un homme lui renvoyaient ses saluts. C'était un grand départ. Hasmukhray Gokaldas Shah, vingt-trois ans, quittait l'Inde pour aller poursuivre ses études dans une grande université du Nouveau-Mexique. Il reviendrait dans quelques années et serait ingénieur chimiste. Ses sœurs et son beau-frère étaient venus de loin pour l'accompagner. De Jâmnagar, dans l'Etat de Gujarât, à plus de cinq cents kilomètres de Bombay.

H. G. Shah ne parvenait pas à faire le dernier signe. Il dut pourtant se résoudre à aller s'installer lorsqu'il s'aperçut que les trois derniers passagers venaient d'entrer. Il suivit Bertoli, Cornu et Robinson. L'hôtesse lui indiqua sa place. Puis les portes de l'appareil se fermèrent sur la nuit.

Sur le fuselage et les ailes du Boeing scintillaient les lumières de l'aéroport. Derrière l'immense rectangle de verre, les deux sœurs Shah, superbes dans leurs élégants saris avaient baissé les bras. Le khôl qui cernait leurs grands yeux noirs avait coulé. Dans tous les regards brillait une lumière étrange. Tous étaient un peu tristes. Tant de cœurs serrés qui laissaient présager de longues lettres à venir. De belles lettres qui se croiseraient au-dessus des océans.

Minuscules à côté de l'appareil, des hommes en uniforme repoussaient la passerelle. Le Boeing commença son recul. Sur la carlingue, à l'avant, juste sous les vitres du cockpit, était peint le nom de l'appareil : Kangchenjunga. Une montagne de l'Himalaya. Un sommet haut de 8 598 mètres, le troisième du monde.

« Le troisième, expliqua encore Bertoli, mais peut-être le plus beau du monde ! Bien plus impressionnant que l'Everest. Il a une étrange silhouette, vous savez. Faite d'un sommet principal épaulé de quatre cimes plus modestes. Il domine Darjeeling, la cité de la foudre. Ah, il faut absolument que vous voyiez cette ville, Cornu ! Il faut se lever très tôt pour aller sur Tiger Hill. De là, le lever du soleil sur le Kangchenjunga est un spectacle inoubliable. C'est fantastique, on a l'impression qu'il va basculer sur nous. Non, je n'exagère pas, Cornu. Je suis sûr que c'est le plus beau panorama du monde. Les populations locales se méfient beaucoup du Kangchenjunga. Ils tiennent pour responsables de tous les malheurs de la principauté du Sikkim les dieux qui l'habitent. Et ne croyez pas que ce soit une vieille légende. Non, ça ne remonte qu'à 1955, un jour de mai je crois, où messieurs Brown et Band, deux trépidants alpinistes anglais violèrent, selon les « locaux », la montagne colossale. En bons gentlemen qu'ils se vantaient d'être, ils dirent avoir pourtant respecté la promesse faite aux habitants de Darjeeling qui était de ne pas toucher le point culminant. De rester ne serait-ce qu'un mètre en dessous pour ne pas déranger les dieux. Alors, les ascensionnistes avaient-ils menti ? Les dieux étaient-ils particulièrement susceptibles ce jour-là ? Toujours est-il que depuis, le Kangchenjunga s'est toujours montré farouche. Une marche d'approche des pires qui soient en Himalaya, des conditions climatiques excessivement dures, cette montagne ne se laisse pas avoir comme ça. Elle a beaucoup tué, vous savez. Mais décidément, je vous ennuie avec mes histoires. Etes-vous bien installé ? Dire que dans treize heures environ nous serons à Genève... A propos, vous verrez, ce n'est pas le Kangchenjunga, mais on survole le Mont-Blanc au petit matin. Si le temps est avec nous, c'est un très grand moment. Fabuleux, vraiment. »

Lorsque Bertoli prononça ces dernières paroles, Cornu ressentit comme un malaise, une gêne. Quelque chose avait troublé la voix de son supérieur. Le ton n'y était pas. Il allait poser une question discrète mais Bertoli ouvrit la bouche avant lui...

« Quel âge aviez-vous en 1950, Cornu ?

— Douze ans, pourquoi ? Je parie que vous voulez savoir si je me souviens de la victoire française sur l'Annapurna ? Bien sûr ! j'étais fasciné...

— Non, autre chose, ça avait pourtant fait du bruit à Genève, ça aussi. Vous ne vous souvenez pas ?

— Je ne vois pas. 1950 ? Non.

— Le Malabar Princess ?

— Non... »

Et l'avion décolla.

2

. . . .

De l'eau de soleil

« En tibétain, Kangchenjunga signifie : " Les cinq trésors de la grande neige ". Est-ce une référence à ses cinq sommets principaux, aux cinq glaciers qui en descendent, à cinq richesses traditionnelles du Tibet : le sel, l'or, la turquoise, les livres sacrés, les armes ? Personne ne le sait exactement. De quoi faire rêver le petit garçon passionné que j'étais. »

Pierre BÉGHIN,
Les cinq trésors de la grande neige.

Chamonix, août 1950.

Il avait sa table réservée au fond de la salle, le vieil Emile. Il passait presque chaque jour offrir une tarte aux myrtilles à sa petite-fille. Il aimait aussi taquiner les serveuses. Une jeune fille de Saint-Gervais — il y avait toujours eu un contentieux entre Chamonix et Saint-Gervais — venait d'être embauchée. Elle serait la victime du jour.

« Combien vous dois-je, mademoiselle ?

— 780 francs, monsieur. »

L'Emile lui tendit un billet de 1 000 francs. La jeune fille chercha la monnaie dans la poche de son tablier brodé.

« 800, 900 et 1 000... »

L'Emile était content de son coup. Il s'adressa à la petite.

« Tu vois ma chérie, elle m'a appelé par mon prénom.

— Mais non Pépé, c'est l'argent !
— Bah, bah, bah, y'a pas que l'argent dans la vie, les rapports humains, c'est bien plus important... »

Une dame, assez âgée elle aussi mais fort élégante, entendit le dialogue et, le petit doigt soigneusement levé sur l'anse de sa tasse de thé, voulut mettre son grain de sel.

« Elégante répartie devant cette enfant, dit-elle avec un accent anglais entretenu. L'âpreté au gain qui semble caractériser les gens d'ici surprend si souvent le voyageur ! J'ajoute, monsieur, que je plaisante, et c'est l'occasion de me présenter. Je serai désormais votre voisine. Je viens d'acheter la maison qui jouxte la vôtre. Un prix exorbitant ! »

A cet échange mi-figue, mi-raisin, deux types assis non loin avaient tendu l'oreille. « Passe-moi mon bloc, il faut que je note ça... » Deux journalistes. Encore. De nationalité suisse, à en croire leur accent. Depuis le retour de l'expédition victorieuse à l'Annapurna, leur défilé n'arrêtait pas. Mais bien d'autres raisons les attiraient ici. Les familles royales et les vedettes en tout genre, par exemple. A Chamonix, sans trop les aimer, on s'était habitué à leur présence.

La scène se passait donc rue Vallot, à l'intérieur de la PDA, (tout initié aura compris : l'illustre Pâtisserie des Alpes), qui connaissait son heure de pointe. Il était un peu moins de 5 heures de l'après-midi et les tartes aux myrtilles partaient comme des petits pains. Dans l'immense salon de thé aux tables de marbre, les cuillères cliquetaient dans les tasses en porcelaine et les conversations allaient bon train. Le ballet des jeunes serveuses, avec leur bel uniforme rose et blanc et leur plateau d'argent participait à l'atmosphère joyeuse et rassurante du lieu. Dans ce décor très chic, l'ambiance était plutôt sportive et décontractée. Véritable passage obligé, la PDA rassemblait une clientèle des plus hétéroclites, reflet parfait de la population estivale de Chamonix : touristes anonymes, visiteurs célèbres, artistes en tournée, golfeurs, tennismen ou alpinistes, militaires de l'Ecole de haute montagne mais aussi les « gens du pays » comme le vieil Emile. C'est bien évidemment à la PDA que traînaient les journalistes puisque c'est également là que voulaient être entendus les « vendeurs de bretelles ». (Ainsi nommait-on dans la vallée ceux qui avaient tendance à raconter, voire exagérer un peu trop volontiers leurs exploits)... Depuis plusieurs semaines, ces derniers avaient cependant bien du mal à trouver un auditoire. Que ce soit à la PDA, sur la terrasse de la Potinière ou chez Burtilliet (le petit café plus simple où les guides se retrouvaient après le tour de rôle de la compagnie), un sujet de conversation revenait inévitablement sur la table. Il n'y en avait que pour les mêmes : Maurice Herzog, Louis Lachenal, Lionel Terray, Gaston Rébuffat et les autres, fraîchement rentrés de leur expédition sur l'Annapurna. On commentait, on encensait, on polémiquait : il y avait toujours à dire et à redire. Bien sûr, nombreux étaient ceux qui ne considéraient que la grandeur de l'exploit, mais certains semblaient regretter que ce ne fût pas un Couttet, un Payot ou un Ravanel, bref un guide de la lignée des grands noms chamoniards qui, le premier, eût mis le pied si haut. D'autres enfin rétorquaient que Biscante (Louis Lachenal), bien qu'il fût annecien, n'en était pas moins un guide de « leur » compagnie. Et puis il s'en trouvait qui préféraient changer de sujet. Alors, comme tout le monde cette année-là, on s'interrogeait sur les soucoupes volantes. Sans doute s'inquiétait-on aussi de la guerre de Corée, mais on parlait surtout d'ici, du chantier du téléphérique de l'aiguille du Midi et du projet du tunnel sous le mont Blanc.

Pendant que la petite à la tarte aux myrtilles continuait de s'en mettre plein la figure, le vieil Emile, son cinéma habituel terminé, s'était maintenant plongé dans les journaux. « Il paraît qu'ils l'ont fait leur article les deux types de *Paris-Match* qu'on a vus circuler en ville fin juillet. Ils avaient une drôle de manière d'interroger les gens, ceux-là ! Enfin, voyons toujours ce qu'ils racontent, ces deux envoyés spéciaux de Paris. »

Sur la place de la poste, trois hommes en brodequins et pantalons en drap de Bonneval venaient de se rencontrer. L'un d'eux s'agitait, tournant rapidement les pages du même numéro de *Paris-Match*.

« Non mais regardez-moi ces conneries ! Quand je pense que j'ai répondu à leurs questions. On dirait qu'ils rentrent du pays des Zoulous, ces Parisiens ! »

Au cours de leur voyage ethnologique, les deux envoyés spéciaux semblaient avoir fait une étrange découverte : « *A la morte-saison, avaient-ils écrit, les Chamoniards ont l'habitude de se retrouver autour d'une bassine. Ils se mettent en cercle, chacun pique sur une fourchette un morceau de pain grillé qu'il trempe dans un mélange de gruyère arrosé de vin blanc. Le maladroit qui laisse son pain au fond paye une bouteille de Crépy. On ne récure jamais le fond de la bassine. On y jette des œufs mouillés et on laisse cuire. Cela donne la croquette et une occasion supplémentaire de vider une bouteille de Crépy.* »

« Des sauvages en somme, non mais je te jure, je t'en foutrais ! Non mais attends, ce n'est pas fini. Mais écoutez-moi ça ? Non mais où ils ont été pêcher ça ?

« *Voici la dernière histoire drôle qu'on raconte à Chamonix : l'idiot du village est tombé dans un ravin. Une cordée part à son secours. On lui lance une corde, on le tire à grand-peine. Quand il arrive sur la montagne, l'idiot se tord de rire. Et entre deux éclats, il leur dit : " Je pense à la tête que vous auriez faite si, quand j'étais à deux doigts du bord, j'avais lâché la corde. "*. »

« Non mais franchement, j'en ai mal aux boyaux de leur histoire, moi ! C'est quand même pas toi qui leur a raconté ces fadaises ?

— Tu me prends pour qui ? A moi, ils m'ont juste demandé où était le cimetière parce qu'ils voulaient voir les tombes des " héros de la montagne ". Tu parles, c'est toujours la même chose. Alors, je leur ai dit qu'ils n'avaient qu'à aller fouiller les glaciers.

— Ils disent aussi qu'on constitue un milieu très fermé, nous les Chamoniards. Ben, y vaut mieux avec des types pareils !

— En tout cas, s'ils voulaient nous faire de la réclame pour faire venir les monchus, c'est réussi. »

On apprenait encore dans ce papier d'anthologie que le plancher d'une salle de réception d'un grand hôtel avait subi des dégâts sous le rythme trépidant des boogie-woogies des touristes, que seule une épaisse tenture séparait le théâtre du casino, si bien qu'à la réplique « Je vous aime » d'un jeune premier, on avait entendu répondre un « Rien ne va plus » du croupier. Mais le lecteur avait surtout retenu le « lexique des expressions chamoniardes » : « Cubeler dans les varosses » pour tomber dans les herbes ;

« c'était du 5 sup » pour c'était très difficile ; « se viander » pour se tuer ; « c'est de l'eau de soleil » pour ce n'est qu'une averse...

Sous une « eau de soleil » soudain venue, nos trois hommes en knickers reprirent leur route en se couvrant la tête avec les pages du magazine.

« Ils feraient mieux de nous montrer enfin les photos de l'expédition française en Himalaya. C'est vrai quoi, on n'a encore rien vu dans les journaux.

— Au fait, tu es passé à l'hôpital ? Comment il va Biscante ?

— Pas mal... Ils lui ont donné la meilleure chambre, tu sais, celle avec le balcon, quand tu laisses la fenêtre ouverte, tu vois le mont Blanc.

Deux semaines plus tard, le 19 août 1950, le reportage *Victoire sur l'Annapurna* sortait enfin en première exclusivité française : la couverture, les extraordinaires photos inédites, en couleur, de Marcel Ichac, un texte plein d'émotion, d'admiration et de suspense, neuf pages en tout avec une belle conclusion : « L'Annapurna, violé, s'est vengé de ses vainqueurs ». Fin.

A l'hôpital américain de Neuilly, Maurice Herzog, les mains amputées, avait trouvé malgré tout la force de mettre en ordre notes et souvenirs et dictait *Annapurna premier 8000.* Le livre deviendrait un best-seller. L'alpinisme allait voir naître de nouvelles vocations. Les années montagnes s'ouvraient. Rentrée à la mi-juillet, l'expédition avait déjà été ovationnée à Paris, sans Herzog et Lachenal encore hospitalisés et c'est seulement le 15 août, à Chamonix, que l'équipe avait été réunie au complet. Ensuite commencèrent les conférences autour du film de Marcel Ichac. Début octobre, plus de soixante mille personnes y avaient assisté.

Un bel été venait de s'écouler. On avait vu les différentes bandes d'alpinistes se retrouver autour de chopes de bière. Allemands, Anglais, Ecossais, ils avaient tous cette même soif de grimper, les touristes du Cham des années 50. En tête de cette fureur de « vivre fort », les Parisiens... Les Paragot, Leroux, Bérardini, Mazeaud, Desmaison qu'on voyait parfois traîner jusqu'au milieu de la nuit au bar de l'hôtel de Paris. C'est là que s'arrosaient les premières et que se mijotaient les « coups »... Ah, ça ne plaisait pas à tout le monde, cette légèreté et cette insolence ! Mais personne ne trouvait à redire à leurs performances en montagne. De toute façon, à l'automne ils partiraient presque tous. Laissant Chamonix aux Chamoniards. Laissant les difficultés de l'hiver aux montagnards.

Arrivait septembre.

L'air était sensiblement plus frais. La station, peu à peu, se vidait de ses « monchus », de ses journalistes, de ses acteurs, ses golfeurs et autres joueurs de casino. Dans les bars et les hôtels, on commençait à compter et recompter la recette de l'été en espérant, cette année-là, que la saison d'hiver serait meilleure. D'autres s'occupaient à faire du bois. On profitait des derniers instants de douceur avant l'arrivée du premier flocon. On regardait le ciel. « C'est incroyable ce que la lumière est belle à cette époque-là ! » On se retrouvait enfin entre gens du pays. Les guides racontaient leurs plus belles courses, on recensait les « ouvertures » de nouvelles voies. De ce point de vue, cet été-là avait été plutôt positif : la face nord du Pic sans Nom par Georges et Reissemberger, l'arête nord-ouest des Grands Charmoz par Pierre Allain et Marcel Shatz, la face est de la dent du Géant, entre autres. La compagnie des guides procédait au bilan des opérations de secours : quinze alertes, quinze interventions, douze morts et huit blessés ramenés dans la vallée cette saison. Mais combien étaient restés au fond des crevasses ou avaient tout simplement disparu... ?

Dès le samedi suivant, il y aurait bal chez les Payot, aux Praz. Une tradition hivernale que ce bal du samedi soir chez les uns et les autres, et qu'importe s'il était souvent difficile de s'y rendre avec la neige et le froid. On s'organisait pour l'hiver. Les enfants ressortaient leurs petites capes de laine bleue marine pour aller à l'école. On s'enfonçait doucement dans la morte saison. Il ne se passerait plus grand-chose jusqu'à l'arrivée des premiers skieurs. Jusqu'à Noël où les hôtels se rempliraient à nouveau, Chamonix ne serait plus qu'un village perdu dans la montagne. Un fond de vallée loin de tout, écrasé par le mont Blanc.

3

Vendredi 3 novembre 1950

« Avec ses millions de tonnes de roches, une montagne ne sait rien faire. Elle reste là. Elle attend que le vent et la pluie l'usent et l'effacent. »

Hubert REEVES,
Patience dans l'azur.

Il faisait un temps de chien. Depuis quelques jours, la neige tombait à gros flocons. Il était maintenant difficile de circuler. D'ailleurs, le *Dauphiné* était arrivé avec du retard. A la PDA, l'Emile épluchait les nouvelles : aggravation de la situation en Corée ; bombardement de nuages dans la région de Saint-Etienne pour faire venir la pluie ; mort de George Bernard Shaw ; attentat manqué contre Truman ; tragique accident dans une galerie de la mine de houille des Papeteries de France, quatre morts et cinq blessés ; un cadavre trouvé dans un fossé... Bien tristes nouvelles à la une. « On vit une drôle d'époque », bougonna l'Emile.

Heureusement, ce jour-là, la chronique *Couleur du temps* donnait matière à rêver... Le vieil Emile ne put s'empêcher d'en lire quelques lignes à voix haute. « Ecoutez, ça s'appelle les " Lunatiques ". »

« *Avec l'imperturbable sérieux qui les caractérise, les*

savants américains s'occupent actuellement de mettre au point, pour un avenir, nous disent-ils, assez proche, le premier voyage interplanétaire, qui conduira une fusée supersonique de la Terre à la Lune. (...)

« La population des Etats-Unis, par dizaines de milliers, s'est fait inscrire dans les agences ouvertes à cet effet pour la première traversée du ciel. Interrogés sur les motifs de ce singulier besoin d'évasion, certains des futurs navigateurs de l'espace ont allégué l'inquiétude contemporaine et la menace que fait peser sur notre malheureuse planète, la possibilité d'un désastre atomique (...) »

Il avait fait rire tout le monde, le vieil Emile, avec sa lecture. Il faut dire qu'il y avait mis le ton. « La Lune ! On croit rêver ! s'exclama-t-il. Mais eux, ils prennent ça pour argent comptant et ils s'inscrivent pour le grand voyage ! Vous iriez, vous, mademoiselle ? Moi, déjà que je n'arrive pas à imaginer qu'on puisse monter en avion ! Chaque fois que j'en vois un briller dans le ciel — ils passent bas sur la montagne, vous ne trouvez pas ? —, je me dis que je serais malade... Ce n'est pas le vertige, non, vous pensez, c'est la confiance dans la mécanique. On tombe bien en panne de voiture ! »

Dehors il faisait froid. Le plafond était très bas, on ne pouvait rien distinguer de la montagne, mais on devinait la tempête sur les sommets. Ce n'était que le milieu de l'après-midi, et cependant il faisait déjà presque nuit. Les réverbères étaient allumés, ce qui, sous la neige, donnait au village les allures d'un décor de Walt Disney. Les rues sentaient le feu de cheminée, les intérieurs étaient éclairés et les vitres étaient couvertes de buée. De nombreux enfants s'agitaient dans les rues, ne se lassant jamais de lancer des boules de neige. La capitale mondiale de la montagne avait vraiment retrouvé son intimité. Bien sûr, il était dur de vivre là, mais quelle quiétude ! Telles étaient les pensées du vieil Emile en sortant de la pâtisserie. Chamonix, c'était son centre du monde à lui, et il n'avait pas du tout envie d'aller sur la Lune, lui. « Les gens qui ont eu cette idée saugrenue n'ont jamais dû voir ces montagnes... Quant à ceux qui ne trouvent rien de mieux à faire que bombarder les nuages pour faire pleuvoir, ils devraient savoir que la nature se venge toujours. Tu vas voir qu'il va bientôt arriver quelque chose pour nous le prouver ! » Le vieil Emile le sentait.

Sur ce, il glissa et lança un gros juron. Un gendarme qui passait par là l'aida à se relever et l'Emile en profita pour lui faire part de sa prémonition.

« Vous ne croyez pas si bien dire ! On a été alerté en fin de matinée. Un avion attendu à Genève a disparu. Ils pensent qu'il s'est écrasé dans les Alpes. C'est vague. D'après les recoupements qu'ils ont faits, au moment du dernier message radio, il était au-dessus du massif de Belledonne. Il devait survoler Allevard-les-Bains. Ils savent aussi qu'il volait à ce moment-là entre 4 000 et 4 500 mètres, et vu qu'à cette altitude il y a des vents ouest-est très violents, ils en ont plus ou moins déduit que l'avion dérivait sur les Alpes. Enfin, où qu'il soit, il est planté puisque, paraît-il, toujours d'après leurs savants calculs, à 3 heures de l'après-midi, son réservoir était vide. Le coup de la panne, vous imaginez Emile ? S'il y a des survivants, ils ne doivent pas avoir chaud, surtout qu'ils venaient des Indes. Enfin... »

L'Emile n'en revenait pas. C'était sûrement à cause de la tempête. Voilà ce que c'est que d'attaquer le ciel avec des fusées à iodure d'argent, ça fait tomber les avions !

« Il était gros ?

— Pas mal, un Constellation, si ça vous dit quelque chose. Au fait, vous n'avez rien entendu de bizarre ce matin ? Non, je vous demande ça parce qu'il y a des témoignages ailleurs. Oui, parce qu'ils ont alerté presque toutes les gendarmeries des Alpes. Il y a un type de Villaroger qui aurait entendu deux puissantes explosions qui semblaient provenir du col du Mont, à la frontière avec l'Italie. Ça rejoint ce qu'ont entendu les moines du Grand-Saint-Bernard, mais eux disent que ça venait du col du Petit Saint-Bernard. Remarquez, c'est pas très loin. Il y a aussi des ouvriers du barrage de Tignes qui ont entendu pareil, deux détonations à la même heure. Allez savoir. Il va falloir faire des recherches mais vous imaginez le boulot ! Avec cette neige !

— Faut croire les moines ! Qu'est-ce que je faisais moi, à 3 heures de l'après-midi ? Je devais lire le journal bien au chaud... Quel temps ! Quand je pense à ces pauvres gens, ça leur aura coupé l'envie de s'embarquer pour la Lune, à ceux-là. Qu'est-ce que vous m'avez dit déjà, c'était pas des Américains ?

— Non, des Indiens, paraît-il. Des Indiens des Indes, je veux dire. Bon, écoutez monsieur Emile, quand j'en saurai plus, je vous le dirai.

*
**

Le vent hurlait là-haut. Ça sifflait entre les tôles. De gros morceaux étaient parfois brusquement déplacés, glissaient sur la neige et finissaient par disparaître dans le vide. Rapidement, le froid avait fait taire les derniers soupirs et avait figé les dernières grimaces de douleur, aussi rapidement que la neige avait recouvert l'horreur. Plus de traces de sang. Aucun espoir. Aucun. Au milieu de cette horreur, un sourire pourtant. Celui d'une femme en sari bleu et or, les bras levés et les mains jointes au-dessus de sa tête, une jambe pliée, l'autre légèrement relevée, la pointe du pied tendue vers l'extérieur. Elle portait un bracelet à chacune de ses fines attaches. Elle avait les yeux mi-clos. Elle était très belle. Mais elle devint bientôt invisible sous les flocons. Elle était peinte sur un bout de carlingue. Disons que c'était elle, Malabar Princess. Car tel était le nom du malheureux Constellation.

Il y avait déjà longtemps que la tempête avait emporté la photo du président Truman imprimée sur un journal acheté le matin même au Caire. Envolées aussi les lettres un peu brûlées écrites à Bombay, les pages déchirées du livre de bord, la photo d'une femme coiffée d'un chapeau blanc, des centaines de documents bancaires, un carnet d'adresses... Un puzzle se constituait insidieusement. Et, pour qui veut bien le croire, l'âme du commandant A. R. Saint avait rejoint l'univers des anges.

Dans le rapport de l'Inspection générale de l'Aviation civile, qui paraîtra deux années plus tard, une drôle de faute de frappe est restée sans correction... « *Enquête sur les lieux* » s'est transformé en « *Enquête sur les dieux* ».

Chamonix s'était endormie. Comme dans tant d'autres communes des Alpes mises en alerte après la disparition de l'avion indien, quelques rares fenêtres étaient encore éclairées à la mairie, à la gendarmerie.

Partout, on attendait les ordres pour organiser éventuellement des recherches. Il s'était écoulé plus de dix heures depuis le dernier contact radio avec le Constellation qui avait eu lieu à 9 heures 43 exactement (heure locale). L'appareil conversait alors avec la tour de contrôle de l'aéroport de Genève-Cointrin avec lequel il était entré en contact à 5 heures 24 GMT, soit 7 heures 24, heure locale. Le Malabar Princess avait alors annoncé son arrivée au-dessus de l'aéroport suisse pour 11 heures 15 (9 heures 15 GMT). Les liaisons radio avec les différentes tours de contrôle avait été enregistrées.

A 9 heures 39 GMT, Genève transmit l'autorisation d'entrer dans sa zone de contrôle, demandant à l'appareil de rappeler lorsqu'il serait à l'altitude de 15 000 pieds (altitude réglementaire pour un avion venant de Grenoble).

Immédiatement l'avion répondit : « Altitude 14 500 pieds. »

A 9 heures 40, il confirma : « Nous maintenons 14 500 pieds, non 15 000. »

Genève insista alors : « Nous disons 15 000 pieds. »

A 9 heures 41, l'avion transmit : « Devons-nous monter ? », puis : « Montons à 15 500 pieds. »

Cette insistance à prendre l'altitude de 15 500 pieds provoqua une question du contrôle, à 9 heures 42. « Quel est votre cap ? »

L'avion répondit à 9 heures 43 : « Pas de cap (NO QTI) », puis aussitôt : « Passons sur 348 kcs maintenant pour QDM. »

Genève transmit son accord : « OK passez sur les fréquences 348/350 et 119,7. »

Aucun autre message ne fut reçu de l'avion.

Plus rien. Un seul indice, la force et la direction du

vent. Avec ça, on devait pouvoir calculer la position du crash. Car crash il y avait, c'était certain puisqu'on connaissait l'autonomie de l'avion. Il avait donc dû tomber en panne à 3 heures 30. Restait à savoir où il se trouvait. Crash ? Les officiels se refusaient encore à employer ce mot sans espoir.

Les dépêches circulaient quant à elles sans accident. Celle de la British United Press avait probablement été la première à parvenir à Londres. Sur les réseaux de la Lloyd's, notamment.

« *Genève, Nov 3 : Un Constellation de la compagnie Air India International transportant quarante-quatre marins indiens qui rejoignaient un bateau à Newcastel upon-Tyne, et un équipage de huit personnes, a disparu dans le mauvais temps sur les Alpes, sur la ligne Le Caire-Genève. L'avion avait été repéré au-dessus de Grenoble France, à 9 heures 45 am GMT. Il aurait dû atterrir à Genève vingt minutes plus tard et on n'a eu aucune nouvelle de lui depuis. Le temps a été extrêmement mauvais tout le jour sur les Alpes avec de la neige et du brouillard, des vents violents en altitude et de la pluie dans les vallées. L'appareil avait assez de fuel pour voler jusqu'à 2 heures 30 pm GM, No further news.* »

4

. . . . . .

Ganesh

> « *Il était hors de question qu'un alpiniste, quel qu'il soit, puisse s'offrir un voyage aux Indes à son propre compte. L'Himalaya représentait un rêve à peu près inaccessible dont on avait des échos lointains et qui constituait vraiment l'aventure des aventures.* »
>
> Pierre LEROUX, *Guide.*

Le Constellation immatriculé VT-CQP devait donc relier Bombay à Londres en exécution de la ligne N° 109/5 de la compagnie Air India. L'étape Bombay-Le Caire avait été effectuée sans escale. Un nouvel équipage avait pris l'avion en charge pour le vol vers Londres via Genève. Le plan de vol rédigé avant le départ par le commandant de bord A. R. Saint, et consigné dans le rapport d'enquête, prévoyait notamment : un vol direct jusqu'à Genève à l'altitude de 10 500 pieds, puis 14 500 pieds à partir d'un point non précisé, pour une durée de sept heures cinquante, une autonomie de treize heures trente, une vitesse propre de 210 nœuds, des aérodromes de déroutement (Lyon, Orly, Londres) ; des fréquences de communication radio sur 118, 1-119, 7-122, 1 Mcs, et de 200 à 18 000 Kcs. Les moyens de navigation pouvant être utilisés étaient, pour qui peut comprendre le jargon aéronautique : ILS

Range MF, Range VHF, radio compas, GCA et Consol.

L'équipement de radio communication était complet : deux émetteurs et deux récepteurs Collins, un ensemble VHF vingt fréquences, un récepteur de radio-balises, deux radio-compas automatiques, un récepteur Loran, un récepteur GEE, un radio-altimètre, un équipement radio de secours comprenant un émetteur et un récepteur. Rien ne manquait.

R.A.S.

Il s'agissait en fait d'un vol non commercial. L'appareil avait été réservé pour le transport de quarante marins indiens qui partaient rejoindre leur navire à Newcastel upon Tyne. Le commandant de bord, Allan R. Saint, âgé de trente-quatre ans, de nationalité britannique, totalisait 1 745 heures de vol sur le même type d'avion (Lockeed Constellation), et il jouissait au sein de la compagnie d'une excellente réputation. Depuis l'inauguration de la ligne, le 8 juin 1948, Allan Saint en était même devenu l'un des spécialistes. Sur le parcours Le Caire-Genève-Londres, il avait effectué cinquante et un voyages comme premier pilote en 304 heures et 45 minutes de vol de jour et 170 heures et 10 minutes de nuit, dont 51 heures et 10 minutes de vol aux instruments.

R.A.S.

Rien à redire non plus du quadrimoteur lui-même. Il n'avait jamais subi la moindre avarie. Construit durant l'année 1947 dans les usines de la Lockeed Aircraft Corporation de Burbank, en Californie, son certificat de navigabilité délivré le 20 mai 1948 par le gouvernement indien était valide jusqu'au 19 juin 1951.

Sur ce vol du 3 novembre 1950, chacun des membres d'équipage affichait d'excellents états de service : V. Y. Korgaokar, le second pilote (4 052 heures de vol), S. Antia, le navigateur (965 heures dont 663 sur Constellation), F. Gomes, le mécanicien navigant (2 267 heures), P. Nazir, le radio (2 263 heures), D. Ranghuram, le mécano navigant en supplément (dixit le rapport de l'Aviation civile), mais aussi S. Ganesh, le stewart, ainsi que l'hôtesse, mademoiselle M. Grostate, seule femme à bord.

R.A.S.

Techniquement parlant, cela donnait 544 kilos d'équipage et 2 920 kilos de passagers qui transportaient avec eux 1 053 kilos de bagages répartis dans les soutes avec 297 kilos de sacs postaux et 453 kilos de fret dont le rapport ne communiquera ni la nature, ni l'origine.

Un oiseau lourd de 50 tonnes, mesurant 37,49 mètres d'envergure et 29 mètres de long, parti de Bombay le 31 octobre 1950, avait bel et bien disparu quelque part dans les Alpes. Sans faire de bruit, sans laisser de traces. En plein hiver. Piloté par un dénommé Saint et habité par un steward appelé Ganesh — Ganesh à la tête d'éléphant, le dieu de la chance qui a le pouvoir d'écarter les obstacles —, le Malabar Princess venu des Indes aurait pourtant dû être protégé par les dieux.

Etait-ce à cause d'un véritable espoir, était-ce par pudeur, ou pour respecter le protocole ? Dans les aéroports de Genève et de Londres, aux dernières heures de ce vendredi 3 novembre, les messages diffusés parlaient encore de « retard sur son horaire » du Bombay-Londres. Et il était ajouté : « On est en train de prévenir les familles. »

5

Dimanche 5 novembre 1950

Dès les premières lueurs de l'aube, un peu partout dans les Alpes, à Chamonix, autour de Saint-Jean-de-Maurienne, en Tarentaise, dans la Vanoise, autour du Cervin, en Suisse, mais surtout dans la région de Saint-Laurent-du-Pont, des battues furent organisées. A partir de dizaines de points, des équipes rapidement formées dans les villages s'en allèrent explorer à skis ou à raquettes des zones généralement désertes en hiver. D'après les différents témoignages, et malgré les informations contradictoires qu'elles avaient rapportées, trois directions furent placées en priorité : le mont Blanc et le Cervin à cause de la probable dérive de l'appareil due aux vents violents, et le secteur de Voiron et Saint-Laurent-du-Pont au-dessus duquel avait été localisé l'appareil au moment de sa dernière communication radio. A 9 heures 37, il avait en effet annonçé sa position à la tour de

Genève : 45°22′ N et 5°44′ E (nord-ouest de Grenoble).

Les meilleurs spécialistes du vol en montagne proposèrent leurs services pour effectuer des recherches. Le capitaine Guiron notamment. Depuis le matin, sur la piste de Passy-Mont-Blanc, il semblait très excité par ce challenge et voulait décoller, malgré la tourmente, aux commandes de son avion spécialement équipé. Il ne faut pas oublier que le capitaine Guiron s'était déjà montré héroïque trois ans auparavant, lorsqu'il avait fallu rechercher un Dakota américain perdu lui aussi au-dessus du massif alpin.

Finalement, une superforteresse américaine décolla de la base aérienne de Wiesbaden, pendant qu'un Léo 45 s'envolait de la base d'Istres. Mais les deux avions durent vite rebrousser chemin, arrêtés par des chutes de neige trop importantes et une visibilité nulle.

Au sol, les résultats étaient tout aussi vains. Marcheurs à raquettes, skieurs volontaires, gendarmes et radiesthésistes rentraient découragés, épuisés. Bredouilles.

Sur la montagne, une deuxième nuit allait bientôt envelopper ce qui restait du Malabar Princess. Mais déjà la neige s'était offerte comme un grand linceul.

La base aérienne de Wiesbaden avait annoncé la suspension des recherches du quadrimoteur et le découragement des sauveteurs semblait définitif, lorsque parvint brusquement la nouvelle sur laquelle on ne comptait plus : « L'avion est retrouvé ! »

Il était 15 heures 30 lorsqu'un pilote de la Swiss Air qui participait aux recherches avec ténacité malgré des conditions météo épouvantables, devina l'épave à travers la brume, « plantée sur une paroi glaciaire au-dessus d'un abîme impressionnant, entre deux éperons rocheux à quelques mètres en dessous du sommet ». L'aviateur avait basé ses recherches sur le dernier message émis par l'avion disparu, lequel indiquait une altitude de 4500 mètres. Au-dessus, seul le mont Blanc pouvait représenter un obstacle. Pendant tout cet après-midi du dimanche 5 novembre, le pilote suisse avait donc sillonné le ciel du massif du Mont-Blanc. Jusqu'à ce qu'il s'écrie dans la radio : « L'avion est retrouvé ! »

Sitôt rentré à la base de Genève, il téléphona lui-même toutes les indications utiles à l'homme qui allait prendre la responsabilité des recherches terrestres, le chef d'escadron Flottard, commandant de l'Ecole militaire de haute montagne, à Chamonix. En quelques minutes, toute la vallée fut au courant. Il était 16 heures.

A la PDA, le vieil Emile racontait avec moult détails aux jeunes serveuses comment s'étaient déroulés les secours du B17, en 1947 ; il analysait les causes de l'accident, anticipait ce qui allait se passer... « On se croyait tranquilles, eh bien non. Vous voyez ce que je veux dire ? Dès demain à l'aube, ils seront là, les envoyés spéciaux en tous genres. Des meutes ! Il va y en avoir des meutes... et j'en connais un qui va avoir du pain sur la planche, c'est Gaussot... »

A l'EMHM, Philippe Gaussot, correspondant particulier du *Dauphiné Libéré* à Chamonix, noircissait son carnet avec excitation, sûr de faire la une de l'édition du lendemain.

En effet, le jour suivant, le lundi 6 novembre, le vieil Emile put lire en première page du journal :

« L'épave du Constellation repérée à 200 mètres du sommet du mont Blanc par un pilote de la Swiss Air… L'appareil est coupé en deux au-dessus d'un abîme impressionnant. Une caravane de secours quittera Chamonix ce matin pour tenter le dangereux sauvetage…

« L'appareil est donc coupé en deux, les deux ailes sont visibles mais non le fuselage (…) L'essence des réservoirs en s'écoulant a dû empêcher la neige de totalement recouvrir l'épave. (…) D'après la description des lieux, il semblerait que l'épave fut située sous la Grande Bosse, c'est-à-dire la première des Bosses du Dromadaire que l'on franchit en direction du sommet en partant du refuge Vallot.

Cependant, par ailleurs, le pilote a fixé à un peu plus de quatre kilomètres la distance séparant le sommet même et l'épave si bien que celle-ci — mais alors la description du pilote ne concorderait plus, pas plus que l'altitude indiquée — serait située sur les flancs mêmes de l'aiguille du Goûter qui culmine à 3 900 mètres. La première réaction dans le milieu des spécialistes à Chamonix, fut que le pilote avait pu confondre le refuge Vallot avec celui de l'aiguille du Goûter, tous deux recouverts de tôles d'aluminium. Mais les indications données viennent d'un pilote suisse connaissant parfaitement le massif. Alors on s'en tient là. La Grande Bosse. C'est là que seraient envoyées les équipes de secours. (…)

Les journalistes, arrivés en masse, furent conviés le soir même à une conférence de presse donnée à l'EMHM, en présence du commandant Flottard, de ses officiers et de " ses meilleurs instructeurs militaires de montagne, entre autres le guide Payot ".

Dimanche 5 novembre 1950

Certains gardèrent en mémoire ce que celui-ci déclara en quittant la salle où avait été exposée l'organisation des secours : " C'est un coup à y laisser sa peau... " »

6

. . . .

Lundi 6 novembre 1950

Lundi 6 novembre 1950

Le *Dauphiné* était arrivé de bonne heure à la Pâtisserie des Alpes. Tout comme le vieil Emile qui, confortablement installé devant sa table, se plaignait de n'avoir pas encore été mis au courant de la conférence de la veille au soir. Tournant machinalement sa cuillère dans une grande tasse de café crème, il continuait de faire lecture à voix haute du papier de Gaussot :

« *Il règne à Chamonix une atmosphère de fièvre. D'un groupe à l'autre, dans la rue ou au café, on s'enquiert des derniers bruits... Il n'est guère de Chamoniards qui ne soient maintenant persuadés d'avoir entendu, dans la matinée de vendredi, le ronronnement d'un avion tournant au-dessus du massif. Pourtant, personne, pas plus à Chamonix, qu'aux Houches ou à Saint-Gervais, personne n'a été marqué par le bruit d'une explosion. Il est vrai que la neige et la brume épaisse atténuaient tous les sons.*

Le cœur de Chamonix, autour de l'Ecole militaire de haute montagne, est vibrant d'une attente anxieuse. Les hommes sont sur le pied de guerre. Leurs skis sont prêts, les traîneaux de secours aussi, combien en faudra-t-il pour évacuer les quarante-huit passagers que contenait l'avion ? En un temps record, on a même réuni un matériel spécial qui doit permettre d'opérer dans les conditions les plus difficiles, entre autres le fameux téléphérique léger démontable, de type autrichien, qui permettra d'atteindre l'épave même si elle est fichée, comme l'a dit le pilote de la Swiss Air, en pleine paroi glaciaire. Câbles, fusées, appareils de radio compléteront l'équipement, auquel s'ajoutera toute une forêt de fanions de slalom qui serviront à jalonner la route des sauveteurs qui, en cette saison, affronteront le pire des dangers que connaisse le montagnard : le brouillard.

Jamais peut-être un sauvetage en haute montagne ne s'est annoncé dans des conditions aussi délicates, aussi dangereuses et c'est avec anxiété que nous suivrons l'effort héroïque des chasseurs et des guides, en souhaitant qu'ils n'arrivent pas trop tard, si toutefois il y a encore une chance de trouver, auprès du grand avion tombé, des survivants... »

« Je vois pas pourquoi il écrit ça, moi, Gaussot, s'étonna l'Emile. Des survivants ! Mais voilà plus de deux jours qu'ils se sont écrasés. La violence de l'impact, plus le froid, plus la neige, plus la faim, la soif, non mais il faut être réaliste. Ils sont tous morts, et depuis longtemps. Je sais bien que l'espoir fait vivre mais vous allez voir, je vous le dis, moi, ce ridicule espoir de retrouver des survivants risque plutôt de coûter la vie à ceux qui vont partir dans les caravanes de secours !

— Mais même, monsieur Emile, on ne peut pas laisser les cadavres là-haut tout l'hiver ! rétorqua la jeune serveuse.

— Je sais bien, mais quand même, pourquoi prendre tant de risques pour des morts ? Ou alors, qu'ils le disent, qu'on fait tout ça pour des morts ! Après tout, ce serait beau. Mais ça m'énerve d'entendre parler d'espoir alors que tout le monde sait parfaitement qu'on ne va trouver que des cadavres raidis par le froid. Ça, je le dirai à Gaussot, et puis ça prend de ces proportions, cette affaire ! Quelque chose me dit qu'il y a d'autres raisons qui les poussent à vouloir absolument monter là-haut en cette saison. Enfin, cette dernière remarque, mes fillettes (c'est ainsi qu'il nommait parfois les jeunes serveuses), n'engage que moi...

— En attendant, monsieur Emile, il paraît qu'un ministre des Indes est arrivé avec l'espoir d'obtenir des renseignements sur le sort de ses compatriotes. Il y a aussi des gens d'Air India, enfin, plein de personnalités. Vous aviez raison, monsieur Emile, entre les journalistes et tout et tout, ça fait venir du monde, cette histoire !

— Oui, remarquez, il ne faut pas se plaindre, ça fait reprendre les affaires, tous ces gens, il faut bien qu'ils boivent, qu'ils mangent, et qu'ils dorment, et comme en plus ils viennent souvent pas assez couverts, ils sont obligés de s'acheter des petites laines. Tiens, ils écrivent que Bellonte va arriver.

— Qui c'est, celui-là ?

— Eh bien, le célèbre aviateur, ma chère. Voyons, Bellonte ! Première traversée Paris-New York sans escale. Date : 1930. Copilote : Dieudonné Costes. Vous voyez, y en a là-dedans ! Costes est mort et Bellonte est devenu un homme important à l'Aviation civile. Mais vous ne vous souvenez pas ? On a pourtant drôlement parlé de lui cet été. Vous savez, la double tragédie du Bahreïn !

— C'est quoi ça, le Bahreïn ?

— Des tas d'îles où il fait chaud en ce moment, sur le golfe Persique. Deux Saigon-Paris d'Air France se sont écrasés un peu avant d'atterrir. Enfin, écrasés, je ne sais pas comment on dit, ils sont tombés dans l'eau. Bellonte était chargé de l'enquête. Sans vouloir faire de jeu de mots, ça a fait couler de l'encre, cette histoire. Et pas que de l'encre d'ailleurs, il paraît que des plongeurs sont toujours en train de chercher le trésor. Figurez-vous qu'il y avait des centaines de kilos d'or à bord. Enfin, c'est ce qu'ils ont dit dans les journaux, mais ça a été démenti, bien sûr. De toute façon, pour voyager comme ça, il faut être riche. Mais dites-moi, petite, vous ne lisez pas les journaux, vous ? Est-ce que par hasard, vous ne les recevriez pas à Saint-Gervais ? Oh, ne vous vexez pas, c'est de bonne guerre... »

Le vieil Emile avait beau dire, ce genre de réflexion à l'encontre des Saint-Gervelins n'était ni de bonne guerre ni innocente, et la jeune serveuse n'était pas dupe. Bien sûr, on était habitué à ces ancestrales querelles de clocher qu'on se plaît à entretenir depuis la nuit des temps, partout en France et particulièrement dans les régions de montagnes. Seulement là, contrairement à ailleurs, les raisons n'en étaient pas oubliées, encore moins légendaires. La rivalité était bel et bien concrète : c'était justement à cause de ce foutu mont Blanc, toit de l'Europe. Qui savait qu'il appartenait à la commune de Saint-Gervais ? Qui ? Mais personne, justement ! D'ailleurs, on ne le voit même pas du village. La question n'aurait été qu'un problème de fierté s'il y avait eu égalité des possibilités dans la manière de tirer parti de cette manne, mais ce n'était même pas le cas, et la compagnie des guides de Saint-Gervais n'arrivait pas à sortir de l'ombre que lui faisait, par son prestige, celle de Chamonix. Les grands noms étaient là-bas. Les grandes réalisations étaient là-bas. C'est là-bas qu'on allait construire le plus haut téléphérique du monde. Là-bas, il y avait plus de clients, plus d'argent, plus de reconnaissance. Un avenir plus gai. Plus certain, en tout cas. On pourrait parfaitement s'imaginer que l'aigreur venait d'un seul côté, mais non, curieusement, elle avait le même goût à Chamonix, qui semblait aimer afficher cette assurance des jours heureux. Même lorsqu'il s'agissait d'aller chercher une cordée qui ne rentrait pas, on avait bien du mal à coopérer.

La « petite » était à ce point charmée par le vieil Emile, qui savait être aussi drôle et touchant qu'il pouvait devenir agaçant et acide, que, heureusement, elle ne sembla pas fâchée.

« Monsieur Emile, vous feriez mieux de vous occuper de vos concitoyens chamoniards. Pendant que vous, vous étalez votre science bien au chaud, eux, ils souffrent dans la neige et le froid. Regardez, il n'y a pas un journaliste ici, c'est qu'ils sont ailleurs, en train de recueillir des informations que vous vous plaindrez de ne pas avoir eues assez tôt. Alors... »

Elle avait touché juste. L'Emile se leva aussitôt, enfila sa parka et s'en alla traîner vers l'EMHM, du côté de chez Flottard.

⁂

Ce matin-là, au lever du jour, le ciel était dégagé et bien que la Verte fût couverte, ce qui était présage de mauvais temps pour l'après-midi, Flottard était décidé à déclencher l'opération de secours. Avant de donner le signal du départ, il avait voulu profiter du temps encore clair pour avoir une vision globale du terrain, accès et lieu du désastre. Il fit grand plaisir au capitaine Guiron en lui demandant de l'emmener faire un survol du sommet.

Ils décollèrent de l'aérodrome du Fayet, survolèrent le versant nord-ouest du mont Blanc et eurent rapidement confirmation de ce qui avait été relaté la veille par le pilote suisse. Très nettement cette fois, ils virent la trace de l'impact, qui avait dû être très violent à en croire la taille des débris éparpillés très loin sur la neige et la glace. Il était évident que beaucoup avaient dû glisser vers l'Italie, probablement très bas sur le glacier du mont Blanc, les pentes étant beaucoup plus raides de ce côté-là.

Ils firent plusieurs tours, s'approchant au plus près de ce qui restait de la carlingue, mais ils ne virent rien.

Pas de trace de pas. Pas de trace de vie. Pas même de trace de mort. La désolation. Seulement quelques tâches noires, inertes. « Ici Guiron, aile visible à 80 mètres au sud-ouest du Rocher de la Tournette, à 800 mètres au sud-est du refuge Vallot, sur le versant italien... Débris éparpillés à la hauteur de la Tournette sur itinéraire normal à altitude 4500-4700. Certains que les occupants ont péri... »

Deux Léo 45 venus de la base d'Istres prirent pourtant le relais, tournant dans le ciel au-dessus du sommet dans le secret espoir d'apercevoir un appel.

De la cabine, Flottard envoya son ordre de départ, accompagné d'indications précieuses sur l'état des pentes, l'itinéraire recommandé, etc. Ça n'allait pas être du gâteau, avec cette couche de neige fraîche, 1,50 mètre au minimum. Durant la saison d'été, en temps normal, il fallait déjà sept heures entre la station des Glaciers et le refuge Vallot.

De la folie ! Tout le monde était d'accord. Et le commandant Flottard n'en pensait pas moins. Un risque fou, mais qu'il fallait prendre. Quelque chose semblait pousser le commandant Flottard à pencher pour cette décision, à porter sur ses épaules tant de dangers objectifs encourus par ses hommes, avec au bout quelques morceaux de cadavre gelés de quarante marins indiens.

Trois, peut-être quatre jours allaient être nécessaires pour atteindre l'épave. Alors pourquoi ? Comment avoir encore le moindre espoir ? C'était se leurrer. A Chamonix, la population ne comprenait pas. Chacun avait un être cher sur le qui-vive. Au total, cent cinquante chasseurs alpins étaient prêts à partir. Sans compter les guides. L'opération était gigantesque, disproportionnée, paradoxale. Cet engagement dut néanmoins paraître si beau que personne, en tout cas pas un des très nombreux journalistes sur place, n'eut l'idée de soulever la polémique. Trois jours après le crash, et sans qu'ait été relevé le moindre signe de vie autour d'une épave en mille morceaux, perdue dans la tourmente à 4 700 mètres d'altitude, une drôle de décision fut prise. On allait parachuter des vivres et des couvertures à proximité. On voulait mettre le paquet. Tous les moyens étaient mis en œuvre, excepté l'hélicoptère. Les appareils existants n'étaient pas encore assez performants. Il n'était pas possible de les utiliser à une telle altitude et dans de telles conditions. Restaient donc les hommes, leurs jambes et leur courage. Leur foi, peut-être.

A 9 heures, ce lundi 6 novembre, au message du commandant Flottard, une patrouille de vingt-cinq chasseurs se mit en route sous le commandement du lieutenant Jay. Les hommes, d'abord transportés par téléphérique jusqu'à la station des Glaciers (2414 mètres d'altitude) avaient la lourde mission de faire la trace pour la caravane qui suivrait, constituée des guides et chargée du transport du matériel de sauvetage (traîneaux, civières, etc.).

« Ne serrez pas trop vos chaussures, fermez bien vos souliers à neige. Tout le monde a-t-il sa lampe ? Son protège-oreilles ? Répartissez dans les sacs le bois de chauffage et les fanions pour jalonner la piste. » Le lieutenant Jay, ainsi que l'instructeur-chef René Payot, procédaient à une dernière et minutieuse inspection.

***

Dans les rues de Chamonix, sur les hauteurs des Praz et des Pècles, on s'arrachait les paires de jumelles. Jusque-là, cette histoire d'avion venu des Indes rempli de marins avait alimenté de nombreuses conversations, certes, mais sans plus. Sans qu'on sente une véritable émotion, encore moins une angoisse pour ces pauves gens tombés du ciel. Rien en regard de ce qui se disait plus bas, dans les vallées ou ailleurs, dans les villes, à Paris, à Genève ou à Londres. « Ici, vous savez, les morts en montagne, c'est une habitude... »

Ailleurs, l'affaire avait pris d'autres proportions, et ce n'était pas un hasard si les journalistes s'étaient jetés sur le sujet. De toute évidence, cette catastrophe dépassait le simple fait divers. Les tragédies aériennes pourtant n'étaient pas chose rare dans les années 50.

« Rien que dans la région, tenez, s'emballait le vieil Emile... 29 août 1946, le Douglas Orly-Casablanca qui s'est écrasé sur l'Obiou ; puis le 20 novembre de la même année, le Dakota d'Interlaken, et le 14 mars 1947, un autre Dakota, le Nice-Lyon qui a fait vingt-trois victimes sur Moucherolles ; et le 29 janvier, encore un Dakota qui s'est écrasé sur Digne en faisant quinze morts juste avant que l'avion qui le recherchait s'écrase à son tour avec dix personnes à son bord. Et l'année dernière, il y a un an exactement, le Paris-Tunis — devinez... un Dakota ! — qui s'est abîmé au-dessus de Saint-Just-Chaleysin dans l'Isère. Cinq morts ! »

Encore une fois, le vieil Emile venait d'épater la galerie avec ses dates et ses précisions...

« Eh, ne me regardez pas comme ça ! Je vous en bouche un coin, hein, vous vous dites qu'il en a là-dedans, le vieux. Vous vous dites qu'il a une belle mémoire d'éléphant, d'éléphant indien, eh, eh ! Non, rassurez-vous jeunesse, j'avais tout noté dans mon carnet. J'archive, comme ça, ça me fait un exercice et je ne mourrai pas idiot. Mais cette fois, ce n'est pas drôle... Y'a le René Payot qui est parti. C'est un bon lui, un très bon en montagne, eh bien, même lui, il paraît que ce matin, on l'a vu au cimetière se recueillir sur la tombe de ses copains morts en montagne, et il aurait dit : " Dire que d'ici ce soir, il y en aura peut-être d'autres ". »

Jusque-là donc, l'idée que la mort traînait quelque part près de « leur sommet » n'avait pas vraiment touché les Chamoniards, ils l'avouaient eux-mêmes. D'autant que la quarantaine de corps gelés qui devaient hanter les cimes depuis trois jours leur étaient bien étrangers. Or cette histoire devenait désormais la leur. Leurs hommes, leurs guides partaient là-haut, risquaient leur vie pour ces gens venus d'ailleurs.

Ce qui poussait les autres, journalistes, lecteurs de journaux, habitants des plaines, etc., à se passionner pour l'affaire dépassait la simple curiosité morbide. Cette histoire mêlait à la perfection trois idées, trois notions qui, chacune indépendamment, faisaient travailler l'imaginaire. La haute montagne (l'impossible, l'interdit, l'inaccessible, le danger, territoire inviolé par l'homme, incarné par le mont Blanc, toit de l'Europe...), l'exotisme (le voyage, les pays chauds, le vol transocéanique) et la mort (accidentelle et violente)...

Le tout mystérieusement réuni en plein hiver par le hasard. Et l'aventure maintenant, le départ des colonnes de secours bravant tant de dangers objectifs, un exploit en matière d'alpinisme (si l'on faisait relativement fréquemment le mont Blanc jusqu'en octobre et à partir du mois de mars, c'est la première fois qu'on le tentait en novembre, dans de telles conditions de surcroît). C'était une extraordinaire démonstration de courage, de solidarité et de dévouement. Un acte d'héroïsme en somme, qui allait tenir en haleine la France entière.

7

Mort d'un guide

Les journalistes ne chômaient pas. Cette journée du lundi était très agitée. Ils se bousculaient au départ du téléphérique, à l'EMHM, à la mairie, dans les grands hôtels, dans les rues et les cafés. Désormais, un envoyé spécial ne suffisait plus pour traquer toutes les informations. Même Philippe Gaussot, le correspondant local du *Dauphiné* qui, connaissant tout le monde et étant apprécié de beaucoup, naviguait dans le milieu comme un poisson dans l'eau, avait reçu depuis le matin trois reporters en renfort. Une véritable équipe dont il se chargeait d'organiser le travail.

Accompagné d'un photographe, il avait choisi de prendre la benne jusqu'au PC radio de la station des Glaciers, pendant qu'il envoyait un de ses collègues à la conférence de presse qui devait avoir lieu à 16 heures à la mairie. Alors qu'ils se rendaient à la gare de départ, ils avaient rencontré René Payot. Couché sur sa bicyclette, le guide, qui gagnait le téléphérique à toute vitesse n'avait pas pris le temps de s'arrêter — cela eût même été dangereux sur la glace. Il s'était contenté de lâcher le guidon d'une main pour lancer un grand signe à son copain Gaussot et sans détourner la tête, il s'était écrié : « Si j'arrive ce soir aux Grands Mulets, je serai demain à l'épave car j'aurai accompli le plus difficile… » Et Gaussot de lui répondre : « Eh bien dépêche-toi, pour l'instant tu es en retard ! » A cette réflexion, Payot avait lâché les deux mains et levé les bras en croix. « J'aime mieux être en retard d'une heure mais me trouver paré, car en haut, il est trop tard quand on a oublié quelque chose ! » De sa bouche s'était élevé un gros nuage de vapeur, il avait ressaisi son guidon avec énergie et pédalait à nouveau comme un dingue. Gaussot et son photographe eux aussi avaient pressé le pas. Ils voulaient faire la montée en téléphérique avec le guide, histoire de discuter un peu, de s'assurer peut-être la primeur de certaines informations à son retour. Malheureusement pour eux, Payot avait été happé par le lieutenant Jay et ses vingt-cinq chasseurs, et il n'eut plus une minute à accorder aux deux reporters du Dauphiné qui durent rester une bonne partie de la journée dans une pièce gelée de la station des Glaciers, armés d'une bonne paire de jumelles et complices d'un militaire en liaison radio permanente avec les cordées.

La première cordée, composée du lieutenant Jay, de René Payot ainsi que du guide Pierre Leroux, quitta la station à 10 heures. Le premier objectif était déjà d'atteindre avant la nuit le refuge des Grands Mulets (3062 mètres), étape sur la voie normale du mont Blanc. Malheureusement les ennuis commencèrent bien vite. Alors qu'il fallait normalement un tout petit quart d'heure pour gagner la rive droite du glacier des Bossons depuis le téléphérique, Payot, Jay, Leroux et les autres, brassant dans plus d'un mètre cinquante de neige poudreuse, mirent deux heures et demie pour effectuer ce parcours. Ils durent poser deux mains courantes de quatre-vingts mètres pour traverser avec plus de sécurité le couloir d'avalanche. Ensuite, ils lancèrent un message radio toutes les heures, comme prévu. Et toutes les heures, à la station des Glaciers, on entendit nasiller dans l'écouteur une voix essoufflée qui disait : « C'est dur, c'est très dur, mais ça va ».

Bientôt, la deuxième caravane reçut l'ordre de s'engager à son tour. Commandée par le lieutenant Maerten et encadrée par les guides de la compagnie, le guide chef Léon Couttet, Georges Bellin, Norbert Desailloud et Norbert Bozon, une patrouille de quinze éclaireurs prit le départ à son tour dans les traces de ses prédécesseurs. Bien qu'encore difficile dans cette neige, leur progression était nettement plus rapide. De toute évidence, ils auraient vite fait de rejoindre la première équipe.

*
**

17 heures sonnaient à l'église du village, la nuit s'annonçait belle, claire et donc très froide. Contrairement à ce que la Verte avait présagé, le temps s'était amélioré. Pas de précipitation, pas de brume.

Même du hameau des Pècles, situé en face du glacier des Bossons, on pouvait encore voir scintiller les lampes des cordées. Gaussot et son confrère venaient de redescendre par la dernière benne. En bas, un chasseur alpin leur apprit que les deux patrouilles venaient de se retrouver, comme prévu, à proximité du refuge des Grands Mulets. « A cent mètres au-dessous peut-être, pas plus. »

— Formidable ! Si j'en crois Payot, le plus difficile est donc passé et cela signifie qu'ils peuvent être sur l'épave demain. Formidable !

— Ça m'étonnerait, repris le militaire, il y a plus de deux mètres de poudre là-haut, la progression va être beaucoup plus difficile qu'aujourd'hui, s'ils atteignent le refuge Vallot demain avant la nuit ce sera déjà pas mal. Sinon, ils seront obligés de redescendre dormir aux Grands Mulets. Pensez, le bivouac est impossible ! Il fait – 25°, ce soir. Enfin, s'il ne neige pas cette nuit, la trace sera toujours faite...

— Demain sera un autre jour ; aujourd'hui, tout a très bien marché, non ? »

Sur ce, la radio du militaire se mit à grésiller. Il fut malgré tout possible aux deux journalistes de comprendre que la cordée de pointe (Payot, Jay et Leroux, largement en avance sur leurs compagnons) avait eu un problème. Ils ne purent cependant garder la liaison plus longtemps.

Les visages s'assombrirent, et sans que rien ne fût dit, Gaussot fonça rejoindre ses collègues à la conférence de presse donnée à la mairie.

Il arriva en retard et manqua donc l'hommage aux victimes de l'accident ainsi que les condoléances aux familles, que le préfet de Haute-Savoie venait, au nom du gouvernement français, d'adresser à Monsieur Mathur, premier secrétaire de l'ambassade des Indes à Paris. L'émotion passée, et le rituel protocolaire accompli, il était maintenant question de choses plus concrètes. Enfin il fut dit qu'il ne restait absolument aucun espoir de retrouver des survivants. Pire, que la violence de l'accident avait dû être telle qu'il paraissait peu probable de retrouver tous les corps et que, de toute façon, les « restes » devaient être depuis longtemps recouverts par la neige...

Ayant trouvé le moyen d'assister à la conférence, le vieil Emile, assis dans le fond de la salle, fulminait intérieurement. Il connaissait bien la montagne, le vieil Emile et il ne pouvait supporter l'idée que Payot, Leroux (encore que Leroux, il était pas du pays, hein...) et les autres aillent braver les avalanches et les intempéries pour rien, enfin pour des Indiens congelés. Mais les discours continuaient, ils en étaient maintenant à admettre qu'on pouvait retrouver les quarante-huit cadavres, cependant, vu les techniques de transport disponibles à l'époque, il fallait compter plus de quatre cents sauveteurs pour les redescendre. « Il sera très difficile de réunir sur place un tel effectif, précisa-t-on, et l'on ne peut, par ailleurs, demander aux hommes d'accomplir plusieurs fois la longue et périlleuse ascension. »

Cette fois, l'Emile se mit ostensiblement à hocher la tête de gauche à droite. Pour lui, tout ceci devenait délirant.

« Dès que les sauveteurs auront fait le point de la situation, ajouta encore Flottard, le gouvernement indien sera mis au courant et dira s'il désire, compte tenu des risques énormes encourus par les caravanes, que les corps soient descendus à Chamonix, ou s'il admet qu'ils restent sur place, éventuellement dans le refuge Vallot, jusqu'au printemps ou du moins jusqu'au moment où les conditions atmosphériques et l'enneigement permettront la descente sans risques... »

L'Emile quitta la salle, Gaussot fit signe à son

collègue de rester et s'éclipsa à son tour. Il voulait taper ses articles au plus vite.

Alors qu'il arrivait dans son hameau des Pècles, ballottant encore sa tête pleine de questions sans réponse, le vieil Emile faillit ne pas entendre les appels que lui lançait son ami Alfred, agité sur son balcon, une paire de jumelles en bandoulière, en bras de chemise par – 15°.

« Eh, Emile, y'a un truc là-haut, je te le dis. Depuis qu'ils sont partis, je les suis. Tout à l'heure il s'est passé quelque chose, je te dis. Un homme est tombé, je compte un point noir de moins. Et puis les autres font maintenant une grosse tache, c'est qu'ils ont dû se rassembler. Ils ont un problème. Toi qui sais toujours tout, tu n'es au courant de rien ? Mais maintenant, avec la nuit, va y voir quelque chose !

— Si, Gaussot m'a parlé d'un petit problème qui les aurait ralentis, mais rien de grave. De toute façon, on le saurait maintenant. Bon, j'en ai marre de cette histoire, ça va mal finir, je vais à la soupe. »

Il était 21 heures 30. Dans son bureau, Gaussot terminait la rédaction de ces papiers avec fébrilité quand soudain, un de ses confrères entra, essouflé.

« Payot est mort. »

L'accident s'était produit vers 17 heures alors qu'on les croyait tous en train d'atteindre le refuge des grands Mulets.

Bien sûr, il y avait eu ce message, mais comme rien n'était venu le renforcer par la suite... On avait préféré imaginer le meilleur plutôt que le pire...

Cela s'était passé alors que la cordée approchait du rocher sur lequel est bâti le refuge. René Payot marchait en tête, n'acceptant de laisser sa place à aucun autre. La neige recouvrait les crevasses mais ne les bouchait pas. Il était extrêmement attentif. Mais soudain, ce fut la chute : l'homme de tête disparut sous les yeux de ses camarades.

8

. . . .

Dans la légende

Que s'était-il passé ? Les récits des compagnons de l'infortuné Payot ne tardèrent pas à circuler dans Chamonix.

Les quatre hommes de la cordée de pointe progressaient dans la dernière côte vers les Grands Mulets, Payot toujours en tête, encordé avec Pierre Leroux.

Payot s'était arrêté un instant pour souffler. Leroux s'était proposé pour le remplacer en tête, en vain... « Pas encore, tout à l'heure peut-être, quand on aura passé le pont. »

Ce pont, très large, laissait en effet apparaître, en dessous, un immense gouffre. Le guide avait redoublé d'attention : par de petits coups de piolet donnés devant lui, il avait testé l'épaisseur et la fiabilité de la neige, presque centimètre par centimètre. Derrière, loin des lèvres de la crevasse, son second était encore plus tendu, prêt à bloquer la corde. Et puis soudain, il y avait eu un plouf sinistre. La passerelle avait cédé sous le poids de Payot. Leroux avait enrayé la chute. Aidé des deux autres, il avait eu vite fait de le remonter au bord de la crevasse. René souffrait d'un pied, une entorse visiblement, mais il souriait. « Plus de peur que de mal, mais ça va m'être difficile de continuer avec vous, les gars. » C'est le message que l'on fit passer à tous les sauveteurs, c'est aussi probablement le message qui arriva en bas, déformé par les intermédiaires et les grésillements. Sans aucune autre nouvelle par la suite, on avait voulu croire à une panne des appareils radio.

« Plus de peur que de mal ». Les quatre alpinistes, transis de froid dans la nuit qui venait de les surprendre, se forçaient à plaisanter tout en essayant d'installer Payot dans un endroit plus sûr, moins exposé aux avalanches. Et ce fut l'horreur. Dans un grondement sourd, une énorme masse de poudreuse venait de se décrocher au-dessus d'eux et glissait dans leur direction. Une avalanche de neige lourde, mouillée. Les trois compagnons de Payot, plus mobiles, eurent le temps de s'en écarter, mais le blessé, totalement incapable de se mouvoir, fut à nouveau projeté au fond du trou et recouvert de plus de six mètres de neige.

Puis le silence s'installa de nouveau. Rien, pas même un cri. Jay, Leroux, Vezin s'étaient aussitôt mis au travail, essayant de le sortir de là au plus vite. Mais la couche était dure et épaisse. Ce fut long, trop long. Il leur fallut plus d'une heure pour découvrir enfin le corps inanimé de René Payot. Pas un souffle, pas un mouvement, il ne donnait aucun signe de vie. On le traîna un peu plus loin.

Sur la glace, en pleine nuit, on s'accrocha à l'espoir de le ranimer, de le ressusciter. Les hommes se relayèrent pour lui administrer les mouvements de respiration artificielle. Pendant ce temps, les autres sautaient sans cesse d'un pied sur l'autre, s'obligeant à marcher un peu afin de combattre les gelures aux pieds. Les tentatives durèrent deux heures. Deux heures d'angoisse et de désespoir. Depuis longtemps, les radios ne voulaient plus fonctionner. Tant mieux, après tout. Qu'est-ce que ça aurait changé d'avertir la vallée ? Aucun secours ne serait arrivé assez tôt. Malgré tout, les larmes aux yeux, les hommes poursuivaient leurs efforts tenaces, tremblant de froid et de colère, le cœur ravagé d'une sourde rancune.

On était maintenant en pleines ténèbres. Il fallait bien admettre, renoncer, s'incliner devant la mort. Et s'organiser. Le silence se fit... Une longue minute, avec les lampes posées près du corps, le souffle d'air chaud des respirations qui s'envolait vers les étoiles, les larmes glacées au coin des yeux. Une longue minute d'immobilité offerte au « chef », par −27°. Et puis une voix, enrouée, qui laissa échapper : « Il m'avait dit qu'il détestait ce coin. C'est là, exactement, que son frère Léon s'est tué il y a dix ans. Une avalanche aussi... »

Et maintenant, que faire ? Se séparer à nouveau en deux caravanes. L'une descendrait sans plus tarder le corps de René vers la station des Glaciers, l'autre devrait atteindre les Grands Mulets. Elle y passerait la nuit en attendant qu'une nouvelle décision soit prise quant à la suite des opérations.

Il était 21 heures. Les radios se remirent à grésiller, le lieutenant Jay put annoncer la terrible nouvelle au P.C. Puis, à la lueur des lampes électriques et à l'aide du matériel de transport prévu pour les corps des marins indiens, un lent et maladroit cortège emportat le corps de Payot l'alpiniste.

A l'arrière, un jeune sauveteur, épuisé, découragé, traumatisé, se laissa tomber dans la neige. Les autres, devant, l'entendirent lancer vers le ciel des injonctions incompréhensibles, et dans le halot de leurs lampes, le virent donner de violents coups de poing dans la poudreuse. L'insupportable sentiment d'injustice qui frappe devant une mort accidentelle, associé sans doute à une révoltante sensation d'absurdité...

⁂

Deux milles mètres plus bas, Chamonix scintillait de toutes ses lumières. Images paisibles d'un village dans la vallée, mais déjà les mêmes gestes, les mêmes cris de douleur et de révolte troublaient le silence de la nuit...

Aux Pècles, le vieil Emile et son complice, debout face au mont Blanc sur le balcon, pestaient de tous leurs jurons de montagnards. La nouvelle était passée partout avec la vitesse et l'effet de la foudre. De nombreuses fenêtres s'étaient rallumées.

Se dandinant à cause du froid, soufflant sur leurs doigts, essayant de se faire discrets, un groupe de reporters tournaient déjà autour du chalet du défunt, au hameau du Fouilly. Trouver l'adresse leur avait été facile, ils avaient suivi les gendarmes chargés de la terrible mission. Avant même qu'ils n'aient eu le temps de frapper, madame Payot leur avait ouvert la porte, comme si elle avait guetté le bruit de leurs pas dans la neige.

« Madame... » Rien de plus ne fut dit. Elle ne s'effondra pas, elle les pria de prendre une chaise autour de la table, puis elle aussi s'assit. Les larmes coulaient à flot de ses grands yeux. Les hommes voulurent s'approcher, prononcer quelques mots mais elle posa un doigt sur ses lèvres et se retourna pour tendre son visage rougi vers une porte, au fond de la pièce. « Chut... »

Quatre enfants dormaient dans la maison... « Chut, fit-elle à nouveau, il faut leur laisser cette nuit encore. » Et elle s'effondra, ne retenant ni ses larmes ni ses cris. Quelques minutes plus tard, les hommes virent apparaître quatre petites têtes derrière la porte du fond soudain entrouverte. Un enfant qui ne devait pas avoir plus de deux ans se mit à rire dans les bras de son frère. Georges et Monique, les deux plus grands ne semblaient pas vouloir s'approcher, sans doute impressionnés par les gendarmes et le trop grand déchirement de leur mère.

C'est elle qui se leva et voulut les embrasser, tous à la fois. Elle demanda aux gendarmes de les laisser seuls. Ils s'exécutèrent. Lorsqu'ils ouvrirent la porte pour se retirer, ils furent assaillis par les journalistes.

« Comment l'ont pris, les enfants ? Quel âge ont-ils ? Et madame Payot, que va-t-elle devenir ? » Ce fut des paquets de neige à travers la figure qu'ils reçurent en réponse. Gaussot, bien sûr, ne faisait pas partie de la horde. Il avait également demandé à ses collègues du *Dauphiné* de laisser la famille en paix. Il était en train d'envoyer ses papiers à la rédaction de Grenoble.

Il était à peu près 22 heures. Sur le chemin qui menait au chalet, des gens montaient en silence à la lueur d'une torche. Des cousins, des amis et des femmes de sauveteurs partis là-haut eux aussi.

*
**

Là-haut, le corps de René venait d'être abandonné. A la suite d'un ordre transmis par radio, il avait été décidé qu'on reviendrait le chercher aux premières heures du jour. En effet, les sauveteurs avaient parlé d'une descente de plus en plus périlleuse. Au QG de l'EMHM, Flottart et son entourage n'avaient pas caché leur véritable préoccupation : faire en sorte que la situation ne s'aggrave pas, tel était à cette heure leur principal souci. En aucun cas, il ne fallait apprendre de nouveaux accidents, de nouvelles morts. C'en était déjà trop. Non, il fallait maintenant arrêter les dégâts... « Stoppez tout. Redescendez le plus prudemment possible, on verra plus tard pour les Indiens. » Les ordres semblaient venir de plus haut encore. L'opération avait maintenant fait trop de bruit, certes pas dans le sens où on l'espérait. Alors désormais, il fallait se montrer raisonnable. On attendrait les beaux jours pour redescendre les corps qu'il serait possible de trouver, Flottard allait transmettre son point de vue au préfet, lequel déciderait si les recherches devaient se poursuivre.

La caravane qui devait tenter d'atteindre le refuge des Grands Mulets pour éventuellement continuer sa marche vers l'épave le lendemain fut elle aussi sommée de redescendre vers la station des Glaciers.

Le corps raidi de René Payot fut laissé là, sur la neige, dans la nuit et le froid. Le jeune soldat qui s'était fait remarquer précédemment, demanda à le veiller. En vain...

A minuit et demi, titubant de fatigue, le dernier des sauveteurs arrivait enfin à la station des Glaciers, où certains reporters avaient eu le « courage » de remonter. Plutôt que de parler, tous les hommes se jetèrent sur les boissons chaudes qu'on leur tendait. Pierre Leroux, le lieutenant Jay et le gendarme Vezin furent immédiatement assaillis, mais ils montèrent dans la benne sans un mot, — Quel beau voyage, pendant une nuit si claire ! — et furent conduits dans les bâtiments de l'EMHM.

Avant toute chose, ils furent présentés à l'ambassadeur des Indes à Paris qui les remercia vivement. Son Excellence était arrivée le soir même.

La nuit fut courte et très mauvaise malgré l'immense fatigue.

9

Mardi 7 novembre 1950

« ... goût de l'absurde, dit-on souvent, jugeant arbitrairement les aventures alpestres. C'est ce " goût de l'absurde " qui confère à nos guides de montagne leurs plus beaux titres de noblesse. C'est ce " goût de l'absurde " qui a permis hier aux meilleurs d'entre eux d'atteindre le toit du monde. C'est ce " goût de l'absurde " qui incite aujourd'hui les Chamoniards à se hâter vers un avion perdu dans l'aire la plus élevée d'Europe. Nous ne saurions, nous, marchander l'admiration à ces gens-là : ils font plus qu'illustrer les grandes actions du sport, ils honorent la condition humaine. »

Olivier MERLIN,
Le Monde, 7 novembre 1950.

A 7 heures et demie, au lever du jour, une équipe de guides et de chasseurs alpins — les mêmes que la veille — quittait la station du téléphérique et reprenait les traces jusqu'au corps de l'ami René. Dieu merci, il n'était pas tombé un flocon durant la nuit. La progression leur sembla facile dans la neige durcie par le froid. Tout alla très vite. A 11 heures, les portes de la benne se refermaient sur la dépouille du guide Payot.

En bas, dans un silence pesant, une importante délégation d'officiels attendait : Son Excellence Malik et sa suite aux côtés du sous-préfet de Bonneville, le commandant Flottard, de nombreux militaires, les guides de la compagnie et, derrière, une foule de Chamoniards aux visages sombres et aux yeux brillants. A la lisière de cette foule, une petite fille, tenant d'une main un bouquet et serrant très fort de l'autre le poignet d'un vieil homme.

« Et voilà, un de plus, murmura-t-il entre ses dents à l'intention de Gaussot qui se tenait juste à ses côtés. Enfin, cette fois-ci, les braves gens des vallées et les journalistes — je ne parle pas pour vous, Gaussot — ne pourront pas dire que c'est le goût de l'absurde qui a poussé l'alpiniste à l'assaut des cimes. Et pourtant, pour une fois, absurde, ça l'est franchement. Ce qu'il a fait est beau, c'est un acte d'héroïsme sans nom, mais qu'est-ce que vous voulez que je vous dise, moi, Gaussot... il n'empêche, qu'il est mort bêtement, y'a pas d'autre mot. »

Gaussot ne répondit pas. Les porteurs de la civière étaient en train de traverser la haie des chasseurs alpins aux traits tirés par la fatigue qu'ils avaient connue la veille. C'était terminé. Le corps allait être emmené à l'hôpital de Chamonix puis dans le chalet de la famille Payot. Au moment où les hommes glissèrent la civière à l'arrière d'une camionnette, le vieil Emile lâcha la main de sa petite-fille pour la laisser aller déposer son bouquet sur le corps enveloppé. Deux autres enfants firent le même geste, on claqua la porte du véhicule et la foule se dispersa, toujours silencieuse.

Il fut annoncé que les obsèques auraient lieu à Chamonix le jeudi suivant à 10 heures 30, qu'on se réunirait à 10 heures à la maison mortuaire, au Fouilly.

Le vieil Emile, son voisin des Pècles, la petite et Gaussot s'éloignèrent ensemble.

« Savez-vous que ce n'est peut-être pas fini, dit Gaussot. Une équipe de Saint-Gervais est sur le coup depuis hier. Ils n'ont pas reçu l'ordre de redescendre, ils continuent.

— Quoi ? Comment ça ? Des guides de Saint-

Gervais, de la compagnie ? s'étonnèrent simultanément les deux vieux que la nouvelle avait arrêtés net.

— Oui, ils seraient partis hier, en même temps que les Chamoniards mais par la voie normale, Tête Rousse, aiguille du Goûter. Il paraît que c'est encore plus dangereux en hiver, c'est vrai ?

— Ouais, le couloir est infernal. Mais c'est qui, ces gars ? Ils sont fous ! Et de quoi se mêlent-ils ?

— Ah, écoutez, vous n'avez qu'à acheter le journal. Ce n'est pas moi qui m'en suis occupé, c'est un de mes collègues. Il a fait un petit papier. Bon, je vous quitte là. Salut ! »

Gaussot prit le chemin de son bureau et les trois autres se précipitèrent sur le *Dauphiné*.

L'histoire de Saint-Gervais était bien vraie. Les types, c'étaient Louis Viallet, Louis Jacquet, Charles Margueron, André Chapelland, tous quatre guides de la compagnie de Saint-Gervais, auxquels avait voulu se joindre, bien qu'il n'en ait pas eu l'autorisation officielle, le maréchal des logis-chef Pignier. L'équipe devait être accompagnée jusqu'à Tête Rousse par Marcel Margueron, le frère de Charles.

L'article, écrit au moment de leur départ, n'en disait pas plus.

« J'aimerais vraiment savoir où ils en sont aujourd'hui. Ce n'est pas normal qu'ils ne soient pas redescendus. Ils doivent bien avoir une radio, ils ont bien dû recevoir l'ordre d'arrêter les recherches. C'était officiel, obligatoire pour tout le monde ! Avec les conditions pourries qu'il y a en ce moment, les risques d'avalanche et tout, tu ne te le fais pas dire deux fois de redescendre. Tu obéis vite à un ordre pareil. Et Payot ? Ils doivent bien savoir ce qui lui est arrivé. Ne me dis pas qu'ils ne l'ont pas entendu par radio. Et puis, c'est bizarre qu'on ne l'ait pas su, ici, qu'une équipe de Saint-Gervais se lançait dans la course. »

Disant cela, le vieil Emile continuait de tourner les pages du *Dauphiné* du jour. A la une bien sûr, la mort de René Payot, plusieurs articles courant sur deux pleines pages, longs papiers d'ambiance ou courtes dépêches de dernière minute, les quatre reporters (Gaussot, Robert Corbier, André Fouraz et Albert Ramus) avaient bien couvert l'affaire. Et puis, beaucoup plus loin, entre « Un jeune mineur a la tête arrachée par un chariot », le « Glissement de terrain à Bourg-d'Oisans », la « Fête à l'Institut culturiste » et une réclame pour « Antigrès, amaigrissement progressif », un petit encadré anodin :

« *Le Constellation transportait-il une cargaison de lingots d'or ?*

Chamonix, 7 novembre (1 heure 15 matin) — De source officieuse anglaise, on apprend que le Constellation Bombay-Londres transportait, outre ses passagers, une cargaison de lingots d'or d'une valeur d'une centaine de millions (A.F.P.)

Nous publions cette information sous toutes réserves. »

A la lecture de ces quelques lignes, l'Emile et son copain se regardèrent longuement, l'air entendu. En même temps, un même et unique mot sortit de leur bouche : « Ah ! »

10

La montagne au trésor

Contre toute attente, la nouvelle des lingots d'or ne fit pas l'effet d'une bombe. Quelques heures après le retour du corps de Payot, il était certain que tout le monde avait lu la dépêche AFP, mais personne n'en parlait. Comme s'il s'était agi d'un sujet tabou. Ou alors n'était-ce que de la pudeur ? Il était en effet naturel que la journée fût placée sous le signe du deuil. Mais la présence d'or dans l'avion, si elle se vérifiait, était bien gênante malgré tout. Avec cette nouvelle, on était en droit de se poser des questions. Là s'expliquait peut-être cet étrange acharnement à monter « sauver des morts ». Et Payot, sans le savoir, aurait perdu la vie pour de l'argent que certains voulaient absolument récupérer.

Quelles étaient les véritables motivations des autorités militaires dans l'organisation de ces secours illusoires ? Flottard connaissait-il cette histoire d'or ?

Le lieutenant Jay avait-il d'autres consignes ? Et Payot, que savait-il de tout cela ?

En remontant à pied vers chez lui, sa petite-fille toujours agrippée à son poignet, l'Emile se posait intérieurement mille questions. La gamine lui tira la manche.

« Qu'est-ce t'as, Pépé, on dirait que t'es triste ? C'est à cause de celui qui est mort dans l'avion de la princesse ?

— Oui, je suis triste. A cause de René qui est mort dans l'avion de la princesse. »

Il s'arrêta et prit la fillette dans ses bras.

« Regarde vers le mont Blanc. D'accord, on ne le voit pas à cause du brouillard, mais tu sais où il est, toi. Regarde bien. Il paraît qu'il y a un trésor là-haut, le trésor de la belle et mystérieuse princesse Malabar...

— Comme sur les îles désertes ? Et c'est qui les pirates ?

— Ah, ça, ma chérie, c'est une autre histoire.

— Pépé, pourquoi elle s'appelle Malabar, la princesse, c'était la reine du chewing-gum ? »

Le vieil Emile éclata de rire et voulut se laisser prendre au jeu de mots de l'enfant.

« Non, ma douce, ça n'a aucun rapport. Quand on dit de quelqu'un que c'est un malabar, ça veut dire qu'il est fort et costaud, tu vois, un type qui résiste à tout. Eh bien, je pense que cette princesse devait être très forte, extrêmement puissante. N'ouvre pas de grands yeux, je te dis n'importe quoi. La vérité, c'est que ton pauvre grand-père ne sait pas. Je ne sais pas, moi, pourquoi elle s'appelle comme ça. Je chercherai dans les livres et ce soir, je te le promets, je te raconterai. Je te raconterai la fabuleuse histoire du trésor de la princesse Malabar. »

Arrivé chez lui, l'Emile alluma aussitôt sa TSF. Il entendit la déclaration de Son Excellence Malik, ambassadeur des Indes, qui rendait un hommage « à la valeur et au courage des sauveteurs, et laissait entendre que son gouvernement ferait le geste qui s'impose envers la famille Payot... »

Dans Chamonix en deuil, le bruit ne tarda pas à circuler, en effet, que les quatre jeunes enfants du guide chef Payot seraient financièrement pris en charge par le gouvernement indien...

« De son côté, poursuivait le speaker, monsieur André Morice, secrétaire d'Etat à l'Enseignement technique, à la Jeunesse et aux Sports, a proposé que la croix de chevalier de la Légion d'honneur fût attribuée à titre posthume au guide René Payot...

« Et, toujours à propos du Constellation d'Air India, grésilla le gros meuble radio, la compagnie n'a pu confirmer la présence de lingots d'or dans l'avion, le manifeste du fret étant à bord de l'avion détruit. Toujours de source officieuse anglaise, ce chargement atteindrait une centaine de millions de francs. On sait par ailleurs que le Malabar Princess transportait la poste, des valeurs importantes doivent sans doute se trouver dans les sacs de dépêches. Avec la destruction de ce Constellation, la compagnie Air India enregistre une perte de près de 500 millions.

« Chers auditeurs, il est maintenant midi, nous vous souhaitons un bon appétit. »

Le soir même un communiqué fut lu à la presse par le sous-préfet de Bonneville :

« Au cours de la mission périlleuse confiée au commandant Flottard, les immenses dangers encourus se sont révélés insurmontables, et nous avons la douleur de déplorer la mort de l'instructeur René Payot, qui comptait parmi les meilleurs, tant par sa compétence technique que par sa haute valeur morale. Chacun s'incline avec émotion devant son sacrifice librement consenti. En raison de l'impossibilité où nous nous trouvons de poursuivre cette mission, monsieur le préfet a décidé d'interrompre actuellement la poursuite des opérations. Toutes les dispositions sont prises dans ce sens. Nous avons à cœur de remercier tous ceux qui se sont dévoués pour tenter d'accomplir la mission qui leur était confiée et nous rendons hommage à leur esprit de sacrifice et de dévouement. »

Et pourtant, le lendemain, mercredi 8 novembre, on pouvait lire à la une du *Dauphiné* :

« *L'épave du Constellation sera-t-elle atteinte aujourd'hui ?* »

« ... *Malgré l'ordre du ministre de l'Intérieur, héroïque exploit de quatre guides de Saint-Gervais. Ils réussissent l'ascension de l'aiguille du Goûter* (3900 mètres), *aux prix de difficultés inouïes.* »

... Ils étaient une bonne petite troupe, à Chamonix, des guides sans doute, qui s'étaient retrouvés devant le bureau de la compagnie, se partageant deux ou trois exemplaires du journal, avides de lecture, peut-être plus qu'ils ne l'avaient jamais été depuis le début de l'affaire.

Sous la manchette, exceptées deux ou trois lignes à propos de la Légion d'honneur accordée à titre posthume au guide défunt, rien, plus une ligne sur Chamonix. Le centre névralgique de l' « affaire Malabar Princess » avait visiblement changé de vallée. Et ce, dès le retour du corps de l'ami René. « Demain sans doute les journalistes seront de retour. Un enterrement de cette ampleur, ça se rate pas ! »

Il faut dire que les funérailles allaient avoir lieu en grandes pompes. D'ores et déjà on savait que « Son Excellence » l'ambassadeur y assisterait, ainsi que messieurs les préfets de Savoie et de Haute-Savoie, ainsi qu'éventuellement le ministre Morice. Oui, tout ce qu'il fallait pour retenir la presse. En attendant, c'était bel et bien les types de Saint-Gervais qui avaient su retenir l'attention des journaux...

« Ils attendent une nouvelle tragédie, hein, tu ne crois pas, toi... ? Ça fait tellement bien dans les titres ! Imagine. Encore quatre morts au mont Blanc... Ah ! je n'aime pas ça, moi...

— Mais au fait, Viallet et les autres, qu'est-ce qui leur prend, après tout, d'insister comme ça ? Non seulement on ne leur a rien demandé, mais en plus maintenant, il y a une interdiction formelle et officielle, alors, franchement, moi, je m'interroge ! Ils veulent montrer qu'ils sont plus forts que nous ou quoi ? Et Payot, il est mort pour quoi ? »

A l'intérieur de la PDA, dans la salle presque vide, seules les pages du journal vivement tournées par l'Emile froissaient le silence de ce jour de deuil... Atteint dans son âme de Chamoniard, il était aussi tourmenté que ses amis guides. La scène qui suivit le confirma.

« Ecoutez, ma petite, je n'aime pas qu'on lise par-dessus mon épaule », grommela-t-il, vivement agacé par la jeune serveuse saint-gerveline. La « petite » s'éloigna en haussant les épaules mais ne put s'empêcher de lui rétorquer insolemment :

« Dites donc l'Emile, depuis quand ça vous intéresse, ce qui se passe à Saint-Gervais, hein ? »

Il eut un haussement d'épaules pour toute réponse. S'il restait extrêmement concentré, c'est bien que la curiosité l'emportait sur sa fierté de Chamoniard. Il poursuivit donc sa lecture.

« *Heure par heure avec la cordée de Saint-Gervais.*

« *Saint-Gervais, 7 novembre, de notre correspondant particulier Jean Vincent (...)*

Tandis que Chamonix se recueille sur le tragique destin dont a été victime René Payot, à Saint-Gervais, la fièvre monte. Voici en résumé l'itinéraire de ces hommes courageux... Après une vaine tentative d'atteindre hier le refuge de Tête-Rousse, à cause d'une épaisse couche de neige qui leur arrivait parfois à la hauteur des aisselles, nous apprenions hier soir, par radio, leur repli sur le mont Lachat. C'est là-haut, vers 23 heures, que leur fût apprise la nouvelle du décès de René Payot. Ils annonçaient quant à eux, leur décision de continuer malgré tout, s'ils jugeaient que le temps le leur permettait.

Ce matin, vers 7 heures, un coup de téléphone du mont Lachat nous apprenait que la cordée était repartie pour Tête-Rousse dès l'aube. Le temps était splendide, le froid très vif. Aussitôt averti, le commandant Flottard, décide de leur faire connaître l'ordre de redescendre sur-le-champ. Puisque la cordée ne possède aucun moyen de liaison radio, Flottard confie au pilote Guiron la mission de lâcher des messages par avion.

11 heures 30 : Guiron se prépare à décoller avec le message en trois exemplaires à son bord. Ce sont en fait de longs papiers roulés, lestés d'une pierre et signalés d'un morceau de tissu de couleur. Le texte est exactement celui-ci : " Le préfet d'Annecy demande que les recherches soient stoppées. "

12 heures : dans l'appareil, Guiron, accompagné du

guide Piraly, chef des secours de Saint-Gervais, distingue un homme qui se détache de la caravane pour se diriger vers le message.

12 heures 30 : en fait, l'homme en question redescend. Il n'a pas vu le message et l'on craint des difficultés pour la cordée.

Guiron vient d'atterrir sur l'aérodrome du Fayet. Par téléphone, il signale que la cordée approcherait du refuge de Tête-Rousse. On s'inquiète alors du temps, les hommes, en effet, ne sont partis qu'avec trois jours de vivres. A Saint-Gervais, une caravane de soutien est alors mise sur pied.

13 heures 45 : le mont Lachat nous téléphone : " Un homme arrive, l'air exténué... "

14 heures : l'homme, Marcel Margueron, nous téléphone l'incroyable nouvelle : " Tout va bien, nous avons atteint Tête-Rousse à 9 heures, mes compagnons ont attaqué l'aiguille du Goûter à 10 heures. Ils sont maintenant à mi-chemin. " En fait, Margueron a le pied gelé.

14 heures 30 : le pilote Guiron reçoit un nouvel ordre d'arrêter la caravane mais il ne peut décoller car son appareil est en panne.

14 heures 45 : depuis le syndicat d'initiative de Saint-Gervais, véritable PC, Nicolas Konevizer qui dirige les opérations, appelle le commandant Flottard à Chamonix. Il confirme les ordres reçus mais il comprend bien que la caravane reste maintenant seul juge et il annonce les prévisions météorologiques excellentes.

15 heures : à la jumelle depuis le mont Lachat, Marcel Margueron suit l'arrivée de la cordée à l'aiguille du Goûter.

15 heures 30 : la cordée " intrépide " a réussi ! L'aiguille du Goûter est atteinte par la voie d'été que l'on pensait impraticable.

15 heures 40 : le pilote Guiron reçoit un nouvel ordre d'arrêt mais il ne peut toujours pas décoller.

15 heures 45 : le commandant Flottard revient à la charge. Il faut absolument faire arrêter les recherches...

16 heures 15 : la radiodiffusion suisse vient déposer au PC de l'Office du tourisme deux puissants postes émetteurs pour la cordée de soutien mais ceux-ci ne pourront, hélas, être acheminés à Tête-Rousse...

16 heures 25 : les plus grandes difficultés doivent maintenant être vaincues. Le commandant Flottard donne au pilote Guiron son accord pour laisser la cordée poursuivre sa montée... Guiron fait alors appel à l'Armée de l'air afin d'obtenir un autre appareil lent et sûr en vue d'un parachutage de vivres près des cordées...

16 heures 30 : départ de la deuxième cordée. Gilbert Blanc, Robert Gonseth et André Lavanchy montent au mont Lachat par le téléphérique de Bellevue. Il est prévu qu'ils soient demain midi à Tête-Rousse.

18 heures : ils arrivent au mont Lachat à la nuit tombante.

20 heures : les guides Piraly et Marcel Bouchard partent à leur tour, avec les lourds postes de la radio suisse.

Tard dans la soirée, une autre équipe se préparera à prendre le départ à l'aube du lendemain.

A Saint-Gervais, on suit, avec la passion que l'on comprend, la progression des sauveteurs que communique au fur et à mesure au syndicat d'initiative un observateur du mont Lachat. Les informations sont écrites sur un tableau noir installé devant le PC. " Ils ont franchi la mauvaise passe, disent les montagnards, plus rien ne peut les arrêter. Ils arriveront. "

Il ne paraissait pas possible hier qu'une caravane de six hommes pût traverser ces immenses étendues de neige où, normalement, il aurait fallu relayer l'homme de tête chargé de faire la trace, tous les cinquante mètres au maximum, et atteindre le refuge de Tête-Rousse.

Et voici que non seulement ils y sont arrivés mais ils ont escaladé la sinistre paroi de l'aiguille du Goûter et ce soir, à l'abri dans le refuge couvert de tôles, ils savourent leur première victoire. Désormais rien ne devrait les empêcher d'atteindre demain les rochers de la Tournette... En été, c'est un boulevard ! On ne met que 3 h 30 de l'aiguille du Goûter jusqu'au sommet du mont Blanc, la dénivellation n'étant que de mille mètres et l'organisme ayant eu le temps de s'habituer à l'altitude pendant la nuit. N'allez cependant pas croire que leur expédition sera une promenade, il souffle presque toujours sur cette arête un vent d'une extrême violence, et le thermomètre peut très bien descendre en deçà de −30 degrés. Seul point rassurant, et ceci en comparaison des difficultés déjà franchies, le danger d'avalanche désormais néant. Bien plus, le vent souffle sans cesse sur l'arête, balaye la neige, si bien que les guides sont presque assurés de pouvoir progresser sur un sol relativement dur. Presque aucun risque non plus de s'égarer dans le brouillard car l'itinéraire n'est autre que la ligne faîtière... »

Voûté sur les pages de son journal, épuisé comme s'il avait lui-même vécu la montée jusqu'au refuge du Goûter, le vieil Emile soufflait et râlait...

« Mais, bon Dieu ! jura-t-il, ça recommence, le suspense, des hommes, des avions, des caravanes de secours pour la caravane de secours, des appareils radio, des peurs, des joies, et dans tout ça on oublie l'essentiel : qu'est-ce qu'ils vont pouvoir faire tous les cinq, si jamais ils arrivent là-haut, je vous le demande ? Ils espèrent se faire applaudir par les cadavres ? Oh et puis ne vous vexez pas fillette, ce n'est pas à vos concitoyens que j'en veux, je peux même vous dire sincèrement qu'ils ont fait un choix plus judicieux que les miens. Bon, d'accord, s'ils arrivent c'est un bel, un très bel exploit sportif, du jamais vu. Bravo, je dis bravo, tout le monde doit dire bravo, mais quoi, moi, je n'arrive pas à m'enlever de l'esprit cette vision d'horreur qu'il doit y avoir là-haut, tous ces Indiens morts pendant que d'autres font les cow-boys. Et puis, en bas, à Saint-Gervais, il y a cinq femmes et je ne sais combien d'enfants qui attendent en se rongeant les ongles ? Vous le savez, vous, ma belle, vous devez bien en connaître un ou deux de ces gars-là ?

— Oui, je connais de vue le maréchal des logis-chef Pignier. C'est un homme très courageux, je ne lui donne pas plus de quarante ans, et il a deux enfants. Et puis je connais aussi Louis Viallet, lui, il a trente-quatre ans et quatre enfants. Sinon, comme tout le monde, j'ai beaucoup entendu parler d'André Chapelland, ça doit être le plus âgé de la troupe, lui, c'est un vieux garçon, on dit que c'est le spécialiste de la glace. En tout cas, il aurait " fait " le mont Blanc quatre-vingts fois ! Il paraît qu'il avait un frère jumeau qui est mort foudroyé au Requin... Enfin, vous savez, ils connaissent tous la montagne comme leur poche, et ils mesurent parfaitement les risques.

— Ouais, je n'en doute pas, Payot aussi, il connaissait la montagne comme sa propre maison ! Oh, après tout, et si l'on changeait de sujet ma petite ? Tiens, une petite devinette : quelle est la capitale du Népal ?

— Je ne joue pas...

— Vous n'avez pas tout lu dans le journal par-dessus mon épaule ? Le petit article " Coup d'Etat au Népal " ? Le roi s'enfuit avec le prince héritier et se réfugie à l'ambassade indienne de Katmandou ? Katmandou, ma fille, voilà la réponse !... Au pied de la chaîne de... ? Alors ? Oh, mais vous ne savez rien ! Vous pourriez vous intéresser un peu plus à la montagne, tout de même ! La chaîne de l'Himalaya, bonsoir ! On ne va quand même pas revenir à Herzog, Lachenal, et les autres ! Ah cette jeunesse, j' vous jure ! Non, je rigole, faut bien rire un peu, hein ? Ah, mais ne me regardez pas comme ça ! »

La jeune serveuse leva les yeux au ciel et, avec un grand soupir se tapa le front :

« Je sais, je sais qu'il y en a là-dedans, monsieur Emile ! »

Ils échangèrent un grand sourire : « On fait la paix ? »

*
**

Au même moment, là-haut, dans la cabane du Goûter, c'était déjà l'heure du repas.

Il avait fallu déblayer le sol couvert de neige — les derniers visiteurs avaient mal fermé les portes —, il avait fallu allumer un feu avec du bois mouillé que l'on avait transporté jusque-là à dos d'homme, casser le pain gelé à coups de piolet. On avait bien tenté, mais en vain, de faire sécher les couvertures devant la flamme, on avait bu du café. Et puis le feu s'était éteint, faute d'alimentation. Chacun s'était enroulé dans la laine trempée, à même le sol humide. Il faisait nuit, il faisait froid, – 25° peut-être, et plus aucun espoir de faire monter le niveau du mercure. Se reposer, se disaient-ils, se reposer afin d'être d'attaque le lendemain. Mais ne pas dormir surtout, ne pas geler sur place.

Résister.

L'aventure, en somme, avec en arrière goût le

sentiment d'être encouragé, « supporté », par le monde entier. La certitude d'être héroïque. Un exploit sportif ! Une première hivernale. Un bon choix d'itinéraire. « Que les montagnards soient fiers, que Saint-Gervais soit fière, que femmes et enfants soient fiers ! » pensaient-ils en secret, chacun de son côté.

« Que font-ils à cette heure-ci, ceux de nos familles ? A quoi pensent-ils ? On les imagine près du poêle, devant un bol de soupe, parlant de leurs héros, la gorge un peu serrée... Il s'agit maintenant d'être digne. »

En bas, dans la vallée les lumières n'avaient cessé de briller. Il était déjà 6 heures. Debout ! Plus de bois, donc pas de feu, donc pas de boisson chaude. A peine une tranche de pain gelé avant le départ. La porte s'ouvrit sur la nuit, cinq lanternes vacillèrent dans un ciel bleu sombre. La rigueur du froid avait redoublé, c'était tant mieux. Du coup la neige aurait durci et la marche serait plus aisée. Pourtant, à plusieurs reprises, l'un d'eux s'enfonça jusqu'aux épaules... A chaque fois, ils perdaient beaucoup de temps et d'énergie à se sortir de là...

En tête, Viallet s'efforçait de ne pas montrer sa fatigue. En vérité, il n'en pouvait plus. Ils arrivèrent au sommet du dôme du Goûter vers 8 heures 15. A 9 heures, ils passaient au niveau du refuge Vallot. C'est là que le gendarme Pignier, malgré tout son courage, sa passion et sa fierté, montra des signes non équivoques de fatigue, pour ne pas dire d'épuisement. « Une petite pause au refuge ? Peut-être pourrais-je vous attendre là ? »

Non, bien évidemment, il n'en était pas question. L'engourdissement d'une pause un peu trop longue, et c'était l'assurance d'une vie en moins... « Allez, Pignier, vous voulez faire la une, demain, dans le journal ? Allez, hop, défense de s'arrêter sous peine de geler sur place ! On vous accorde quand même un p'tit verre de gnole, je l'ai gardée bien au chaud sous mon pull-over ! » Viallet sut y faire et le chef Pignier, les dents serrées, le regard fixe, accepta de se remettre en route.

11

Les « cinq » de Saint-Gervais

II

Les « cinq » de Saint-Germain

« Point n'est besoin de désespérer de l'avenir de l'humanité tant qu'il reste des hommes comme ceux-là. »

Daily Graphic,
Londres, 8 novembre 1950.

Le vent se leva en quelques minutes. D'une rare violence et toujours plus glacial. Sur l'arête nord-ouest, les cinq hommes avançaient courbés, presque pliés en deux, le souffle coupé, obligés de s'arrêter parfois, surpris par des rafales qui atteignaient 130 kilomètres à l'heure... (cette vitesse fut confirmée par les instruments de l'avion de Guiron). A maintes reprises, ils durent s'agripper des deux mains à leurs piolets, et s'aplatir en attendant que ça passe.

Alors que la nuit avait été claire, le temps s'était maintenant couvert sur les sommets. Ciel moutonneux, et nuages gris sombre. La météo n'allait plus être avec eux, si tant est qu'elle l'ait jamais été, et le temps leur était désormais compté. Dans la vallée, les jumelles passaient de nez en nez. Sur l'aérodrome du Fayet, le pilote Guiron, l'œil collé à une puissante binoculaire, ne pouvait cacher son excitation grandissante. Il faut dire qu'à cette date dans le déroulement de ce qu'on appelait encore les « secours », le pilote était devenu un personnage clef, voire essentiel. Du moins, avait-il su se rendre utile. Sans cesse, le commandant Flottard s'en était référé à lui : la météo ? l'épaisseur de neige ? l'avancement des cordées ? la vitesse du vent ? Non seulement Guiron avait la réponse mais il avait surtout les moyens de la communiquer immédiatement grâce à ses équipements de radiocommunication. L'aviateur courageux et sportif, le « cascadeur » des cimes partait sans peur là où d'autres s'étaient crashés. La tête couverte de son bonnet de cuir et de ses lunettes spéciales, un large sourire de confiance en soi toujours affiché sur ses lèvres, la démarche volontaire et le franc-parler de l'aventurier qui en a vu d'autres, le personnage avait réussi à attirer dans son sillage une petite cour de journalistes qu'il maintenait en haleine. Du reste, ceux qui le suivaient lui ressemblaient un peu par leur côté baroudeur, et chacun d'eux attendait avec impatience l'invitation au voyage. Pensez, le papier que ça aurait fait ! Le grand vol avec Guiron, l'émotion, le spectacle, la seule façon de pouvoir décrire sans intermédiaire le lieu du drame ! Un scoop, en somme. Qui allait l'avoir ? Guiron devait se régaler.

Il préféra — ou peut-être y fut-il contraint — emmener à son bord des officiels...

Ainsi, malgré les « J' vous préviens, ça risque de secouer ! », et faisant mille jaloux, le moment tant attendu de l'arrivée des « cinq » sur l'épave du Constellation allait être réservé à monsieur Maurice Martel, directeur de la station de Saint-Gervais.

Afin de pouvoir monter facilement jusqu'à 5 000 mètres d'altitude, Guiron prit soin de ne remplir son appareil que du strict minimum de carburant.

Et en avant. « Jusqu'à épuisement de l'essence ! En espérant que ce soit après l'épuisement des “ cinq ”, là-haut ! Les pauvres, je plaisante, Maurice. »

Restait encore à préparer les messages à parachuter près de la cordée. Un code de réponse leur serait communiqué. Besoin de nourriture ? Les cinq devront former un carré. Besoin de vêtements ? Ils se mettront en triangle. Enfin, besoin de bois pour le refuge (on pensait qu'ils allaient de nouveau s'arrêter au refuge du Goûter à la descente), ils se mettront en ligne !

Il était 10 heures 10. Là-haut, Chapelland s'était retourné vers le chef Pignier titubant d'épuisement, et lui hurlait dans le vent de faire un dernier effort. Malgré tout le respect qu'il lui devait, il ne mâchait plus ses mots maintenant qu'il savait leur objectif presque atteint. La cordée, en effet, venait d'attaquer la pente du rocher de la Tournette. Elle était exactement sur le flanc de la Bosse du Dromadaire, dans une tourmente qui avait redoublé de violence et par une température frisant les – 35°. L'horreur... Soudain, un cri horrible. Une longue plainte qui s'amplifia et qui dura, vint se mêler aux sifflements du vent. Comme un hurlement de douleur, un terrible déchirement devant la mort, quelque chose d'affreux. Ça venait de derrière, c'était Pignier.

« Pignier, mais qu'est-ce qui se passe avec Pignier ? cria Chapelland. Pignier, Pignier répondez ! Eh, Jacquet, réponds ! Qu'est-ce qu'il a Pignier ? »

Le chef Pignier, maréchal des logis, venait de voir les premières traces de la tragédie. Quelques débris de ferraille tordus, des papiers, une malle et un lambeau de corps humain. Un bras, planté dans la neige, la main ouverte, comme un appel au secours. Avec ce vent et cette neige qui volait par à-coups, on aurait même dit qu'elle s'ouvrait et se fermait par intermittence. Evidemment, les autres, devant, avaient vu eux aussi, mais chacun avait eu la même idée : surtout ne pas attirer l'attention de Pignier, il se serait écroulé, vu son état de fatigue, il aurait craqué nerveusement, or il restait quelques mètres avant la carcasse, il fallait l'atteindre. Absolument.

Trop tard. Alors, de peur que le chef Pignier s'effondre, Chapelland crut bon — et il eut raison — de crier à son tour : « Oh, vous m'avez fait froid dans le dos, Pignier, à crier de la sorte, ne recommencez jamais ça ! »

La sensibilité des hommes était à fleur de peau, et son petit mot d'humour connut un véritable succès. Pignier ne fut pas le dernier à rire et cela lui fit l'effet d'un coup de fouet. Il se redressa et se mit à marcher d'un bon pas. De nouveau, il sut se montrer solide et fort. Heureusement, car leur aventure n'était pas finie. Ils durent passer entre deux murailles de glace, dans un courant d'air infernal. Ils crurent geler, ils suffoquaient. Si Pignier n'avait pas repris du poil de la bête, il y serait resté ! Les souffrances, c'est vrai, étaient devenues insoutenables. Mais quoi, étaient-ils de bons montagnards, oui ou non ? Etaient-ils dignes de faire vibrer d'émotion le monde entier, oui ou non ? Ne s'étaient-ils pas engagés volontairement ? Etaient-ils de vrais alpinistes, ou des poules mouillées ?

Du coup, plutôt que de souffrir trop longtemps, ils se hâtèrent. Finie la progression à l'économie de moyens. Désormais, ils avaient décidé de mettre un dernier coup de collier. Jusqu'au but. Après, on verrait. Ils étaient contraints de ramper mais ils rampaient vite. A la sortie du corridor de glace, ce fut l'accalmie. Ils purent se redresser et marcher presque normalement.

L'épave gisait devant eux.

Etait-ce pour saluer leur arrivée ou afin qu'aucun détail de la scène morbide ne leur échappe, il y eut soudain une magnifique éclaircie. Entre eux, ce fut le silence. Aucun mot ne put sortir et leur essoufflement, dû à la fatigue s'accéléra encore.

Le quadrimoteur avait été littéralement pulvérisé contre la montagne et avait pris feu. Le point d'impact était bien visible contre l'arête nord-ouest du mont Blanc, à la hauteur du rocher de la Tournette. Sur des centaines de mètres, c'était une vision d'horreur : des bras, des jambes, une tête, des souliers, des bérets, des sacs, des valises éventrées, des paquets de cigarettes, des vêtements de femme, de bébé, et un poudrier en or... Les quatre guides et le chef Pignier déambulèrent au milieu des débris, hébétés. Presque tout ce qui restait portait les traces du feu. Pignier leur dit de ne toucher à rien pour l'instant. Bien observer seulement. Jacquet ne dut pas entendre car il se baissa lentement afin de ramasser un petit objet à ses pieds. Un cube, un petit cube coloré, le jouet d'un enfant. N'y avait-il vraiment que des marins à bord du Constellation ? Non loin de là, Chapelland venait de trouver un as de cœur. Il y avait ainsi, parmi les dépouilles funèbres, une foule d'objets d'une bouffonne et atroce variété. Mais surtout des lettres, il y en avait partout. Certaines partiellement calcinées, d'autres parfaitement intactes. Sur une roue, seule pièce intacte de l'appareil, gisait un sac postal, infime partie sans doute de ce que devait transporter le Malabar...

« Ça, nous le redescendrons, et il faut chercher le reste, déclara d'une voix froide le chef Pignier. Le courrier postal, c'est sacré. »

Un peu plus bas, Margueron s'était accroupi devant ce qui semblait être un petit carnet.

« François (c'était le prénom de Pignier), François ! Je crois que c'est le portefeuille du pilote ! Commandant Allan Saint ! C'est ça !

— Ça aussi, nous le redescendrons. »

Complètement hallucinés, les cinq gars ne firent presque pas attention aux gesticulations aériennes qui se déroulaient au-dessus de leurs têtes... Deux avions tournaient, descendant au plus près de l'arête. Soudain, en passant le rocher de la Tournette, l'un d'eux fut brusquement rabattu contre la paroi, et les cinq crurent bien cette fois qu'il allait s'écraser. A la dernière seconde, il se redressa. Nul doute que le manche était dans les mains d'un excellent spécialiste. Guiron ? Non, le capitaine De Fonteilles. Ce dernier venait de la base de Salon-de-Provence, via le Fayet, avec pour mission d'effectuer des essais de plafond et de procéder à diverses observations aérologiques. Ceci pour les besoins de l'enquête de l'Aviation civile. (N'oublions pas que l'aviateur Bellonte était toujours sur le terrain en tant qu'inspecteur.)

Immédiatement après l'incident, De Fonteilles descendit atterrir au Fayet afin de faire part de sa mauvaise expérience à Guiron...

« Oui, le " rabattant de la Tournette ! " lui lança celui-ci comme si c'était une évidence.

Ce rabattant, Guiron le connaissait bien. Il se produit quand le vent souffle du nord, du nord-ouest ou de l'ouest, ce qui était justement le cas le vendredi précédent, jour de la chute du Malabar Princess. Perdant brusquement de 100 à 200 mètres d'altitude, le Constellation se serait ainsi écrasé sur l'arête.

« C'est tout de même plus probable que de penser que l'avion aurait accroché son aile parce qu'il volait trop bas. D'après ce qu'on sait, Allan Saint n'était pas un débutant ! »

Là-haut, le temps redevenait menaçant, les cinq enfouirent dans leurs sacs à dos quelques colis postaux, le portefeuille du pilote ainsi que les pages d'un cahier susceptible d'être le livre de bord, puis décidèrent de redescendre.

Ils savaient que le plus dur n'était peut-être pas passé. Non pas que la descente les inquiétât vraiment, après ce qu'ils avaient vécu. Non, c'était plutôt l'accueil qui les attendait, les questions. Celles des copains, des officiels en tout genre... Et qu'avez-vous trouvé ? Pourquoi avez-vous continué malgré les interdictions ? etc. Il allait falloir affronter ceux de Chamonix. Ils savaient que Payot devait être enterré le surlendemain matin, on le leur avait annoncé en même temps qu'on leur avait appris sa mort. Ils tenaient tous à y assister. Mais comment les Chamoniards allaient-ils considérer leur acte ? Sans doute allaient-ils devoir affronter certaines réflexions désagréables, voire suspicieuses...

La cordée s'était reformée, chacun remuait mille impressions et questions dans sa tête... Ils étaient restés sur l'épave un peu plus d'un quart d'heure. On était le 8 novembre 1950, cinq jours après le crash.

*
**

L'éclaircie avait également profité aux observateurs. De Chamonix, aux jumelles, la vue avait été parfaite. Posté dans l'encadrure d'une fenêtre de la mairie, Gaussot avait marqué sa joie de voir les « cinq » atteindre l'épave. Il avait laissé échapper un grand « Bravo ! », que d'autres journalistes aux aguets avaient d'ailleurs repris en chœur. Mais l'effervescence s'était arrêtée là. Gaussot s'en était vite rendu compte, cette « victoire » n'allait pas mettre Chamonix en liesse. Groupés devant le bureau de la compagnie, des guides et quelques chasseurs, pour la plupart membres des premières caravanes de secours chamoniardes, se passaient des binoculaires avec une impatience nerveuse, s'appliquant, retenant leur respiration pour ne pas trembler et pour mieux voir. Ils restaient bouche bée, laissant éventuellement échapper de discrets soupirs, mais ils semblaient vouloir éviter tout commentaire... On avait quand même entendu un « Bravo les gars ! » plein d'amertume. La phrase avait été lâchée par ce jeune éclaireur un peu sensible qui s'était effondré lors de la descente du corps de Payot.

Certains s'étaient signés. D'autres s'en étaient allés.

Sur le balcon de son voisin Alfred, aux Pècles, le vieil Emile n'avait rien perdu, lui non plus, de l'arrivée des Saint-Gervelins sur les lieux du drame. Comme il ne voulait pas lâcher les jumelles, l'Emile avait dû commenter la progression de la cordée. A l'annonce de l'arrivée des types sur l'avion, Alfred ne pût s'empêcher de lui taper dans le dos et de lancer vers la montagne : « Chapeau les gars, pour une fois, à Chamonix, on l'a dans l'os ! » Ce qui ne fit pas du tout sourire le vieil Emile, lequel se contenta de maugréer :

« Bon, eh bien, c'est les Indiens qui doivent être contents, là-haut, on va enfin pouvoir sauver les blessés. Depuis le temps qu'ils attendent ! Bon, allez, viens Alfred, à quoi ça sert de se geler là dehors ? Viens, on va boire un coup, c'est un peu tôt mais on n'aura qu'à dire qu'on fête l'exploit, pas vrai ? Je te le dis, on n'a pas fini d'en entendre parler de cette histoire ! S'ils redescendent entiers, ils ne seront pas peu fiers, les gars. Enfin, on a beau dire, ils se sont bien débrouillés, c'est une belle réussite, je l'avoue. Pauvre René, va, quand je pense qu'il n'est même pas encore enterré. »

Il eut les larmes aux yeux, l'Emile, et il se signa en regardant le mont Blanc. Au-dessus du sommet, pas très haut, il vit briller un avion.

Sans doute allait-il atterrir à Genève.

12

Sois un homme

« Je ne pensais pas que dans aucun pays du monde, des hommes vivants puissent se sacrifier pour des hommes morts... »

Sir Gurunath Bewoor,
président d'Air India,
Chamonix, 10 novembre 1950.

Quelques minutes plus tard, effectivement, le Moghul Princess, un Constellation chargé du courrier des Indes, se posait en douceur sur la piste de Genève-Cointrin. Il avait transporté sir Gurunath Bewoor, président du conseil d'administration d'Air India, qui se rendait à Chamonix, sur les lieux du drame. De la tour de contrôle, Bertoli avait observé avec anxiété l'approche de l'appareil.

Soulagé, il prit congé des contrôleurs et s'en alla d'un pas pressé vers la passerelle afin d'accueillir son supérieur hiérarchique.

Dans un couloir, il fut repéré, suivi et rattrapé par quelques reporters.

« Monsieur Bertoli ! Monsieur Bertoli ! assisterez-vous demain aux obsèques de René Payot ? Que pensez-vous de l'exploit des “ cinq ” de Saint-Gervais ? Croyez-vous qu'ils vont pouvoir redescendre les corps ? Et les lingots d'or ? On pourrait penser que c'est la raison d'un tel déploiement de secours ? N'avez-vous pas peur que des alpinistes les récupèrent discrètement ? Monsieur Bertoli, s'il vous plaît, une petite déclaration ! »

*
**

« Voyez-vous, Cornu, j'avais décidé de ne rien dire. Pas un mot. Aucune déclaration, rien. Cette tragédie avait pris une telle importance, on commençait à entendre tellement de rumeurs, l'or, le trésor du Malabar Princess, j'avais même entendu parler d'une hypothèse d'attentat.

— Mais il n'y avait que des marins à bord, non ?

— Ceux qui avaient lancé cette rumeur évoquaient la présence d'une importante personnalité politique dans l'avion. Enfin que sais-je ? Tout cela était tellement flou, ça partait dans tous les sens. Dieu merci, ce genre de propos n'a jamais vraiment mûri au point de mériter la moindre ligne dans les journaux. Dans les mois qui ont suivi l'affaire, on parlait encore de l'exploit héroïque des « cinq » de Saint-Gervais qui, eux, étaient sollicités de toutes parts pour raconter leur aventure. En France comme à l'étranger... Je crois que leur tournée a duré deux ans. Presque chaque week-end ! Cette histoire a été complètement, comment dirais-je, récupérée par la municipalité de Saint-Gervais, ou tout au moins par la compagnie des guides, mais ça se rejoint... Pensez-vous, tout était réuni pour faire des « cinq » de parfaits héros ! D'autant qu'ils avaient réussi, là où l'Ecole militaire ainsi que la plus célèbre compagnie de guides avaient échoué, en plein hiver, sur le point culminant de l'Europe, par esprit de dévouement, au cœur d'une affaire internationale. Il n'en fallait pas plus pour faire pleurer dans les chaumières. Ensuite il y eut la sortie de *La neige en deuil,* puis le film des Américains... je me demande même si *Tintin au Tibet* n'est pas inspiré de ce fait divers. Les « cinq » ont également fait l'objet d'un numéro de la collection *Sois un homme !...*

— Ah, en revanche, je me souviens de ces petits livres, coupa Cornu. Je n'avais pas eu celui-ci mais on m'avait acheté *Aventures de Nansen et Amundsen à l'assaut du pôle Nord, Le Tour du monde en quatre-vingt jours, Les aventures de Saint-Exupéry,* et bien sûr, *Victoire française sur l'Annapurna...*

— C'est ça, oui, il y avait aussi *le Drame du phare d'Ar Men,* uniquement des récits d'aventures vécues. Chaque fois que j'achetais *Sois un homme !* à ma fille, j'avais droit à quelques réflexions...

— Encore un peu de thé, monsieur Bertoli ?

— Miss Eranee ! Vous avez été parfaite. Pouvez-vous demander au commandant D'Souza, ou à Wilks, le temps qu'il fait sur les Alpes ? Merci...

— Je dois vous avouer, reprit Cornu, qu'après cette histoire, si le temps n'est pas parfait sur le massif du Mont-Blanc, j'aurai quand même une petite angoisse. Mais au fait, vous ne m'avez pas dit le principal. Comment les experts ont-ils expliqué l'accident ? Qu'a dit le rapport d'enquête ?

— Eh bien, il était dit très clairement qu'en raison du manque d'éléments, les enquêteurs n'avaient pas pu faire la lumière sur la totalité des questions soulevées, mais il est fort probable que le crash était dû à une erreur de pilotage. Cependant, là encore, plusieurs hypothèses : choix d'une altitude insuffisante par suite d'une mauvaise compréhension radio, ou confusion visuelle à cause de la couche de nuages, ou encore erreur de navigation due cette fois à un mauvais guidage sur la route aérienne. Rien de très précis en vérité... »

Ainsi, dans le Boeing 707 d'Air India, quelque part dans le ciel de Calabre, Bertoli avait repris le récit de l'affaire du Malabar Princess, peu soucieux de l'angoisse qui gagnait son jeune ami à l'approche de la chaîne alpine, et cela d'autant plus que la perturbation orageuse qu'ils avaient traversée entre Beyrouth et la Crète avait été assez impressionnante. A nouveau, le ciel était clair, l'horizon pourtant ne semblait pas si limpide.

Dans la cabine de pilotage, Miss Eranee trouva aux trois hommes un air très détendu. Elle leur transmit la question de Bertoli quant à la météo sur le mont Blanc, mais la réponse ne vint pas immédiatement. Sur le tableau de bord, l'horloge indiquait 6,50 TU, et le commandant D'Souza venait d'entrer en liaison avec la tour de Genève.

« Geneva control, Air India 101.

— Air India 101, Geneva, good morning, go ahead.

— Good morning, 101 is reporting Torino at 51, 310, Mont-Blanc 02, Gland next, request next clearance. »

En clair, le vol 101 s'annonçait à la verticale de Turin, au niveau de vol 310, et estimait qu'il passerait le mont Blanc vers 7 heures 2.

Enfin l'hôtesse eut sa réponse...

« Au fait, vous vouliez la météo sur le massif du Mont-Blanc, miss Eranee ? Eh bien, mettez-vous à la fenêtre, plaisanta le capitaine D'Souza, on y arrive. Une formation nuageuse qui laisse malgré tout dépasser quelques cimes ici et là, d'énormes cumulus... Il va bientôt falloir annoncer la descente. Je vous le dirai. »

Il reprit sa communication avec Genève.

« Air India, Geneva control, Air india 101 is cleared to Gland, descend to flight level 200. The time 51 and a half, the runway 23, go ahead.

— 101 is cleared down to 200, Roger. »

Miss Eranee saisit son micro : « Mesdames, messieurs, veuillez maintenant relever vos tablettes, éteindre vos cigarettes et attacher vos ceintures, nous commençons notre descente sur l'aéroport de Genève-Cointrin. Dans quelques minutes, nous survolerons le mont Blanc que vous apercevrez sur votre droite, émergeant des nuages. »

« Dommage, dit Bertoli, le temps n'y est pas, pour la vue. Ne me faites pas croire que vous avez peur, Cornu ? Allons ! Où en étais-je dans mon histoire ? Ah oui, l'arrivée de sir Gurunath Bewoor dans les Alpes. Alors voilà, j'ai accompagné sir Bewoor à Chamonix. Nous avions différents problèmes à régler avec les officiers de l'Ecole de haute montagne, les municipalités, etc. Nous voulions accueillir les " cinq " de Saint-Gervais à leur retour de l'épave et, bien sûr, nous devions assister aux obsèques de René Payot... »

Et Bertoli continua son récit, sous le regard de plus en plus attentif du jeune J.-C. Cornu.

Beaucoup plus bas sous les nuages, au fond de la vallée, une jeune fille de vingt ans montait l'escalier d'une maison douillette, un plateau dans les mains. Elle poussa une porte. « Café, tartines et confiture à la myrtille, cher monsieur mon grand-père. Vous êtes servi ! »

Ce matin-là, l'Emile était bougon. Il dit qu'il avait fait un cauchemard, mais il ne voulut pas le raconter.

sur quelques cimes [illegible], d'autres [illegible] [illegible] l'hoir [illegible] [illegible] de [illegible] le voyage [illegible]
[illegible] tout se [illegible] avec [illegible]
[illegible] Genève [illegible]
[illegible] [illegible]
[illegible]
— [illegible]
Mrs. [illegible] [illegible] [illegible], [illegible] [illegible] [illegible] [illegible] [illegible] [illegible] [illegible] [illegible] [illegible] [illegible] [illegible] notre [illegible] [illegible] Genève [illegible]. [illegible] quelques [illegible] [illegible] [illegible] que vous [illegible] [illegible] droite [illegible] des nuages.

Dommage [illegible] le [illegible] la [illegible] [illegible]. Allons ! [illegible] [illegible] [illegible]. Alors [illegible] [illegible] Nous avons [illegible] [illegible] [illegible] de l'École [illegible] [illegible] [illegible]. [illegible] [illegible] Saint-[illegible] [illegible] [illegible] [illegible] [illegible] [illegible] [illegible] [illegible] [illegible] [illegible] [illegible]

[illegible] plus [illegible] [illegible] vallée [illegible] d'une [illegible] [illegible] avec une porte [illegible] la [illegible] [illegible]

Ce matin-là [illegible] [illegible] mais il ne voulait [illegible]

13

A la gloire de Saint-Gervais

« Les plus grands, les plus durs, les plus célèbres parmi ces montagnards s'inclinaient pieusement et des larmes roulaient dans leurs yeux d'aigles, accoutumés à contempler les lointains horizons. »

Sois un homme !

Les cloches de l'église de Saint-Gervais sonnaient midi, en écho à celles de Passy, le petit village d'en face, de l'autre côté de la vallée. Là-bas, elles avaient résonné toute la matinée, presque sans discontinuer, ce qui signifiait qu'il y avait eu au moins cinq morts depuis l'aube. En effet, c'est ainsi qu'on annonçait le décès des tuberculeux. Passy était célèbre pour son sanatorium, mais malheureusement on y voyait peu de miracles se réaliser. Comme beaucoup de curieux, le croque-mort du sana tournait depuis le matin autour de la maison du tourisme de Saint-Gervais, dans l'attente de nouvelles fraîches. En fait, dès qu'il avait eu vent du départ des « cinq », il était venu voir le responsable de la coordination des secours en montagne, le guide Louis Pirally, et lui avait glissé au creux de l'oreille : « S'ils en redescendent et qu'il faut les rapatrier, tu me fais signe, hein ? » Il paraît que son organisation était sans reproche et qu'il employait toute une équipe. Toujours est-il qu'il fut vite déçu en apprenant au QG que les « cinq » revenaient les mains vides, ou presque. « C'est normal qu'il se renseigne ainsi, se disait Pirally, après tout, c'est son métier. Les morts, il vit de ça. » Midi sonnait donc et Guiron venait de signaler par radio que les hommes descendaient d'un bon pas. Il avait parachuté ses messages et la cordée n'y avait pas répondu. Ils semblaient tous être en pleine forme. Au refuge de Tête-Rousse, Piraly, responsable de la cordée-de-soutien-à-la-cordée-de-secours leur préparait des boissons chaudes.

Le préfet, sur place depuis une petite heure, devait maintenant repartir ; il pria le maire de féliciter en son nom les guides, ainsi que le maréchal des logis-chef Pignier — on voulait bien oublier que Pignier avait enfreint la loi. Avant de quitter les lieux, il appela Flottard à l'Ecole de haute montagne et lui demanda de s'assurer que la préfecture serait bien informée, heure par heure, de tous les événements.

On apprit bientôt que Gilbert Blanc, Robert Gonseth et André Lavanchy, membres de cette fameuse cordée de renfort, avaient quitté Tête-Rousse pour remonter le grand couloir, dans le seul but de soulager leurs collègues en préparant la trace.

Puis on n'avait plus eu aucune nouvelle pendant plus d'une heure. Rien. Ni les radios de Tête-Rousse, ni le téléphone de l'hôtel de Bellevue, à l'arrivée du téléphérique des Houches, ne daignaient répondre.

De nouveau, l'angoisse. On le savait désormais, dans cette histoire, pas de nouvelles signifiait mauvaises nouvelles.

Vers 15 heures, Martel lui-même, le directeur de la station décida de partir pour le mont Lachat par le petit train d'altitude. De ce fait, il rata de peu l'arrivée des deux hommes d'Air India, Giovanni Bertoli et sir Gurunath Bewoor. Quelque temps plus tard, c'était l'arrivée des constructeurs du Constellation. Bellonte était déjà sur place depuis longtemps, suivant avec intérêt la progression de ceux qui seraient les premiers, voire, certainement les seuls témoins du drame.

Au syndicat d'initiative, on s'acharnait sur les radios. En vain. Et puis, enfin, à 16 heures 45, il y eut un appel de Martel depuis du mont Lachat.

« Ils arrivent tous en même temps ! »

A cet instant précis, l'inspecteur Maurice Bellonte quitta la salle pour se rendre à la mairie et s'enferma dans le bureau.

A 17 heures 50, ils étaient tous les cinq en bas, à la gare d'arrivée du téléphérique des Houches, sains et saufs, épuisés mais radieux. Dès leur sortie de la benne, il y eut des acclamations, des ovations, des étreintes, de rudes baisers sur leurs joues barbues. Sans parler des questions lancées de loin par la foule des journalistes qu'on avait tenue à l'écart. Tous, excepté Gaussot qui, comme à Chamonix, avait réussi l'exploit — pourrait-on dire — d'être l'ami de tous. Philippe Gaussot avait donc pu s'approcher. « Gaussot ? Il est bien, ce gars-là ! Il est qualifié, lui. On peut lui faire confiance, il ne met peut-être jamais les pieds en montagne mais il sait s'informer, il ne dit pas de conneries dans ses trucs. » A ces quelques mots d'un vieux guide, le gendarme chargé d'interdire l'accès avait donc laissé passer le journaliste. Consigne avait été donnée de conduire les alpinistes immédiatement, et séparément, jusqu'à la mairie de Saint-Gervais. Du coup, c'est la voiture du *Dauphiné Libéré* qui emmena le chef de cordée André Chapelland. Le maréchal des logis-chef Pignier monta quant à lui dans la voiture du commandant de gendarmerie Rattier, et les trois autres furent également conduits séparément vers la mairie.

Ils entrèrent sous les applaudissements d'une foule compacte, formant une véritable haie d'honneur. Ils répondirent par quelques signes de joie, mais d'une joie contenue. Comment considérer ce qu'ils venaient d'accomplir ensemble simplement comme un exploit, une magnifique réussite hivernale ? Trop de cadavres hantaient cette belle histoire. Les quarante-huit victimes du Malabar et leur confrère Payot. Trop de chagrin obligeait à la pudeur. Tout fiers alpinistes qu'ils étaient de leur « première », dans leurs yeux, il y avait comme un voile. Ils semblaient marqués par ce qu'ils avaient vu là-haut. Un spectacle, chacun s'en doutait, qu'ils ne pourraient jamais oublier. Quoi qu'il en soit et même s'ils s'étaient volontairement et spontanément engagés dans cette mission héroïque, ils se devaient de ne pas trop afficher leur bonheur. De toute façon, l'heure n'était ni aux effusions ni aux discours. Les femmes, les enfants, la toilette, ce serait pour plus tard. D'abord, l'interrogatoire. Les familles, les amis et la cohorte des journalistes virent les portes de la mairie se refermer derrière les « cinq ». En attendant, les reporters se jetèrent sur le directeur de la station. Martel accepta de répondre à toutes les questions avec une délectation qu'il avait du mal à dissimuler. Avec un sérieux absolu, il déclara : « C'est une hivernale que seule une expédition légère pouvait réussir. En limitant le nombre des hommes, nous limitions aussi les risques. Notre foi s'était du reste portée sur des « glacistes » dont les chances de succès étaient de tout premier ordre. Vous voyez, nous ne nous sommes pas trompés... »

A l'écouter, il était lui-même l'instigateur de ce coup d'éclat. Il le reprenait en tout cas largement à son compte, au nom de la station dont il était responsable.

Le vieil Emile, qui avait tenu à venir avec son copain, avait tout entendu de cette déclaration. « Tu vois, soupira-t-il, oubliés l'avion, les passagers décédés, Payot, les tentatives de Chamonix. Il ne reste que les héros de Saint-Gervais, portés au pinacle. Je t'en foutrais ! Allez, viens, on va boire un coup. »

Pendant ce temps, à la mairie, les « cinq » avaient été enfermés chacun dans une salle afin d'être entendus séparément. Il s'agissait, bien sûr, de vérifier la concordance de leurs témoignages. A chaud, dans le vif de l'euphorie de l'exploit, de l'émotion et de la fatigue.

Pendant des heures, ils furent donc interrogés par les gendarmes. A chaque explication de détail sur un objet trouvé là-haut, une pièce de ferraille aperçue, Bellonte faisait le tour des cinq pièces.

« Mais la boîte noire ? N'avez-vous rien aperçu qui pourrait être la boîte noire ? »

« Y'avait que ça qui l'intéressait ! » dira Louis Viallet. »

Mais derrière chaque porte, il obtint la même agaçante réponse, aucun des cinq ne savait ce que pouvait bien être une boîte noire.

« Vous savez, m'sieur Bellonte, des trucs noirs, là-haut, y'a que ça, tout a cramé.

— Je vous explique à quoi ça ressemble. C'est de cette taille, vous voyez, gros comme ça, de couleur orange, ça ne brûle pas, et ça se trouve dans la queue de l'appareil. Souvenez-vous bien ! Vous m'avez pourtant dit que le plus gros débris, un morceau de tôle d'une cinquantaine de kilos, devait provenir de l'empennage ! Eh bien, c'est ça, il y a des chances pour que ce soit justement ce qui nous intéresse ! S'il vous plaît, souvenez-vous ! C'est extrêmement important pour l'enquête ! C'est dans cette boîte que se trouvent toutes les explications de l'accident. Si nous ne la retrouvons pas, tout cela restera sans doute bien mystérieux. »

Rien ? Eh bien, puisqu'il en était ainsi, il faudrait bien que les enquêteurs attendent le printemps pour monter voir ce qu'il restait là-haut. Quelques heures furent accordées aux alpinistes, pendant lesquelles on mit rapidement au point une conférence de presse.

Elle fut ouverte par le maire qui, le premier, félicita officiellement « ses » hommes et leur déclara, la voix troublée d'émotion : « Vous me donnez aujourd'hui la plus grande satisfaction de ma carrière. » Il fut suivi par sir Gurunath Bewoor qui, en anglais, eut sans doute les plus belles paroles : « Je ne pensais pas que dans aucun pays du monde, des hommes vivants puissent se sacrifier pour des morts… »

On donna ensuite la parole aux « cinq » qui expliquèrent le choix de leur itinéraire, leur progression, les terribles difficultés, le saucisson gelé, le refuge ouvert, les coups au moral, le jouet dans la neige, la main définitivement tendue vers le ciel, le choc devant cette longue traînée de sang d'un corps qui avait dû dévaler la pente… Ils décrirent ce qui restait de la carlingue et avancèrent leurs suppositions quant au déroulement de l'accident.

« Le Malabar Princess a percuté à cinq mètres des crêtes de glace et à une quinzaine de mètres environ de la frontière italienne. Cinq mètres plus haut, il passait sans encombre le plus haut sommet d'Europe, déclara Louis Viallet. Les débris matériels et humains sont éparpillés sur huit cents mètres carrés. Les taches d'huile et d'essence sont nombreuses. Puisque, d'une manière générale, les pauvres restes sont calcinés, on peut supposer que l'avion a brûlé après avoir percuté la paroi. »

Maurice Bellonte admit que cette hypothèse semblait très vraisemblable et expliqua que le chef Pignier, en sa qualité de fonctionnaire officiel, fournirait les éléments d'enquête. Enquête qui, pour l'instant, s'arrêtait là. Le retour des Saint-Gervelins en marquait le point final. Annonce fut faite par le commandant Flottard que toutes les recherches étaient suspendues jusqu'au printemps suivant. Par recherches, il fallait bien sûr entendre récupération des pièces utiles à l'enquête, plutôt que descente des corps des victimes.

Comme cela avait été fait le matin même à Chamonix, au nom de sir Gurunath Bewoor, président de la compagnie Air India, le maire de la ville reprit la parole pour une petite déclaration.

« Je suis autorisé par sir Gurunath Bewoor, directeur de la compagnie Air India, à démentir officiellement certaines informations faisant état de la présence de lingots d'or à bord du Malabar Princess. »

Le vieil Emile et son copain reprirent lentement la route de Chamonix... Les journalistes se mirent au travail, monopolisant les téléphones. A Saint-Gervais, on fit la fête jusque tard dans la nuit.

Les trois correspondants du *Dauphiné* avaient rassemblé suffisamment de matière ce jour-là pour remplir quatre pleines pages de l'édition du lendemain, sans compter la « une », toujours assurée avec : « *L'épilogue de la tragédie du mont Blanc... Les guides de Saint-Gervais n'ont trouvé que des corps atrocement mutilés...* »

Il n'est ni morbide, ni de mauvais ton de dire que le crash du Malabar Princess, avec tout le suspense, toutes les rumeurs et tous les rebondissements qu'il avait engendrés, avait largement servi les ventes du quotidien régional. Ainsi, le lendemain, jour des obsèques de René Payot, parut l'encadré suivant : « *Le Dauphiné Libéré tient à remercier chaleureusement tous ceux qui ont permis à ses envoyés spéciaux d'accomplir leur tâche dans des conditions souvent très difficiles, et tout spécialement les officiers et les éclaireurs de l'EMHM de Chamonix, la direction et les employés des PTT, la direction et les employés des téléphériques, etc.* »

Quant au Figaro, son envoyé spécial, René Mossu, déclarait avoir certaines informations concernant différents remerciements et récompenses. Selon lui, la Société des téléphériques du mont Blanc aurait décidé d'adresser un chèque de 50 000 francs à la caisse des guides de Saint-Gervais. D'autre part, le président du Conseil, le ministre de la Guerre et celui de l'Intérieur auraient fait parvenir une somme de 200 000 francs à la veuve de René Payot.

Les obsèques du défunt auraient lieu le jour même.

14

Le sacrifice

« A la haute valeur morale du geste de ces montagnards qui s'exposent sans marchander les risques, s'ajoute le retentissement mondial de leur sacrifice, c'est à l'honneur de la France qu'il apporte un fleuron. »

Le Dauphiné Libéré,
Chronique des Trois Dauphins.

Jeudi 9 novembre.

Il faisait grand beau temps, ce matin-là, sur Chamonix enneigé. Un soleil radieux. De la terrasse du Majestic, l'envoyée spéciale du *Monde*, joliment emmitouflée dans un manteau sombre, scrutait le mont Blanc. On distinguait très nettement dans de grosses taches noires, les débris du Malabar Princess jonchant la neige de la face est de l'arête des Bosses, au-dessous des rochers de la Tournette. C'est à son confrère de la BBC que la jeune femme avait emprunté sa paire de jumelles.

« Je viens d'avoir un collègue de ma rédaction de Paris. Savez-vous qu'à l'autre bout du monde, quelque part dans les Rocheuses, une montagne comme celle-ci est pareillement souillée d'huile et de sang ? Depuis lundi, un avion de la Northwest Airlines a disparu dans le Montana... Au fait, félicitations ! Gaussot m'a dit que vous aviez bien joué, hier. En montant à leur rencontre, vous avez eu la première interview des “ cinq ”, n'est-ce pas ? »

En effet, depuis l'hôtel de Bellevue, gare supérieure du téléphérique des Houches, le radio reporter anglais avait su anticiper l'arrivée des « cinq »... Il était parti, accompagné de quelques photographes bardés d'appareils, s'estimant tous extrêmement téméraires « d'oser s'engager sur une piste ou tout faux pas pouvait vous entraîner sous la neige, enfonçant jusqu'à mi-jambe ». Héroïques eux aussi, comme cela avait été écrit dans le Figaro. Ça avait été long et difficile, mais cela avait payé. Les premières impressions avaient été recueillies par les micros du journaliste anglais, et elles avaient dû émouvoir bien des auditeurs tant elles avaient le goût des cimes, pleines des souffles et des frissons de leurs acteurs.

« Et aujourd'hui, que comptez-vous faire ? questionna la journaliste du *Monde*. Cette affaire tire à sa fin, la montagne reprend ses droits et elle gardera à jamais le secret du Malabar Princess. L'enterrement de Payot va clore cette histoire. »

Le radioreporter de la BBC répondit qu'il n'avait encore rien décidé. Il se contenterait peut-être d'enregistrer les beaux discours qui seraient prononcés. Il voulait de l'émotion.

Il proposa à sa consœur de skier un peu après les funérailles, avant que chacun reprenne le chemin de sa rédaction, qui vers Paris, qui vers Londres.

Les cloches se mirent à sonner. Depuis un long moment, on assistait à d'incessants va-et-vient dans les rues du village, dans un silence relatif et sans que cela ne parvienne à faire oublier un instant que cette belle journée était celle d'un deuil. Quelque chose dans l'atmosphère pesait lourd comme une chape de plomb. Et comme l'avait dit le vieil Emile à sa petite-fille, ce n'était pas trop tôt, après tout ce remue-ménage, il méritait un peu de paix, l'ami René.

« Tu vois, ma chérie, cette histoire de princesse des Indes tombée du ciel en plein hiver, pile sur notre mont Blanc, avec des marins et un pilote qui s'appelle Saint, tout ça, c'est déjà à peine croyable, on dirait un film, un roman, un livre de Jules Verne, je ne sais pas moi ! Et ensuite, les secours ici, les secours là-bas, les morts héroïques et les héros morts de fatigue, les journalistes, et tout et tout. Tout ça pour quoi ? Pourquoi ? Pour rien, vois-tu, pour rien. Là-haut, il y a des morceaux de marins et des bouts de tôle qui disparaissent dans la glace et qui entreprennent un grand voyage, le long et lent voyage des glaciers. Et voilà, aujourd'hui, on enterre Payot. Un jour, dans longtemps, les alpinistes du dimanche retrouveront tous ces morceaux et s'interrogeront, mais qui se souviendra de Payot ? »

L'Emile sourit devant la glace, le cou tendu, s'appliquant à se raser. « Et moi, ma chérie, qui se souviendra de moi ? Attache bien tes souliers, prends un mouchoir, et ne pleure pas. La vie est comme ça, étrange, surprenante, et la réalité dépasse souvent la fiction ! Allez, viens, il faut y aller maintenant... »

Ils s'en allèrent à pied vers le chalet des Payot. Une belle promenade matinale, en vérité. Le ciel était d'un bleu profond, les aiguilles de Chamonix dressaient leurs silhouettes majestueuses, irisées de soleil. On devinait le souffle du vent en altitude aux volutes de neige poudreuse qui tournoyaient sur les crêtes. Jamais peut-être le mont Blanc n'avait été si beau, si majestueux, presque riant. On se serait cru au printemps. On sentait pourtant que ce « grand beau » serait éphémère.

C'est à 10 heures 30 que se forma, devant le domicile du défunt, le long et douloureux cortège. Le cercueil, porté par les chasseurs de l'Ecole de haute montagne, recouvert du drapeau des anciens combattants, avait été placé sur une remorque conduite par une jeep de l'armée. Les compagnons de cordée du disparu se tenaient de chaque côté du convoi. Serrant fort la main de sa petite-fille, le vieil Emile chuchota à son voisin : « Seigneur, je n'ai jamais vu pareille foule derrière un cercueil. On dirait les funérailles d'un ministre ! Je sais bien que ça ne change rien, mais quand même, s'il est un réconfort possible pour la famille, ça doit bien être tous ces témoignages de gratitude ! »

Ce silence parfait à peine froissé par quelques toussotements était celui d'une foule réellement émue. On annonça quatre mille personnes, certaines venues de très loin pour témoigner, même anonymement, leur reconnaissance. Derrière les membres de la famille, se tenaient de nombreuses personnalités parmi lesquelles monsieur Canet, préfet de Haute-Savoie, représentant le gouvernement, le général Noiret, commandant de la huitième région, monsieur Mathur, premier secrétaire d'Ambassade des Indes à Paris, l'aviateur Bellonte, le commandant Flottard, sir Gurunath Bewoor, monsieur Bertoli, etc.

Après l'absoute donnée par le curé de Chamonix, le cortège se forma pour se rendre au cimetière, à l'entrée du village. Ce fut alors le temps des hommages, accompagnés de sanglots. D'abord celui de la compagnie des guides de Chamonix, dit par son président, Léon Couttet : « Nous autres, guides, mon cher René, nous n'avons pas de récompense à remettre. Mais les paroles que je prononce ici, en montagnard, sont la preuve certaine de l'amitié que nous te portions, de l'estime dans laquelle nous te tenions et l'assurance que nous ne t'oublierons jamais. »

« Nous perdons un ami sincère, dit le maire, Jean Ravanel. Pour nous qui connaissions René Payot depuis sa plus tendre enfance, nous pouvons mesurer l'étendue du malheur qui frappe aujourd'hui les siens et qui nous frappe tous. »

Puis ce fut au tour du commandant Flottard de prendre la parole : « Quelle sécurité c'était pour moi de te savoir à la tête des caravanes. Je te croyais invincible et c'est toi qui as été arraché à la vie. Croyez-le, madame, sa mort ne sera pas vaine, le sacrifice n'est jamais vain quand la mission est noble. »

Le fils aîné de René Payot, Georges, âgé de treize ans, qui avait déjà déclaré à certains intimes qu'il voulait être guide comme papa, vint déposer le coussin portant la croix de la Légion d'honneur, la médaille d'or de l'Education physique et des Sports, les insignes de l'Ecole de haute montagne, de la Société de secours en montagne et de la compagnie des guides de Chamonix.

Les plus grands, les plus durs montagnards du pays vinrent bénir le cercueil et s'incliner. Des larmes coulaient sur leurs visages burinés. Parmi eux, les traits tirés, cinq hommes sur lesquels les regards de la foule chamoniarde se posèrent lorsqu'ils vinrent s'agenouiller avec une énorme couronne au nom de tous « les guides de Saint-Gervais ».

Puis, lentement, la foule s'écoula du cimetière.

Il y eut du monde un peu partout dans les rues, dans les bars, les restaurants, les halls d'hôtel, sur les routes, à la gare...

***

A la table du vieil Emile s'étaient assis Gaussot et sa collègue du *Monde*. Aucun d'eux n'osait parler. Dans un hochement de tête, l'Emile se contenta d'un long soupir. Pendant que la journaliste jouait avec la fillette, Gaussot rédigea l'ouverture de son papier.

« *Hier, Saint-Gervais fêtait dans la joie le retour de ses guides et le succès de leur entreprise, et personne n'en voudra aux montagnards de cette station, après tant d'heures passées dans de cruelles inquiétudes qui tenaillaient les cœurs, d'avoir affiché les signes d'un soulagement compréhensible dont la manifestation laissait un peu dans l'ombre la dure et sinistre réalité de ces quarante-huit cadavres restés accrochés aux flancs du mont Blanc et la mort brutale, en service commandé, du guide Payot. Ce matin, quatre mille personnes ont accompagné le guide à sa dernière demeure. A Chamonix, un voile est tombé sur cette effoyable tragédie alpine qui, pendant près d'une semaine, a retenu l'attention du monde entier.* »

« Eh bien, Gaussot, souffla le vieil Emile, vous allez pouvoir reprendre tranquillement vos articles sur les sports d'hiver. Et votre petite chronique, hein, " L'écho de la marmotte " ! Ce n'est pas de sitôt qu'un avion indien s'écrasera encore sur le mont Blanc ! »

Puis il s'adressa à la jeune femme

« En tout cas, mademoiselle, nous, à Chamonix, on n'attend qu'une chose, c'est que vous partiez tous, reporters, curieux, officiels et compagnie. Que vous nous foutiez la paix, au moins jusqu'à Noël. Oubliez-nous un peu. »

⁂

Alors que les conversations reprenaient peu à peu, un homme habillé d'un long manteau, claudiquant, s'aidant d'une canne, poussa discrètement le portail du cimetière. Il s'avança dans l'allée centrale, sur la neige foulée, il y avait une heure à peine, par des milliers de pas. Le regard attentif d'un photographe de *Paris-Match* l'avait néanmoins reconnu, c'était Biscante, de son vrai nom Louis Lachenal, héros et victime de l'Annapurna. Il avait préféré venir seul se recueillir sur la tombe de son ami.

« Partez, [illegible] tous ! Chamonix, on n'attend qu'une chose, c'est que vous partiez tous, reporters, [illegible] et compagnie. Que vous nous foutiez [illegible] jusqu'à Noël. Quelle [illegible] ! »

12

Alors que les conversations reprenaient peu à peu, [illegible] d'un long [illegible] d'une [illegible] le portier [illegible]. Il s'avança dans l'allée [illegible], sur la [illegible] une heure à peine par des [illegible]. Le regard [illegible] d'un photographe de [illegible] l'avait néanmoins reconnu, c'était [illegible] de [illegible] Louis Lachenal, héros et vainqueur de l'Annapurna. Il avait [illegible] seul [illegible] de son [illegible].

15

Lundi 24 janvier 1966

« Au communiqué de la montagne, ce sont presque toujours les mêmes noms qui reviennent ; ceux d'une poignée de familles légendaires qui ont, de père en fils, leur place retenue au caveau des guides. Prises bout à bout, toutes leurs escalades représentent une fantastique ascension du ciel où finalement, victimes du vertige ou d'une avalanche, ils finissent par arriver... »

Jean-Paul PENEZ
Paris-Match, 11 novembre 1950.

Au pied du lit de son grand-père, la jeune fille insistait pour que celui-ci daigne raconter le fameux cauchemar qui le rendait si bougon ce matin.

L'Emile se fit ainsi prier un long moment. Il plissait ses vieilles lèvres et balançait la tête de droite à gauche. « Non, non, je ne dirai rien. » Et puis, finalement, au moment où la jeune fille se décidait à quitter sa chambre, il la rappela.

« Hier, j'avais ressorti mes vieux journaux de l'époque du Malabar. Je voulais te montrer la photo de Georges Payot petit qui avait fait une pleine page dans *Paris-Match.* Il avait fière allure avec sa corde autour du cou et son piolet, il regardait l'appareil et il semblait dire : " Quand je serai grand, je ferai guide, comme mon père... " Je ne te l'ai jamais montrée cette photo ? Je crois que c'est Pierre Leroux qui l'avait faite, le compagnon de cordée de son père lorsqu'il est mort. *Paris-Match* lui avait aussi confié un bon appareil lorsqu'ils étaient partis vers le Malabar. Il avait même fait une photo du corps inanimé dans la neige. On n'avait pas trouvé ça très bien, enfin, il paraît qu'il aurait donné les bénéfices à la veuve... dans ce cas, on ne peut trop rien lui reprocher. Bon, enfin bref, je tournais les pages de ce *Paris-Match* et je suis tombé sur un autre article, un article sur un grand savant anglais, je ne me souviens pas bien du nom, un truc en O... J'ai vraiment la mémoire qui flanche ! Pontecorvo ! C'est ça ! Bruno Pontecorvo, c'était, à l'époque, l'un des plus grands savants atomistes de Grande-Bretagne. On disait qu'il avait le secret de la bombe à hydrogène. Et toc, voilà qu'un jour il disparaît corps et biens. Les Anglais croyaient qu'il s'était enfui en URSS. Enfin bref, je me souviens pas bien de l'article, sauf qu'ils se sont aperçus de sa disparition en août 1950, à... »

— Chamonix, je parie !

— Oui, parfaitement. Il devait se rendre à un séminaire à l'observatoire des Cosmiques où l'attendaient d'autres savants anglais. C'est d'ici, de Chamonix, que la DST a alerté les services secrets britanniques de son absence inexpliquée. Bon, enfin, ce n'est pas important, toujours est-il qu'à la lecture de ces vieux journaux, tout s'est mélangé dans ma tête, ce savant, le Malabar, Payot, etc. Et j'ai rêvé d'un nouveau grand crash sur le mont Blanc, et tout recommençait, tu vois ? Il y avait même Philippe Gaussot. Lui qui ne va jamais en montagne, cette fois il y partait dans la tempête, avec une caméra... Ah, je n'aime pas ça, je n'aime pas ça...

— Bah, ce n'est qu'un rêve.

— Non, un cauchemar ! Quel temps fait-il sur le mont Blanc ? La Verte a son chapeau ? Ouvre les rideaux, veux-tu ? »

Lundi 24 janvier 1966

⁂

Pendant ce temps, au-dessus des nuages des Alpes, confortablement installé dans le fauteuil d'un Boeing, Bertoli continuait lui aussi à fouiller dans ses souvenirs.

« Voyez-vous, Cornu, sir Gurunath Bewoor, le secrétaire d'Ambassade, et moi, nous avions repris presque immédiatement la route de Genève après l'enterrement. L'après-midi même se tenait dans la ville une importante réunion du conseil des experts engagés sur l'enquête. Nous devions y assister, ainsi que Bratschi, alors directeur de l'aéroport, Sudan, le sous-directeur, Sigins, qui était alors le directeur d'Air India pour l'Europe, et Trever, le chef du service radio de l'aéroport... tout ce beau monde à la disposition de l'aviateur Bellonte qui semblait se passionner pour l'affaire.

— Et alors ?

— Eh bien, le premier point consistait à fixer avec précision la position de l'appareil au moment du crash, car les témoignages ne concordaient pas vraiment. Mais sans le livre de bord, que vouliez-vous faire ? Nous avions décidé de rassembler les nombreux rapports des aéroports qui avaient jalonné la route du Bombay-Londres. Il se trouve que le 14 novembre de la même année, les Alpes furent à nouveau le théâtre d'une catastrophe aérienne. Un Skymaster cette fois, un vol Rome-Paris-Montréal rempli de pèlerins canadiens dont le voyage de retour s'arrêta sur l'Obiou. Comme vous pouvez le deviner, Cornu, cette succession d'accidents souleva l'hypothèse que les avions venant du sud-est étaient mal guidés par les tours de contrôle de France. L'Aviation civile avait dû s'expliquer. D'ailleurs, un tas de commentaires étaient venus comme ça, à retardement. Pourquoi ne pas avoir utilisé l'hélicoptère ? Pourquoi les avions de ligne n'étaient-ils pas équipés du système de radar frontal ?

— Oui pourquoi ne pas avoir utilisé l'hélicoptère pour les secours ?

— Mais parce que c'était impossible à l'époque, Cornu ! Le record d'altitude était alors tenu par un Sikorsky avec plus de 6 000 mètres sans charge, et plus de 4 800 mètres, je crois, avec charge. Mais c'était absolument impossible de faire du stationnaire à plus de 3 000 mètres. A plus forte raison, il était hors de question de décoller de cette altitude. Alors 4 700 mètres, vous pensez, Cornu ! »

16

A 5 miles du mont Blanc

> *« Chose curieuse, le Mont-Blanc n'a pas de légendes. Les superstitions qui longtemps gênèrent son approche se rapportent aux glaciers. Les âmes du Purgatoire, pensait-on, sont enfermées au-dessous de la glace. Armées d'une épingle, elles creusent peu à peu un chemin vers la lumière du Paradis. »*
>
> Paul PAYOT,
> *Au royaume du Mont-Blanc.*

Depuis l'escale de Beyrouth, assis quelques sièges devant Bertoli et Cornu, le professeur Bhabha, avait beaucoup travaillé. Il avait d'abord lu un épais dossier, et s'était mis à écrire. Puis il avait dû ranger son matériel pour relever sa tablette, et il semblait dormir maintenant. Du moins essayait-il, car ses lunettes, qu'il ne se décidait pas à quitter, lui glissaient régulièrement sur les joues et semblaient l'agacer. A chaque fois, mais sans ouvrir les yeux pour autant, le savant les remontait en poussant un long soupir. On entendait ensuite deux ou trois ronflements, et puis les lunettes glissaient à nouveau. Son voisin avait l'air un peu gêné par son manège mais ne bronchait pas.

De l'autre côté de l'allée, la tête délicatement posée sur l'épaule de son mari profondément endormi, Florence Bruce observait la scène en souriant.

Tout aurait pu s'écrouler, semble-t-il, autour de

Robinson, installé un peu plus loin encore, tant il paraissait concentré sur son roman. Embarqué à New Delhi, un groupe de Belges occupait une petite dizaine de sièges au centre du Boeing 707. Il s'agissait d'une délégation culturelle emmenée par la baronne de Giey, créatrice du musée belge d'Art et d'Histoire, accompagnée de monsieur Tondriau l'administrateur, quelques représentants du gouvernement du Brabant, et d'une Française demeurant à Bruxelles, mademoiselle Engelhard. Tout ce beau monde était en train de discuter très sérieusement, certains plongés dans l'art, d'autres dans la politique...

A l'autre bout de l'appareil, la jeune Angela Baldwin expliquait à son voisin, le petit Demello qu'elle en avait assez de jouer avec lui. Il accepta de se calmer un peu mais se mit alors à l'assaillir de questions : « Tu as quel âge ? Où tu vas ? Et c'est la première fois que tu prends l'avion ? Pas moi ! Qu'est-ce que tu faisais en Inde ? Et tu n'as pas peur ? »

Toujours sur le ton du jeu, elle lui expliqua qu'un garçon, même s'il n'a que huit ans, ne doit jamais demander l'âge d'une femme, mais elle répondit malgré tout, dans l'ordre, à toutes les questions du gamin. Elle dit qu'elle était âgée de dix-sept ans, qu'elle avait embarqué à New Delhi où elle avait passé des vacances chez des parents. Elle devait débarquer à Londres pour se rendre ensuite à Eastbourne où elle étudiait les langues étrangères au Language Tuition Centre.

Pas très loin, la Française Josette Bonnargent discutait dans un anglais parfait avec l'unc des hôtesses ; miss Sahany avait en effet remarqué sur la liste des passagers que la jeune femme voyageait à tarif préférentiel. Elle avait appris que cette dernière travaillait pour la compagnie Air France, à New York.

Les deux jeunes femmes échangèrent encore quelques mots. L'hôtesse trouvait ravissant le châle de soie vert et jaune que portait la jeune Française, « Un souvenir de votre magnifique pays ! »

Aux côtés de Josette Bonnargent, le nez collé au hublot, le jeune Hasmukhray Gokaldas Shah tentait d'apercevoir quelque chose. On voyait en effet ce massif du Mont-Blanc, ou du moins les sommets qui émergeaient des nuages. Mais quelle beauté, quel spectacle cette immensité blanche déchirée de flèches de granit ! Le vent devait souffler assez fort car on distinguait bien la neige qui s'envolait en volutes sur les crêtes.

Lorsque le jeune Sha essaya de se contorsionner pour mieux voir au-dessous de l'appareil, il attira l'attention de sa compagne de voyage et de l'hôtesse.

« Vous voyez le mont Blanc ? La visibilité est bonne ? C'est formidable, je croyais qu'on était dans les nuages. Vous permettez ? J'ai déjà fait ce vol plusieurs fois mais c'est un moment que je ne voudrais rater en aucun cas. Bof, ce n'est pas terrible aujourd'hui, il manque cette lumière qui vous redessine le relief. Aujourd'hui, c'est un peu uniforme, un peu plat, le genre de temps à vous casser une jambe à ski parce que vous ne voyez pas les bosses !

— Savez-vous que j'ai une amie qui habite là en bas, exactement ? J'ai séjourné plusieurs fois dans son chalet de Chamonix au moment des sports d'hiver. L'année dernière, elle est venue me voir à New York. »

Dans la cabine, le commandant D'Souza était maintenant en liaison quasi permanente avec la tour de contrôle de Genève. A 6 heures 58, il indiqua qu'il s'approchait du niveau 210 et reçut l'autorisation de poursuivre sa descente jusqu'au niveau 190.

7 heures 35 secondes, D'Souza reprend la parole : « 101 is approching 190 (190 = 19 000 pieds).

Radar Control : — Roger, maintain, unless you are able to descend VMC one thousand on top. (Bien compris, maintenez ce niveau, à moins que vous puissiez descendre en conditions de vol à vue à 1 000 pieds au-dessus du sommet de la couche nuageuse.)

7 heures 43 secondes, Air India 101 : — OK, sir, will do that. Descend one thousand on top. And I think, we are passing abeam mont Blanc now. (... et je pense, nous passons maintenant la position " travers " du mont Blanc)

Contrôle : — You have five miles to the mont Blanc. (Vous êtes à cinq miles du mont Blanc.) »

C'est du moins ce que voulait dire le contrôleur.

« Roger », répondit le commandant D'Souza.

Le Boeing indien immatriculé VT-DMN venait de se signaler à 19 000 pieds et volait à plus de 700 kilomètres/heure. Il continuait normalement son approche en direction du lac Léman, son gros nez plongeait vers les nuages que les cimes avaient retenus. Le Kangchenjunga, troisième sommet du monde, allait bientôt pouvoir saluer de haut le mont Blanc...

Derrière les vitres du cockpit, D'Souza, Wilks et Asnani, casque sur les oreilles et lunettes de soleil sur le nez, s'affairaient entre cartes, appareils radio et manettes. Par instants, un rayon de soleil faisait éclater en reflets lumineux l'insigne doré de leur casquette Air India International. Un message du contrôleur grésilla : « Geneva QNH 1013. »

« 1013, répondit le pilote, and we are leaving 190

this time (nous quittons le niveau 190 à ce moment précis). »

A bord de l'appareil, condamnés à la passivité forcée et s'en remettant comme il se doit aux compétences de leur commandant de bord, ils étaient plus de cent, de toutes nationalités, de toutes religions, de tous âges, pareillement attachés à leurs sièges, dans les tenues les plus disparates, saris de soie, pull-overs, costumes trois-pièces...

Dans la tour de contrôle de l'aéroport de Genève-Cointrin, dominant la piste, le chef contrôleur Léo Schegg, un homme d'une quarantaine d'années, était concentré sur ses écrans radar...

A Chamonix, encore au lit, toujours bougon, le vieil Emile remettait en ordre les images de son cauchemar.

De l'autre côté du massif, en Italie, des moniteurs de ski de Courmayeur commençaient leur journée. Un certain Cesare Chenoz se trouvait dans la région du col Chécroui.

Tout alla très vite. Sans avoir pu s'y préparer, D'Souza, Wilks, et Asnani durent accepter l'incroyable fatalité. Elle était là, à quelques mètres, juste devant le cockpit, inévitable.

Il leur restait quelques secondes. Ils arrivaient à près de 900 kilomètres/heure. Ils ne pouvaient plus rien faire.

Les lunettes de l'éminent professeur Bhabha glissèrent une nouvelle fois. De nouveau, Florence Bruce sourit. Un sourire plein de douceur.

Le jeune Shah avait toujours le nez collé au hublot.

Le petit Demello ne cessait de questionner miss Baldwin.

Bertoli, continuant son histoire, dit à Cornu : « C'est quand même une drôle de coïncidence, nous avons aussi une quarantaine de marins à bord… »

Et Cornu de rétorquer : « Oui, en effet, mais dites-moi, en fait, qu'en était-il de la rumeur ? Le Malabar transportait-il, oui ou non, des lingots d'or ? »

Il était exactement 7 heures 02.

Cent dix-sept vies venaient de s'éteindre.

Devant ses écrans, Léo Schegg fronça les sourcils. L'écho secondaire du Boeing d'Air India avait disparu. Pendant une minute, il vit à sa place un écho ressemblant à l'écho primaire, stationnaire un instant, puis se dirigeant vers le sud-sud-est pour disparaître à son tour.

« Air India 101, did you squawk off (avez-vous coupé votre transpondeur ?). Air India 101, Geneva ? Air India 101, Radar ? Air India 101, do you read ? Air India 101, radar ? »

Léo Schegg ne voulut pas croire tout de suite qu'il ne recevrait jamais de réponse. Il se dit d'abord que le commandant du VT-DMN avait volontairement coupé son transpondeur et que la dérive correspondait à un petit détour afin de mieux montrer le mont Blanc aux passagers.

Mais la dérive était celle des débris de l'appareil emportés par le vent.

17

Comme un nuage noir

« De toute façon, les conditions pouvaient donner lieu au phénomène que les Américains désignent du nom de « White Out » et qui s'observe principalement dans les régions arctiques (...). Cet effet, déjà très dangereux pour un homme se déplaçant à terre, l'est encore plus pour un aviateur. »

Extrait du rapport d'enquête
du ministère des Transports.

Très vite, Léo Schegg chercha des explications auprès de tous les équipages en vol dans la région du mont Blanc. Il appela tout d'abord l'I 6029, un avion militaire italien.

« *I 6029 ? Geneva Radar. Nous aurions perdu un avion au-dessus du mont Blanc. Pourriez-vous aller faire un tour au dessus du mont Blanc ?*

I 6029. — Une minute, s'il vous plaît.

I 6029. — Ici 6029. Notre destination est Oslo. Oslo. Nous devons d'abord nous poser à Bruxelles. Je ne me sens pas de retourner au-dessus du mont Blanc. Je préfère continuer sur Bruxelles.

Genève Radar. — Roger, poursuivez votre route, oubliez requête, continuez.

I 6029. — Et pour le mont Blanc ?

Radar. — Négatif, poursuivez votre route, ne tenez pas compte de ma demande à propos du mont Blanc, vous approchez Passeiry par le travers. »

A cet instant vint se connecter le commandant de la Caravelle Turin-Paris, vol AZ 324.

« Geneva ? Alitalia 324. Bonjour.

Radar. — Pouvez-vous voir le mont Blanc ?

324. — Non. Ce n'est pas possible. Négatif. Je pense que nous sommes en train de le survoler. »

I 6029 revint en ligne.

— « Pour votre information à propos du mont Blanc, nous avons remarqué un nuage noir à environ 16 000 pieds. On aurait dit un cumulus de basse altitude. Il bouillonnait au-dessus des cumulus de basse altitude.

Radar. — Cela vous a semblé être des cumulus de basse altitude ?

I 6029. — Affirmatif.

Radar. — Pouvez-vous répéter la fin de votre message ?

I 6029. — Genève radar. Vous êtes brouillé. Je ne comprends pas, pouvez-vous répéter ?

Radar. — Pouvez-vous répéter votre message à propos des nuages au-dessus du mont Blanc ?

I 6029. — Roger. A propos de votre question concernant 101, le nuage noir ne ressemblait pas à un autre. C'était un nuage noir particulier. Over.

Radar. — Roger. Compris. Ce nuage était à 16 000 pieds. »

Soudain, AZ 324 revint se mêler à la conversation.

« 324. — Parlez-vous italien ?

Radar. — Un peu.

I 6029. — OK. Je parle en italien. Nous avons remarqué un nuage noir aux alentours de 16 000 pieds, parmi d'autres nuages. Nous nous référons à votre demande à propos de la recherche du 101, parce que ce nuage noir nous a fait penser à une explosion. Naturellement, nous ne sommes pas en mesure de l'affirmer, mais nous le supposons.

Radar. — OK, bien compris.

324. — Genève ? Alitalia 324. Demandons à aller à 240 si possible. Nous avons des turbulences.

I 6029. — Radar ? Radar ? Ici 6029. Pour votre information, nous avons observé ce phénomène à 8 heures 10, 8 heures 10 heure locale. »

Devant son écran radar, le regard perdu au-delà des vitres de la tour, Léo Schegg eut un grand frisson.

*
**

Près de quarante minutes s'étaient maintenant écoulées depuis le dernier message du Kangchenjunga. 7 heures 40, temps universel. 8 heures 40 au réveil du vieil Emile, prêt à partir faire sa promenade matinale. En général, il poussait jusqu'au cimetière. « Ah, quand on vieillit, finalement, le plus dur, c'est de voir partir les autres, un à un. Et de devoir attendre patiemment son tour. »

Surtout là-bas, à Chamonix, où presque tous les hommes de son âge avaient entendu l'appel de la montagne. Sans billet de retour. Plus qu'ailleurs, il y était bien rare de mourir de vieillesse, de sa belle mort, comme on dit. C'était pourtant arrivé au vieux voisin, il y avait deux mois, au début des grands froids. En passant devant la maison aux fenêtres fermées et au balcon vide, l'Emile eut le cœur serré.

Le ciel se dégageait, les sommets étaient encore dans d'épais nuages mais la journée s'annonçait plutôt belle. L'air était d'une limpidité absolue. Il faisait un froid vif. L'Emile avançait lentement. Ses grosses chaussures de cuir lui semblaient lourdes et sa canne un peu trop basse. Foutue pente que cette descente jusqu'au cœur du village. Un jour, une plaque de verglas aurait raison de lui. Essoufflé, il s'arrêta. Il fut un peu bousculé par un groupe de jeunes gens qui marchaient derrière lui, arborant des vêtements de sport élégants et portant des skis sur l'épaule. Ils ne s'excusèrent pas. Peut-être ne virent-ils même pas le vieil homme. Il les regarda continuer, insouciants, rieurs, bronzés... Riches, sans doute, pour pouvoir être là ! L'Emile eut une pensée pour sa « petite » qui usait ses vingt ans à travailler pour cette sorte de personnage dans un hôtel de luxe. Il fut traversé par un drôle de sentiment. Un sentiment d'injustice. Alors, dans un élan, il reprit son chemin en maugréant. Dans son esprit, cette sensation désagréable provoqua une accélération du cours de ses pensées qu'il ne put contrôler. Se moquant de la pente, des plaques de verglas et des groupes de skieurs insolents, il eut soudain envie d'aller discuter le coup avec quelques-uns des siens, au café.

« Bah, bah, bah, pensa-t-il, ils ont beau faire les malins avec leurs belles gueules et leurs grosses voitures, ces monchus, ils viennent pour se payer ce que nous on a tous les jours gratis : l'air pur, la neige, et cette vue que jamais personne ne nous prendra. » Il marqua encore une pause, et leva sa canne vers le mont Blanc. « Veille encore sur nous longtemps, foutue montagne ! Tu nous as donné un fichu caractère, mais quelle chance de t'avoir près de nous, quelle veine, quelle mine d'or ! Je sais bien, entre le grand téléphérique, le pont aérien d'Helbronner et le tunnel, ils veulent t'agresser de toutes parts. Moi, personnellement, je n'aime pas ça. Tu connais mes principes, il ne faut pas toucher à la nature, elle finit toujours par se venger ! » Continuant de fulminer intérieurement contre la jeunesse excentrique et l'audace des temps modernes — notamment celle de l'ingénieur italien Lora Tinto, inventeur de ces téléphériques géants — le vieil Emile poussa la porte de chez Burtilliez. Selon lui, la PDA était mal fréquentée, ces derniers temps. « Des nouveaux riches, des snobs... Y'en a toujours eu ? Non, ceux d'avant, ils avaient de l'éducation, c'était les bonnes familles. Que dis-je ? Les suites d'ambassadeurs, de reines et de rois, d'empereurs même ! Des lords anglais, des princes, des nobles d'esprit, des amoureux de la montagne... Aujourd'hui, ce n'est plus pareil, rien que des nouveaux riches, du « show business » ! Enfin, on ne fait pas machine arrière... Un grand crème, s'il vous plaît ! »

Il apprit bientôt la nouvelle : trois avalanches monstrueuses étaient parties sur le versant italien, coupant l'entrée du tunnel.

« Eh bien, voilà, elle se venge ! »

*
**

En Italie, Cesare Chenoz, qui marchait dans la neige près du col de Chércroui, crut bien qu'il était soudain victime d'une hallucination. Lentement, tournoyant dans le ciel, voletaient en tombant des flocons comme il n'en avait jamais vu. Enormes ! « Non, ça ne peut pas être des flocons ! » Il accéléra le pas vers le point de chute de cette étrange pluie.

Une page de journal ! Des lettres ! Des dollars ! Un châle de soie jaune et vert ! Mon dieu... que se passait-il, là-haut ? Il ne vit rien d'extraordinaire. Il ne remarqua pas ce nuage un peu plus gris que les autres. C'était un crash, pourtant ça il en était quasiment certain, sinon pourquoi ce journal de Beyrouth tombé du ciel aurait-il senti le kérosène ?

Instinctivement, il jeta un coup d'œil sur sa montre : 8 heures 15. Il fallait avertir les carabiniers de Courmayeur. Un peu plus loin dans le secteur, des moniteurs de ski, à la vue de semblables étranges objets volants, firent la même remarque.

Des pages d'un journal tombées du ciel, celles d'un livre, des lettres, quelques billets verts... Voilà les premières informations que reçut le maréchal Malatesta, chef des carabiniers de Courmayeur. Il était 8 heures 30. Il ne savait rien de plus mais il décida de se rendre sur place pour vérifier lui-même les faits.

***

A la même heure, de l'autre côté du tunnel, dans un bureau sombre et crasseux du PSHM (Peloton spécialisé de haute montagne), le lieutenant Jean-Jacques Mollaret rêvassait, le nez vers les cimes. Affecté à ce poste au mois d'octobre précédent, il attendait le moment où il pourrait réellement faire preuve de ses talents dans l'organisation d'un secours. Pour l'heure, mis à part quelques skieurs, la montagne n'intéressait pas grand monde. C'était l'ambiance somnolente des jours creux de l'hiver. Mais notre homme était heureux malgré tout. « Mon terrain était le massif du Mont-Blanc, ma mission, de secourir les alpinistes malchanceux, tâche noble et enivrante. J'avais le beau rôle, je jouissais de la considération spontanée et entière des populations, j'étais le gardien des cimes, je n'étais pas un “ sale flic ” », devait-il écrire plus tard.

Il voulait profiter de ces jours calmes pour traiter quelques paperasses. Mais pour l'instant, il n'était pas encore 9 heures et il s'octroyait un café. Il tournait lentement sa petite cuillère dans sa tasse lorsque le téléphone sonna.

Au cours de la conversation, il se leva d'un bond, abandonnant son café. Les gendarmes purent lire la gravité de la nouvelle sur son visage.

« Les enfants, un avion était attendu à 8 heures à Genève. Il n'est pas arrivé. Il semblait être à proximité du mont Blanc lors de son dernier contact radio. On attend les ordres de la préfecture, ensuite ça risque d'être à nous de jouer, les gars ! En attendant, je file au Plan de l'Aiguille, inspecter le massif de plus haut aux jumelles. Grospellier, venez avec moi ! »

***

Dans les salles de l'aéroport de Genève, pour la énième fois, la voix onctueuse d'une hôtesse annonçait le retard du vol 101 en provenance de Bombay et à destination finale de New York. Dix-neuf des cent onze passagers étaient attendus à Genève. Dix-neuf passagers seulement, mais un monde fou dans le hall pour les accueillir. Il est vrai qu'une importante délégation s'était déplacée pour recevoir le professeur Homi Bhabha, une autre attendait la baronne de Giey et sa suite culturelle belge. Tous ces gens prenaient leur mal en patience, trompant le temps en discutant de choses et d'autres. Sur un si long trajet, un retard d'une demi-heure n'avait rien d'inquiétant !

Excepté cette jeune femme aux longs cheveux bruns qui faisait bruyamment les cent pas, personne ne semblait vraiment soucieux. Elle marchait toujours plus vite, la tête baissée, les bras croisés sur un épais manteau, une main sur sa bouche. Assise un peu plus loin, une autre jeune femme la suivait du regard avec beaucoup d'attention, comme si ses réactions pouvaient lui être utiles. Sur son visage aussi, l'angoisse se lisait nettement. Soudain, la jeune femme brune se retourna et fonça vers elle :

« Ecoutez Christine, ça n'est pas normal maintenant, il a dû se passer quelque chose. Sans gravité sans doute, mais je veux savoir tout de suite. Attendez-moi ici. »

Christine n'eut pas le temps de répondre. La fille de Giovanni Bertoli était déjà partie. Elle la vit pousser la porte d'un bureau interdit au public, en ressortir avec un agent de l'aéroport, et disparaître avec lui précipitemment dans un long couloir. Dans ce bureau, mademoiselle Bertoli avait senti qu'on lui cachait quelque chose. Elle s'était alors finalement présentée comme la fille du directeur d'Air India pour l'Europe. Les visages de ses interlocuteurs s'étaient décomposés et, ne sachant que dire, l'un d'eux avait préféré l'emmener avec lui dans la tour de contrôle.

Lorsqu'elle revint vers la fiancée de Cornu, toujours accompagnée d'un agent de l'aéroport, son visage était livide. Christine était debout, figée. Seul son regard pouvait témoigner de son angoisse et de son impatience à connaître la raison des larmes de mademoiselle Bertoli qu'elle connaissait à peine. Cette dernière sut se calmer un instant et, pour ne pas attirer l'attention des gens du hall, elle dit à voix basse : « Vers 8 heures, l'avion se signalait normalement au-dessus du mont Blanc. Depuis, on n'a plus de nouvelles. »

Christine éclata en sanglots. On se retourna sur elle. L'agent et mademoiselle Bertoli l'emmenèrent. Ce fut une véritable crise de nerfs.

Encore une fois, la voix sensuelle de l'hôtesse résonna dans le hall. Il était plus de 9 heures et tous ces gens qui attendaient, cloués sous le tableau d'affichage où l'heure d'atterrissage du quadriréacteur était restée en blanc, se forcèrent à croire encore à ce... retard.

Un homme qui avait vu craquer Christine insista cependant auprès des représentants d'Air India pour obtenir d'autres informations. Elles ne purent pas lui être cachées longtemps.

Quelqu'un vint dans le hall des arrivées. Quelqu'un qui allait avoir la lourde charge d'expliquer la vérité. Vérité d'autant plus cruelle que les preuves d'un crash, sa localisation et sa gravité restaient inconnues. Peut-être rien de grave... qui pouvait savoir ?

Il y eut des cris, des mouvements de panique, des évanouissements. On vit des couples s'enlacer violemment sous le regard d'enfants qui, ne comprenant pas, se mirent à hurler. On vit des femmes éclater en sanglots, des hommes hébétés refuser de croire au malheur et harceler les employés de l'aéroport.

Tout ce qui put leur être dit fut : « Maintenant, nous devons tous savoir attendre. »

Un autre responsable d'Air India venait d'arriver. La fille de Giovanni Bertoli le supplia de l'accompagner à Chamonix.

18

Les gardiens des cimes

« Non, les montagnes, pour moi, on peut les supprimer... ça empêcherait d'ailleurs, les avions d'aller régulièrement se fracasser contre l'un ou l'autre sommet... »

Capitaine Haddock
dans *Tintin au Tibet.*

D'une minute à l'autre, l'ambiance avait changé du tout au tout dans le bureau crasseux du PSHM. Terminée, la somnolence des jours creux de l'hiver ! Une mission importante allait bientôt tomber, probablement la plus importante depuis la création de cette unité exceptionnelle en 1958. Pas banal, comme opération, en tout cas. On allait voir ce qu'on allait voir. Originaire de Megève, vallée toute proche, Mollaret se souvint aussitôt du Malabar, de Payot, des « cinq de Saint-Gervais »...

Hochant la tête et se frottant le menton, le jeune lieutenant semblait se dire : « C'est du passé, aujourd'hui nous sommes là. Nous avons des moyens. Nous ne serons peut-être pas héroïques mais nous serons efficaces ! »

Sous le regard du monde entier, le « gardien des cimes » allait faire une grande entrée en scène.

De retour du Plan de l'Aiguille d'où l'on voyait parfaitement les taches noires de l'avion, Mollaret alerta la préfecture. Le plan SATER (sauvetage des aéronefs en perdition) fut immédiatement déclenché. Aussitôt un hélicoptère de la Protection civile décolla de la base d'Annecy en direction du mont Blanc. Mais il dut se poser à l'aérodrome du Fayet et attendre des conditions plus favorables. Il était 10 heures 30 passées. Les sommets étaient encore dans les nuages... A 11 heures et demie, le commissaire de la circulation aérienne suisse fut averti qu'un avion de Genève venait de repérer l'épave à proximité du refuge Vallot. Le pilote expliqua avoir tourné autour autant qu'il le pouvait, et affirma qu'il n'avait remarqué aucun signe de vie sur la surface neigeuse. Epave... c'était un bien grand mot. Un point d'impact plutôt, une sorte de cratère gigantesque creusé dans l'arête et des milliers de taches noires essaimées tout autour, dans un rayon immense. L'appareil s'était désintégré.

*
**

Vers midi, l'éclaircie qui s'annonçait depuis le matin arriva enfin. Assis sur un muret, les jambes croisées, légèrement à l'écart de la foule chamoniarde rassemblée devant le local du PSHM, le vieil Emile semblaient avoir les yeux collés à ses jumelles. « Quelle affreuse fatalité, pensait-il. Exactement au même endroit ! Exactement aux rochers de la Tournette. Incroyable ! Et il faut encore que ça arrive à un avion d'Air India. Hum, grommela-t-il, non, ça ne doit pas être vrai cette histoire d'Air India, les gens disent ça comme ça, parce qu'ils se souviennent subitement du Malabar Princess, mais ça doit être une autre compagnie. Il y en a des tas, d'avions, qui rasent le mont Blanc pour aller se poser à Genève. »

Les nuages disparaissaient peu à peu pour faire place à un soleil radieux. Même à l'œil nu on pouvait maintenant voir briller certains débris près du sommet.

*
**

De nouveaux hélicoptères continuaient de se poser sur l'aire d'atterrissage, un espace improvisé sur la place du Mont-Blanc, devant les locaux du PSHM. Trois Alouettes III et trois Sikorsky, tels étaient les puissants moyens aériens mis à la disposition des sauveteurs et des enquêteurs. Deux Alouettes III des bases de la Protection civile de Grenoble et d'Annecy, la troisième étant celle de la gendarmerie de Bron. Quant aux trois appareils militaires Sikorsky, qui étaient encore au Fayet, ils arrivaient de l'aérodrome du Bourget-du-Lac. Ils ne serviraient qu'en renfort, au cas où il y aurait des blessés à transporter vers d'autres hôpitaux.

Les Alouettes commencèrent les vols de repérage, prises de vues, etc. A chaque retour de rotation sur la dropping zone encerclée de badauds, les pilotes étaient assaillis de questions. La même réponse revenait : « Aucune trace de vie. Aucune. Et aucune chance de retrouver le moindre survivant. Le Boeing s'est pulvérisé. Circulez ! »

Aucun survivant. Mais encore fallait-il en avoir le cœur net, et pour cela, déposer sur le site des sauveteurs capables d'explorer la montagne le plus loin possible autour du point d'impact.

En quelques heures, Mollaret avait réuni ses hommes : sept gendarmes de l'unité d'élite et deux guides volontaires de la compagnie, qui ne devaient pas tarder à arriver : Gérard Devouassoux et Georges Payot, fils de René. Une quarantaine d'autres sauveteurs devaient rester disponibles, au cas où... Il ne fut pas question une seule seconde d'envoyer les sauveteurs faire la voie du mont Blanc en hivernale. Tous allaient être héliportés, sinon sur le site lui-même, du moins à proximité. En revanche, pas question non plus de récupérer tout le monde à la nuit. Si les recherches devaient s'éterniser, il fallait prévoir un important matériel de bivouac et des vivres, cela, évidemment, en plus des vêtements, couvertures, et aliments prévus pour d'éventuels survivants.

⁂

Même si les chances étaient extrêmement faibles, on pouvait malgré tout imaginer que des passagers avaient été éjectés, qu'ils étaient tombés dans une bonne épaisseur de neige, et qu'ils attendaient là-haut, dans un froid glacial, que la mort les emporte à jamais... Qui sait ? Il y avait peut-être là-haut, à plus de 4700 mètres d'altitude, un souffle chaud. Une respiration ralentie, un râle que le vent s'accaparait, une larme au coin d'un œil noir ? Qui sait ? Il y avait peut-être une jolie main agitant un lambeau de sari ?

Après tout, la vie à la vie dure. Elle ne vous lâche pas comme ça, la vie ! Elle peut parfois s'accrocher à vous autant que vous la retenez. On dit qu'avec l'amour... Celui des époux Bruce, par exemple. Peut-être se tenaient-ils chaud, tous les deux, enlacés sous le grand manteau démodé, s'encourageant mutuellement en cherchant à savoir lesquels de leurs amis seraient présents à la party organisée en l'honneur de leur retour à Londres. Et Giovanni Bertoli ? Pourquoi aurait-il lâché prise alors qu'il savait que sa fille, à cette heure-ci, devait mourir d'inquiétude ? Et le petit Demello dont la maman était si fragile ? Et le jeune Shah, qui partait pour s'assurer un bel avenir professionnel ? Et Cornu, tellement impatient d'offrir ses cadeaux à Christine ? Non, même gravement blessés, sûr qu'ils avaient encore en eux la force de lutter contre leurs souffrances et la violence des éléments. Et Bhabha ? Ah, pour Bhabba, ce n'était vraiment pas le moment ! Cette conférence de Vienne avait une importance capitale. Sans parler de celle des « dix-huit », au sujet du désarmement, qui devait commencer jeudi prochain à Genève : la « non-prolifération des armes nucléaires »... quel serait le comportement de l'Inde ? Bien embêtant de ne pas savoir, de ne pas être là ! » pensait-il peut-être, cherchant toujours ses lunettes... Et les marins ? Pour ceux-là, c'était vraiment le comble. La neige et l'altitude, ça n'était décidément pas leur univers ! Non, ça devait être une mauvaise farce. Une reconstitution de l'histoire du Malabar. En tout cas, pour eux, ça n'était pas l'endroit adéquat pour mourir. Et qui sait s'ils ne souffraient pas du mal des montagnes, les pauvres ?

Peut-être qu'un peu plus bas dans la pente, une hôtesse essayait-elle de récupérer quelques sachets de thé pour réchauffer les enfants et les plus vieux ? Et le commandant ? Mon dieu ! Quel cauchemar pour le commandant, cette vision ! Ils lui avaient tous fait confiance ! Ils s'en étaient remis à lui ! Allongé dans la neige, il voulait sans doute leur crier « Non, ce n'est pas ma faute, je vous le jure ! » Il voulait récupérer ici et là quelques feuilles de son livre de bord. Il aurait tant aimé leur prouver qu'il était innocent. Aurait-il le temps ? Il devait lutter afin de pouvoir témoigner, répondre aux questions des enquêteurs. « Ça ne va pas être facile pour eux, avec ce froid infernal, ces pentes glissantes. Il faut d'abord qu'ils arrivent jusqu'ici ! Il faut que j'en parle à Bertoli, que je lui fasse un rapport succint de ce qui s'est passé en cabine. S'il m'arrivait malheur, il parlerait en mon nom à Genève, qui transmettrait à Bombay. En même temps, il présenterait mes excuses aux familles. Ah, il faudrait quand même que j'arrive à bouger pour voir si je trouve la boîte noire, c'est très important. Pardon, monsieur, savez-vous où est tombée la queue de l'appareil ? Et Wilks ? Wilks ? Où êtes-vous ? »

Quant à Angela Baldwin, elle était bien mal placée, retenue tant bien que mal par un rocher, face au vide, du côté italien. Une vue imprenable, malgré quelques nuages, sur près de trois mille mètres d'à-pic. Une horreur ! Heureusement, un livre était tombé juste à ses côtés, *Le Système des castes*. Alors elle lisait, pour passer le temps...

S'il en avait été ainsi, cela aurait presque été une belle histoire. Ne dit-on pas que la mort par le froid est la plus douce qui soit ?

Bien sûr, la vérité était tout autre. Ce fut en tout cas les conclusions que tirèrent ceux qui, les premiers, atteignirent l' « épave » : le lieutenant Mollaret, le chef Pellin, les gendarmes Rosset, Gamond, Grospellier, Anselmet et Arbez-Gindre, précédés des guides Gérard Devouassoud et Georges Payot.

*
**

Toujours assis sur son banc où sa petite-fille l'avait rejoint à l'heure de sa pause, le vieil Emile les avait regardés décoller. Il se demandait ce qui pouvait bien se passer dans la tête de ce jeune Georges Payot pour qu'il accepte d'être de ce coup-là. Ce petit Georges, dont il venait, la veille, de ressortir la photo parue dans *Paris-Match* au moment de l'enterrement de son père... « Sur une page entière ! Qu'il avait l'air fier, le petiot, avec une corde sur une épaule, un piolet posé sur l'autre, et une paire de crampons dans la main. Il fixait l'objectif, ou plutôt le photographe qui tenait l'appareil. En dessous, la légende disait : « Chez les Payot, Georges sera guide. » Eh bien, non seulement il était bien devenu guide, mais voilà que, comme son père, il partait sur l'épave d'un avion d'Air India, tombé au même endroit, aux rochers de la Tournette... Drôle de destin, quand même. Franchement, tant de coïncidences, c'était troublant. Et il y avait le directeur d'Air India de Genève, tu te rends compte ? Il était venu ici en 1950, bien sûr, pour tous les trucs administratifs, et il avait certainement dû le voir, le petit Payot, pendant les obsèques ! Comment imaginer que ces deux hommes seraient amenés à se retrouver dans des circonstances si semblables, chacun dans un rôle différent. Inversé, presque. Enfin, quand je dis se rencontrer, les pauvres, il y a bien peu de chances pour que Bertoli puisse remercier Georges pour son courage et son dévouement ! Quand on y pense, c'est incroyable, tout ça. Et les marins, et mon cauchemar ? Qu'est-ce que tu penses de ça, ma belle ?

— Moi, je me dis qu'à sa place, à Georges, je n'y serais pas allée. »

*
**

C'est exactement ce qui s'était d'abord produit : Georges Payot avait refusé.

Bien que spécialisé, performant et unique au monde, le peloton du lieutenant Mollaret, encore jeune, n'avait pas à lui seul les moyens d'organiser totalement les secours. En fait, comme en 1950, l'organisation des secours était couverte à tour de rôle par l'EMHM, le bureau des guides et l'Ecole nationale de ski, devenue en 1966, École nationale de ski et d'alpinisme, l'ENSA. Le PSHM et son « gardien des cimes », assuraient seulement la bonne coordination de ces trois organisations ainsi que le suivi judiciaire. En fait, la compagnie assurait la quasi-totalité de la permanence. Seul le mois d'août lui échappait : du 1er au 15 août, c'était à l'ENSA de s'en charger, et du 15 au 30 août, à l'EMHM.

Dès le début des opérations, conscient de l'ampleur des événements, Mollaret avait voulu s'entourer de deux très bons guides. Ainsi avait-il contacté Gérard Devouassoux, lequel, en ami, était allé frapper à la porte de Georges afin de le convaincre de les accompagner là-haut, lui et l'équipe de gendarmes.

La proposition étant pour le moins délicate, Devouassoux supposait qu'il allait essuyer un refus. Un refus clair et net, Georges était comme ça, franc et direct. Un peu bourru. Disons, sauvage. Un caractère, un foutu caractère qui en impressionnait plus d'un. En tout état de cause, une forte personnalité.

Si Georges Payot eut du mal à cacher sa surprise au récit que lui fit son ami, ce dernier ne fut pas étonné de la réponse qu'il reçut : « Non, non, c'est non ! C'est ridicule ! Vous ne pouvez pas me demander ça. Je n'irai pas. Il n'en est pas question. »

19

Un décor d'éternité

« Allons-nous en montagne pour vaincre le Dragon et délivrer la Princesse ? Par ambition ? Pour l'argent ? Ou bien est-ce seulement un exutoire ? »

Patrick CORDIER
Cathédrales de Trango.

Plus Gérard Devouassoux insistait, plus Georges Payot était catégorique dans son refus. Jusqu'au moment où, après une courte conversation, Georges saisit son anorak, son sac et sa gourde sur le portemanteau. « D'accord. Si les hélicos nous déposent, d'accord. Mais ne comptez pas sur moi pour marcher dans les traces de mon père ! »

Disant cela, les deux guides avaient déjà claqué les portières de la 204 de Gérard Devouassoux. Le froid était vif, la voiture ne voulut pas démarrer immédiatement. « Allez cocotte, on est en retard maintenant, on nous attend là-haut ! »

— Il fait un froid de canard, sous ta capote ! Quelle idée d'avoir une décapotable à Chamonix ! Je sais bien que l'été, ça plaît aux filles, mais l'hiver, tu dois avoir moins de succès ! Et puis tu aurais pu faire mieux, pour la couleur, c'est moche, ce marron ! Enfin, on a de la chance, question temps, et eux aussi, là-haut, si je puis me permettre, ça aurait pu être pire. Si ça avait continué comme ce matin, les hélicos auraient été cloués au sol. Maintenant, c'est le grand beau ! Ah, c'est magnifique... »

Georges Payot s'était penché vers le pare-brise.

« Tu as vu, Gérard ? Tu ne m'avais pas dit ça, même à l'œil nu, on voit parfaitement les débris. Dis donc,. ça a dû faire mal, là-haut ! Et nous aussi, on risque de passer un sale moment ! »

Lorsqu'ils arrivèrent au PSHM, le lieutenant Mollaret était penché sur une table, un doigt sur la carte du massif, s'entretenant avec les pilotes des Alouettes. Il fut décidé que les deux guides seraient déposés à la Grande Bosse, qu'ils devraient remonter sur le point d'impact, et de là explorer le plus « minutieusement » possible les alentours à la recherche d'éventuels survivants. Ils seraient équipés d'une puissante radio qui leur servirait, le cas échéant, à commander la montée d'un renfort de sauveteurs et de matériel de secours. Sinon, ils pourraient demander qu'un hélicoptère vienne les récupérer. Recommandation leur fut faite de ne pas trop toucher aux gros débris. On préférait en effet attendre que ceux-ci soient observés par les experts de l'Aviation civile. On savait déjà que trois ingénieurs étaient sur la route, entre Paris et Chamonix.

Dans une autre pièce, recroquevillée sur une chaise, le visage décomposé par l'angoisse, la fille de Giovanni Bertoli attendait, nerveuse et cachant mal son impatience de pouvoir entendre le témoignage de « celui qui aurait vu ». Elle se levait parfois brusquement, essuyait le carreau de la fenêtre orientée vers le sommet... Le ciel était maintenant d'un bleu pur, très dense. Lorsqu'on le fixait longtemps, il semblait bleu marine. Comme cette lumière de janvier était douce sur les cimes. Limpide...

Quelle force, ce spectacle de la haute montagne ! Quelle beauté ! Un si beau décor pour un si grand malheur... « Tu aurais été si heureux, papa, de me raconter ta dernière visite au Prince of Wales Museum. Quelle princesse as-tu encore croisée cette fois, au Taj Mahâl ? Et m'as-tu rapporté, comme je te l'avais demandé, cette pièce de soie du Javeri Bazar ? De quelle couleur est-elle ? » Personne ne saura ce qui se passait dans son esprit, quelles images défilaient... A la chaleur de sa respiration, la vitre, de nouveau, était devenue opaque. La jeune femme baissa les yeux. Une larme coulait.

Elle se rassit, se calma, regarda sa montre. Une Alouette décolla. Il était un peu plus de 13 heures. Les dernières nouvelles du Kanchenjunga remontaient à plus de cinq heures. Une éternité.

***

A cette heure-ci, le Boeing 707 de la compagnie Air India immatriculé VT-DMN aurait déjà dû atterrir à Londres, après une escale à Paris où cinquante-quatre passagers auraient débarqué, dont les fameux quarante-six marins. Ils ne pourraient jamais voir Brême, les pauvres matelots, et dans le port, un navire devrait attendre le prochain Bombay-Paris pour qu'un équipage de « rechange » lui fasse enfin prendre la mer...

Dans le grand hall des arrivées de l'aéroport d'Heathrow, c'était la panique. Les familles et les amis avaient été prévenus du crash quasiment au moment où ils étaient arrivés à l'aéroport. « Please, wait for informations » devait-on leur répéter sans cesse. « Attendez, attendez, mesdames et messieurs, il y a sûrement des rescapés. Il faut toujours espérer. D'ailleurs, nous le saurons bientôt. Une équipe de sauveteurs français est partie sur le terrain. Nous allons vous tenir au courant. Attendez. » Que pouvaient-ils faire de mieux, les employés d'Air India ?

Indiens, Pakistanais, Anglais... chacun craquait à sa manière. Une jeune femme indienne s'était évanouie dans les bras de son époux... ils attendaient leurs deux enfants.

Dans le hall, un homme tournait en rond, d'un pas vif et machinal comme s'il avait voulu ponctuer ces interminables secondes du claquement sec de ses talons. Régulièrement, il s'approchait de deux femmes enlacées, en larmes. C'était Harold Bruce, sa femme Joyce et sa fille Cheryl.

Plusieurs stewards étaient présents, répondant au mieux aux questions, proposant des boissons réconfortantes. Soudain, Mr. Bruce en prit un à partie et lui dit simplement, avec le plus grand calme, sur le ton le plus banal qui soit, et comme si ses paroles ne pouvaient qu'intéresser l'employé : « Vous savez, ce devait être une grande réunion de famille. Nous n'avions pas vu Mum et Dad depuis huit ans. Vous voyez ma fille, là-bas ? Elle avait six ans, la dernière fois qu'elle a vu ses grands-parents. C'est fâcheux, nous avions organisé une party qui devait être une surprise, avec tous leurs amis. C'est fâcheux... Mais voyez-vous monsieur, je suis si choqué que je ne peux même pas pleurer. Je crois bien que j'ai perdu la joie pour toujours, à cause de ce... contretemps. »

Le steward sentit qu'il était inutile de tenter de le rassurer et lui dit que des taxis étaient mis à leur disposition, qu'il ne servait à rien de rester sous ce panneau d'affichage vide. Qu'il valait mieux rentrer chez eux. Harold Bruce ne daigna pas répondre et s'en alla retrouver sa femme et sa fille. Comment rentrer à Mitcham Road, dans cette maison spécialement décorée pour les accueillir ?

Ailleurs, la jeune maman du petit Demello suppliait qu'on lui donne sur-le-champs un billet pour Genève. Elle voulait voir cette montagne de près, car elle était sûre que son fils était vivant. La compagnie, bien sûr, lui accorda cette faveur.

*
**

A l'autre bout du monde, au même moment, sur la terrasse d'une belle maison de Jamnagar, Munkund et Kaila Shah regardaient tomber la nuit. Elles échangèrent un sourire en imaginant leur frère endormi sur son siège quelque part au-dessus de l'Atlantique. Dans le patio, Vrajalal, le beau-frère du jeune Shah, très loin lui aussi d'imaginer la triste réalité, commentait l'événement du jour avec un ami : l'arrivée au pouvoir officielle de madame Indirâ Gândhi et les fêtes de l'Indépendance du lendemain.

Il était encore tôt chez madame Robinson, de l'autre côté de la planète, en Amérique. Elle s'était levée de bonne humeur, bien décidée à se faire belle pour le retour de son mari. En milieu de journée son fils passerait la prendre et ils iraient ensemble à l'aéroport.

20

Des singes presque intacts

« Il n'avait jamais vu un avion de près. Celui-ci était de dimensions énormes. Trop grand pour des hommes. Trop lourd pour le ciel. Déchiqueté, rompu, il gisait sur le ventre, dans la neige, telle une bête blessée à mort. »

Henri TROYAT
La neige en deuil.

Un vol en hélicoptère ! Jusqu'à la cime du massif ! Avec une visibilité pareille ! Pour sûr, ce n'était pas tous les jours. Quel régal ! Ne pouvant discuter à cause du bruit, et bien qu'un peu transis de froid sur les sièges de l'Alouette, les trois hommes, Mollaret, Devouassoux et Payot, surent apprécier pleinement leur transport. Comme prévu, ils furent déposés sur la Grande Bosse. Une autre rotation devait permettre d'acheminer le chef Pellin et trois gendarmes qui exploreraient un secteur un peu plus bas. Déjà on parlait de « commando de l'impossible ». Sur la place du Mont-Blanc, la foule se faisait de plus en plus dense... Les journalistes parisiens et anglais commençaient à arriver et rattrapaient leur retard en interrogeant leurs collègues régionaux et helvétiques qui étaient sur place depuis le matin. « Où en est le commando de l'impossible ? » C'était la grande question.

Les Alouettes restées en attente près du refuge Vallot commençaient à danser. En même temps que le ciel s'était dégagé, le vent s'était levé. Certaines rafales devaient bien atteindre 70 kilomètres à l'heure. Et la température frôlait les – 30°.

Les trois hommes n'eurent pas besoin d'aller très loin pour trouver les premiers débris. Des dizaines de pièces gisaient là, à leurs pieds, presque au sortir de l'hélicoptère. Comment se faisait-il qu'elles soient descendues si loin des rochers de la Tournette où avait été localisé le point d'impact ? A cause de la violence du choc ? Parce qu'elles avaient glissé ? Ils s'arrêtèrent un instant afin d'examiner plusieurs pièces. Vu leur taille et leurs déformations, il ne pouvait plus y avoir de doute sur la thèse de l'explosion.

Ils ne se chargèrent pas tout de suite, remontèrent l'arête sommitale jusqu'au point d'impact. Assez péniblement à vrai dire. Pas seulement à cause du vent. Non, l'altitude. Aucun des trois n'avait mis les pieds en haute montagne depuis la saison d'été. Ils n'étaient pas acclimatés. Le malaise aurait déjà été désagréable s'ils étaient arrivés progressivement, mais là, passer des 1 000 mètres de Chamonix à plus de 4 600 mètres, en quelques minutes à peine ! Gérard Devouassoux, le premier, fut victime de maux de tête et de nausées. Il ralentit le pas, mais continua d'avancer, le regard rivé sur ses grosses chaussures de cuir afin de ne pas trop voir les signes d'horreur qui jonchaient la neige. Morceaux d'avion, morceaux d'étoffe, de papier, de bagage, et pire encore que tout ce qu'il était possible d'imaginer.

« Continuer, il faut pourtant continuer jusqu'à cette maudite arête. Mais pourquoi, après tout ? Oh, et puis ça commence à vraiment trop puer le kérosène ! C'est abominable ! » pensaient les guides.

Devouassoux sut prendre sur lui et ils arrivèrent enfin aux Rochers de la Tournette, près du point d'impact. Une folie ! Un cratère immense. Une épaule profonde creusée dans l'arête. Mais aucun reste pouvant laisser penser qu'il s'était agi d'un avion ! Apocalytique.

Aussi loin qu'ils pouvaient regarder, pas un signe de vie. Rien, pas une trace de pas, pas un cri. La désolation. A plusieurs reprises, d'étranges bruits les firent se retourner brusquement, accélérant leur rythme cardiaque. Quelle abominable apparition allait donc les surprendre ? Mais c'était simplement le souffle du vent sur un bout de tôle, un fil électrique qui s'enroulait et s'envolait, une valise éventrée qui se vidait peu à peu, le glissement d'un gilet de sauvetage. Pas la moindre forme de corps humain. Si, là-bas ! Un corps sombre ! De petite taille, carbonisé. Celui d'un enfant, peut-être ! Vite !

Aussitôt les hommes retrouvèrent leur énergie. Même Devouassoux, qui avait vomi plusieurs fois, voulut se précipiter vers ce corps. Il leur fallut traverser un champs d'horreurs en tous genres qu'ils ne regardèrent pas afin d'atteindre cet enfant gisant. Et puis soudain, alors qu'ils s'en approchaient, ils furent pris d'une étrange impression... Il ne s'agissait pas d'un homme, non. On ne voyait pas encore très bien, on distinguait une petite main rose, mais ça n'était pas un enfant. Avant de s'approcher encore, ils lancèrent un timide appel. Rien. Ils avancèrent.

« Mais je rêve ? Un singe ! C'est un singe !

— Tu plaisantes ?

— Ça alors ! »

Ils restèrent prostrés, regardant l'animal. Il n'était pas mort sur le coup, des traces de pas et de sang, tout autour, l'attestaient. Son corps était intact. Ils s'aperçurent bientôt que le secteur était plein de cadavres de singes. Une vingtaine, une centaine, ou plus. Surréaliste ! Et tous en bon état ! Sans doute étaient-ils transportés en soute à l'arrière de l'appareil pour avoir été si peu « touchés ».

« Tu parles d'une surprise ! Monter au mont Blanc en plein hiver avec l'espoir de sauver une vie humaine et tomber sur des singes ! Vraiment ! Le monde est fou ! Pourquoi pas l'abominable homme des neiges, pendant que nous y sommes ! », pensa Payot.

Abominable, certes, le spectacle l'était même si la neige soulevée par le vent et collée sur tous ces nouveaux reliefs, comme une décoration de Noël, semblait vouloir adoucir la vision d'horreur. Ils continuèrent leur inspection, parfois difficilement supportable. Entre les hublots, les morceaux de fuselage, les tuyaux, une roue, des éléments de carter, un réacteur, un aileron, un morceau d'empennage planté et penché vers l'Italie, les restes d'un fauteuil et la boucle d'une ceinture... ils ne virent rien qui pût être rendu aux familles. Ici un bras, là un pied. Que penser ? Que faire ? Que dire ? Mollaret restera marqué par ces chaussures qui traînaient partout, avec des chaussettes à l'intérieur, mais vides, sans les pieds, témoignage d'un choc d'une extraordinaire violence.

« C'était horrible, je n'ai jamais vu un chaos pareil. » répétera-t-il longtemps.

Ce n'était pourtant pas le visage de la mort qui pouvait les choquer, ces hommes. Gendarmes ou alpinistes, ils en avaient vu d'autres. C'était plutôt cette preuve irréfutable qu'en une seconde, et sans préavis, le hasard peut vous réduire à néant. Dans la plus terrible des violences.

« Quelquefois, on se demande ce qui nous pousse en montagne. On n'en sait rien, mais en tout cas, on sait pourquoi on y meurt. Eux, regarde-moi ça, ils n'avaient strictement rien demandé », soupira Devouassoud.

Les « sauveteurs » devaient rentrer, maintenant. Redescendre jusqu'à la Grande Bosse. Avec ce vent, il n'était même pas certain que l'hélicoptère pourrait les récupérer, et ils en seraient quittes pour un bivouac au refuge Vallot.

Redescendre vite, mais en rapportant quelques éléments qui permettraient peut-être aux enquêteurs de déterminer les causes de la catastrophe. Bien sûr, en plus de la recherche d'éventuels survivants, une autre mission, d'une extrême importance, leur avait été confiée : récupérer la serviette de Bhabha et l'enregistreur de vol. Cette boîte qu'on dit noire et qui est en fait toujours de couleur vive, jaune, orange ou rouge. Qui est capable de vous livrer tous les secrets du vol jusqu'à l'instant fatal. En général, l'objet se trouve à l'arrière de l'avion, dans l'empennage, endroit moins exposé à la destruction. Un morceau d'assez grande importance semblait bien être resté accroché en haut du Grand Plateau, près des Rochers Rouges, mais pour l'heure, la pente était inaccessible. Quant aux nombreux débris retenus sur le versant italien, il était déjà fort peu probable qu'ils pourraient être atteints durant la saison d'hiver. Aucun survivant, pas de trace de la boîte noire, rien qui ressemble à la valise de Bhabha... les hommes avaient malgré tout rempli leur mission : observer le lieu du drame « immédiatement » après l'accident afin d'établir un premier rapport, et pour permettre d'avancer de manière plus précise différentes hypothèses sur les circonstances du crash, et d'orienter les futures recherches. Ils pourraient notamment signaler aux enquêteurs que les pièces de réacteurs qu'ils avaient trouvées au niveau de la Petite Bosse étaient encore chaudes. Cela signifiait que ces réacteurs fonctionnaient à l'instant fatidique.

Il était bientôt 4 heures et demie. Malgré le vent, deux Alouettes emmenèrent les sept hommes.

Lorsqu'ils débarquèrent sur la place, Chamonix commençait à plonger dans la nuit. Autour de l'aire d'atterrissage, derrière les barrières métalliques, la foule, plus curieuse qu'anxieuse, attendait sans se soucier du froid. Les journalistes crièrent leurs questions avec avidité. Ils n'eurent pour toute réponse que le regard grave des sauveteurs.

Une jeune personne, pourtant terriblement concernée par les nouvelles à venir, s'en était allée. La fille de Giovanni Bertoli n'avait pu rester plus longtemps dans l'angoisse de cette attente, au pied même du mont Blanc. Elle n'avait pas voulu croiser le regard de ceux qui auraient vu l'horreur, ni écouter leur témoignage. Elle n'avait pas besoin de tout ça. Elle avait compris très tôt, et elle était déjà rentrée parmi les siens, à Genève.

Un douloureux spectacle lui fut ainsi épargné. En effet, tout le monde put voir que les sauveteurs avaient rapporté avec eux un gros sac qu'ils transportèrent jusqu'à l'ambulance avec de très grandes précautions. Il contenait des restes humains... Il n'en fallait pas plus pour exciter les journalistes, et certains voulurent suivre l'ambulance jusqu'à l'hôpital.

Les guides avaient également redescendu un bagage plombé, qui pouvait être une valise diplomatique ainsi que quelques lettres échappées des sacs postaux et glanées çà et là sur la neige, et un appareil photo chargé d'une pellicule.

« Circulez, il n'y a rien à voir, il n'y a rien à dire non plus. Pas de survivants. » Afin de satisfaire la curiosité insatiable des reporters, et sans doute pour éviter que l'information rapportée par les guides circule librement et soit déformée, les autorités décidèrent immédiatement de donner une conférence de presse à la mairie. Le temps que guides et gendarmes se remettent un peu et s'expliquent, rendez-vous était fixé aux environs de 18 heures 30.

21

Au milieu des éléphants, des temples et des singes

« Saint-Père très touché terrible nouvelle catastrophe aérienne survenue mont Blanc Boeing Air India. Elève Dieu ardentes prières pour repos âmes malheureuses victimes et envoie grand cœur gage divins réconforts dans douloureuse épreuve et paternelle bénédiction apostolique. »

Télégramme adressé,
au nom du pape,
par le cardinal Cicognani.

A la mairie, sous la présidence du préfet de la Haute-Savoie et en présence du sous-préfet, du général commandant la huitième région militaire, du maire de Chamonix, du commandant de la gendarmerie de Bonneville, du commandant du groupement de la gendarmerie de la Haute-Savoie, etc., une reconstitution chronologique des faits depuis le dernier message du Boeing fut exposée aux journalistes. Les guides essayèrent de décrire le chaos qu'ils avaient trouvé là-haut et donnèrent les premières informations qu'on pouvait en tirer.

C'était probablement de l'aile droite que le vol Air India 101, qui venait du sud-est, avait percuté la barre rocheuse. Une large brèche y était en effet observable. L'accident s'était visiblement produit sur le versant italien mais l'appareil avait basculé et s'était surtout éparpillé du côté français. S'il avait gardé une altitude très légèrement supérieure — quinze ou vingt mètres auraient suffi — l'avion aurait franchi le mont Blanc sans encombre et aurait atterri à Genève quelques minutes plus tard. Le point d'impact se situait exactement sur l'arête terminale aboutissant au sommet du mont Blanc, dans une très épaisse couche de neige glacée, à environ 4750 mètres d'altitude.

Le versant italien du mont Blanc étant d'une extrême raideur, c'est du côté français que le plus grand nombre de débris avaient pu être vus, dispersés sur plusieurs kilomètres carrés, entre 4000 et 4800 mètres d'altitude. En tous points, cela rappelait étrangement le scénario du Malabar Princess.

Ensuite, les autorités évoquèrent les noms des personnalités décédées dans l'accident : Giovanni Bertoli bien sûr, le professeur Bhabha dont la disparition était déjà largement commentée par le milieu scientifique, les membres de la délégation culturelle belge. On signala la présence à bord des deux françaises : madame Engelhard qui habitait Bruxelles et mademoiselle Josette Bonnargent, qui demeurait à Los Angeles. On apprit également que, durant la journée, l'évêque d'Annecy avait reçu un message de « soutien » de la part du pape.

Alors qu'on rappelait qu'en 1950, déjà, au même endroit, sur ces mêmes Rochers de la Tournette, un avion d'Air India, etc., on lut aussi le communiqué de la compagnie nationale indienne selon lequel cette catastrophe était la première qui affectait un appareil d'une ligne régulière. Le Malabar Princess, en effet, avait été spécialement affrété pour le transport de marins. On évoqua la redescente des corps — si l'on peut parler ainsi. On apprit que le « corps » ramené à Chamonix pourrait certainement être identifié grâce à une alliance. Mais on ne laissa pas beaucoup d'espoir de retrouver là-haut d'autres passagers. On fit également savoir qu'un sac postal avait été récupéré et que, comme il en avait été lors de l'affaire du Malabar Princess, les lettres avaient été remises à la poste de Chamonix d'où l'on renverrait les enveloppes encore en état.

Telles étaient les toutes premières informations. Il fallait désormais attendre que les experts procèdent à de nouvelles recherches pour en savoir plus sur les causes de la tragédie. Une seule certitude : cent dix-sept personnes avaient perdu la vie sur le mont Blanc. Cent dix-sept destins s'étaient donné rendez-vous sur le toit de l'Europe.

*
**

Discrètement assis au fond de la salle de la mairie, derrière une véritable armée de blocs-notes, de magnétophones et d'appareils photo, le vieil Emile avait bien regardé et bien écouté les intervenants, le buste penché sur sa canne. A la fin des interventions, alors que tout le monde s'était déjà levé, il était resté là un long moment, les yeux dans le vague, hochant la tête de temps à autre. Dans la lune... loin, très loin. En Inde peut-être. Oui en Inde, au milieu des éléphants, des temples et des singes, luttant contre une chaleur moite. Dans une forêt dense, luxuriante, avec la mer pas très loin, des théières pendues aux arbres, et des femmes en sari doré dansant avec leurs bras. Elles avaient des bracelets d'argent aux chevilles, elles avaient des diamants au creux du nez. Elles avaient les pieds nus. C'était des princesses. Puis il se mettait à neiger, d'énormes flocons blancs voletaient autour d'elles. Les singes applaudissaient, les enfants riaient aux éclats. D'immenses feuilles tombaient des arbres, pliées comme des avions de papier... Un bien doux chaos, à vrai dire.

« Mais que faites-vous là, l'Emile ? Il faut y aller maintenant. »

Surpris dans ses pensées, le vieil homme eut un sursaut, il revint de son voyage, un peu triste, et s'en alla la tête basse. Il devait être 20 heures.

***

Il était minuit et demi à Jamnagar, en Inde. Munkund et Kaila Shah vivaient leur première nuit avec l'idée abstraite qu'elles ne reverraient plus leur jeune frère. Dans leurs yeux, le reflet d'un quart de lune n'arrivait pas à retenir leurs larmes. Des larmes qu'elles laissaient couler en douceur. Au loin, la mer d'Oman était lisse comme un miroir. Quelle paix ! Demain, ce serait l'une d'elles qui ferait le voyage vers ces montagnes d'Europe qui avaient coûté la vie à leur jeune frère, Hasmukhray Gokaldas. Si petites collines, petites pointes tellement ridicules à côté des cimes qui dominaient leur grand pays !

***

Il était 14 heures en Amérique. Comme prévu, Robinson Junior était passé prendre sa mère pour la conduire à l'aéroport. Sur la highway, dans une belle auto, ils avaient roulé heureux ; heureux de retrouver cet époux chéri, ce père adoré. Ils étaient arrivés très en avance. C'était toujours comme ça. Pendant qu'il était parti cherché un chariot, elle était allée demander pourquoi l'arrivée du vol n'était pas annoncée... Et en un instant, tout avait basculé.

22

. . . .

Circulez !

« En Inde beaucoup de gens se perdent.
C'est un pays qui est fait exprès pour cela. »

Antonio TABUCCHI
Nocturne indien.

Tous les hélicoptères étaient là, sur l'aire délimitée par des barrières métalliques sur la place du Mont-Blanc, entourés d'un nombre incroyable de passagers volontaires qui se bousculaient. Presse écrite, presse parlée, presse filmée... les reporters étaient là, toujours prêts, avides et rusés. Mais ils restèrent cloués au sol : interdiction formelle qu'un seul d'entre eux embarque. « Circulez ! »

Seul Géry, un reporter de *Match* installé à Chamonix, parvint à s'incruster.

Le premier appareil qui décolla, vers 10 heures et demie, fut celui de la Gendarmerie nationale. Le pilote emmenait avec lui le lieutenant Mollaret, l'inspecteur Guillevic du bureau « enquête accident » de l'Aviation civile, ainsi qu'un guide, Claude Ancey. Georges Payot et Gérard Devouassoux n'avaient pas voulu remonter. Une demi-heure plus tard, ce fut au tour d'une Alouette III de la Protection civile de décoller avec à son bord l'inspecteur Auffray et le guide Louis Folliguet. Pour les enquêteurs, il s'agissait d'essayer de déterminer au plus vite les causes de l'accident, d'examiner précisément la répartition des débris sur la neige avant que celle-ci ne recouvre tout, et de continuer la recherche d'éléments susceptibles de servir à l'enquête. Des experts de la firme Boeing devaient arriver sur place dans les jours à venir pour constater et tenter de comprendre le crash.

Contrairement à ce qui s'était passé la veille, la météo, bonne dans la matinée, se gâtait à vue d'œil. Allait-on pouvoir travailler correctement, là-haut ? Le vent paraissait souffler assez fort.

Il fallait attendre.

Pendant ce temps-là, à la mairie et au PSHM, c'était un va-et-vient incessant, un ballet de voitures, de claquements de portières. D'un véhicule immatriculé à Genève et portant le « CD » officiel, descendit un homme vêtu d'un grand manteau et coiffé d'un turban rouge. Il fut aussitôt assailli par les journalistes. « Erreur messieurs, je ne suis pas l'ambassadeur. » L'ambassadeur des Indes à Berne était, quant à lui, plus discrètement couvert d'un chapeau de feutre noir. Il ne fit aucune déclaration.

Le directeur d'Air India, également arrivé de Genève durant la matinée, n'avait pas grand-chose à déclarer lui non plus. A vrai dire, tout ce monde attendait le retour des experts de l'Aviation civile française qui avaient été héliportés sur le site. Arrivèrent peu après le procureur de la République près le tribunal de Bonneville, ainsi que le juge d'instruction. En leur présence, la valise diplomatique trouvée la veille fut remise à l'ambassadeur.

Et puis, badauds et journalistes virent aussi défiler

D.R.

monix, dominé par le mont Blanc d'où s'écoule l'impressionnante cascade de glace des
sons. A droite, l'aiguille du Goûter, puis le dôme du Goûter et l'arête de Bosses s'élèvent
le toit rond de l'Europe.

D.R.

Le mont Blanc, vu depuis le Brévent, avec les rochers de la Tournette auprès desquel sont écrasés les deux avions d'Air India à seize ans d'intervalle.
La plus grande partie des débris et des corps furent en fait précipités dans les pentes v gineuses de l'autre versant, en Italie.

© Patrick Gabarrou

ourire et la grâce de Malabar Princess, peints sur le fuselage, furent un jour révélés à
niste Patrick Gabarrou, trente-cinq ans après l'accident du Constellation indien.

© Paris Match/Jarnoux

La mort du guide René Payot, alors qu'il conduisait la caravane de secours dépêché
l'épave du Malabar Princess, traumatisa Chamonix et impressionna le monde entier. P
quatre mille personnes accompagnèrent son enterrement.

s Lachenal, héros et victime de l'Annapurna, premier 8000 vaincu en cette même année
, attendit que la foule se soit retirée pour venir se recueillir sur la tombe de son ami
t.

Georges Payot a treize ans lorsque son père trouve la mort dans une opération de se
sans aucun doute héroïque, mais peut-être inutile.
Il a déjà annoncé que lui aussi serait guide.

Saint-Gervelins suivent avec passion et fierté la progression des cinq enfants du pays
vont réussir là où les guides chamoniards avaient échoué : atteindre l'épave du Malabar
cess. Quel est le véritable enjeu du défi ?

Pendant qu'une famille pleure à Chamonix, Louis Viallet, le chef de l'expédition des "c
de Saint-Gervais retrouve sa femme et ses enfants, sain, sauf, victorieux et célèbre.

guides Charles Margueron, André Chapelland, Louis Jacquet, Louis Viallet, et le maré-
des logis-chef Pignier sont reçus en héros à Saint-Gervais.
rinquent ici avec Maurice Bellonte, le fameux aviateur, auteur avec Dieudonné Costes,
a première traversée Paris-New York sans escale, chargé par l'Aviation civile de mener
quête sur le crash du Malabar Princess.

Seize ans après la tragédie du Malabar Princess, un second avion de la compagnie Air I
s'écrase sur la même arête du mont Blanc. Cette fois-ci, il n'est pas question que
secours fassent des victimes ; les sauveteurs sont héliportés à proximité de l'épave.

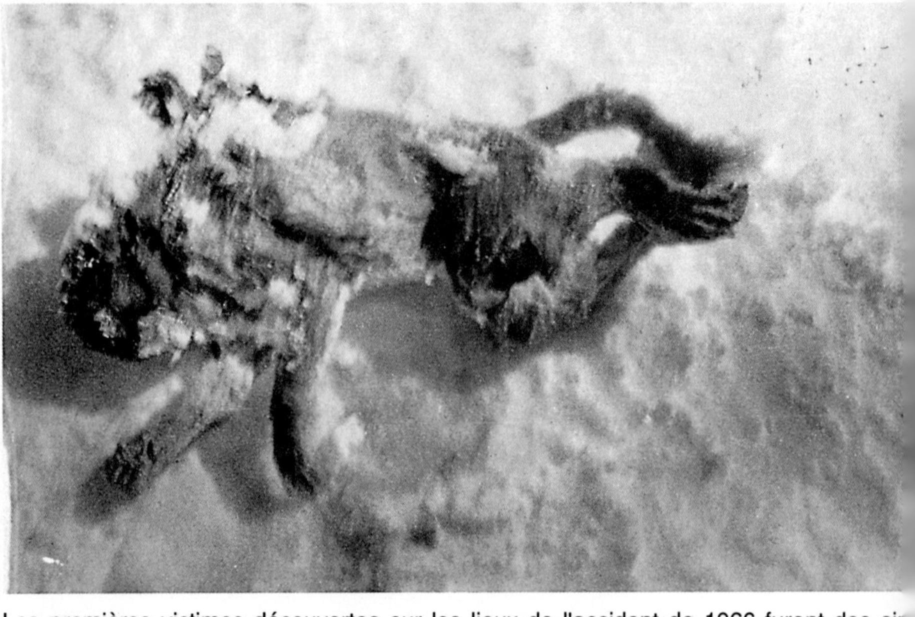

Les premières victimes découvertes sur les lieux de l'accident de 1966 furent des si
destinés à des laboratoires que transportait le Boeing indien.
Les sauveteurs crurent d'abord qu'il s'agissait de cadavres d'enfants, mais la plupart
corps des passagers ne purent jamais être ni retrouvés ni identifiés tant le crash avai
violent.

© Paris Match/Gery, Sauer

; morceaux de fuselage, des fils électriques, des éléments de moteur, des membres rs, des chaussures avec des chaussettes à l'intérieur mais sans les pieds de leur protaire, des jouets... et même des pièces de soie intactes. C'est un spectacle d'horreur les sauveteurs découvrirent en atteignant l'épave de Kangchenjunga.

La place du mont Blanc fut transformée en DZ pour les hélicoptères destinés au sauveta
des éventuels rescapés du Boeing Air India. Une foule de reporters et de badauds inve
rapidement les lieux, assaillant les pilotes de questions, se bousculant pour essayer
monter à bord des appareils.

Lorsque les sauveteurs redescendirent, tout le monde put voir le gros sac qu'ils avaient
porté et qui fut transporté jusqu'à l'ambulance avec d'infinies précautions. Il contenait
restes humains... Cent dix-sept personnes avaient péri déchiquetées dans le crash
Boeing Air India.

© Paris Match/Azoulay

ıie du sort, destin cruel, impitoyable hasard !
ze ans après que son père ait trouvé la mort en tentant de porter secours aux passagers ı avion qui s'était crashé sur le mont Blanc, Georges Payot, devenu guide à son tour, fut remier sauveteur sur l'épave du Kangchenjunga, un autre appareil Air India, tombé exacent au même endroit que le Malabar.

Les protagonistes de l'opération Chabert, montée par l'alpiniste René Desmaison et le jo
naliste de l'ORTF Philippe Réal, se préparaient à aller décrocher le scoop, intimem
convaincus que le Boeing indien était en fait entré en collision avec un avion militaire italie

Pendant que leurs compagnons alpinistes fouillaient les débris du Kangchenjunga ap
une ascension épique, les autres membres de l'opération Chabert, installés à La Plag
assuraient les relais radio avec l'ORTF et Radio France à Paris.

© Collection Jean Pontanier

ération Chabert provoqua bien des remous dans les plus hautes sphères de l'Etat. Les
tournés sur le mont Blanc, de même que les pièces d'avion rapportées, furent saisis.
-ce la preuve que la thèse de la collision était juste ? Toujours est-il que la première
ive et technique réalisée pour rejoindre l'épave et émettre depuis le mont Blanc, permit
ques temps de couvrir le caractère "subversif" de l'affaire.

© Paris Match/Jarnoux

Après un passage par la poste de Chamonix qui y appose son cachet, les lettres que tr
portaient les deux avions indiens sont renvoyées à leurs destinataires. Elles sont très
sées des collectionneurs et autres philatélistes qui se les arrachent à plus de 4 000 F.

© Cinémathèque française

Le crash du Malabar Princess au sommet du mont Blanc avec ses divers rebondissen
a inspiré Henri Troyat pour son roman *La neige en deuil* qui fut ensuite adapté au ci
dans un film avec Spencer Tracy. De quoi entretenir la légende. Aujourd'hui les fant
ressurgissent.

de nombreuses voitures immatriculées en Belgique. Des familles des victimes, venues avec l'humble désir de reconnaître leur disparu parmi les corps arrachés à la neige. En effet, le bruit avait couru la veille que quatre ou cinq cadavres avaient été redescendus à Chamonix. Mais que fallait-il dire aux familles ? La vérité : « Identification absolument impossible, visite interdite ». Seule une bague allait leur être présentée et donnerait une identité. Ce ne serait en tout cas pas celle d'un jeune garçon de huit ans. De la fenêtre d'un petit hôtel, en regardant le mont Blanc, madame Demello devait aussi espérer que la montagne lui rendrait quelque chose de son fils.

En vérité, tout Chamonix, ce matin, avait les yeux levés vers le célèbre sommet. Comme s'il n'avait pas le courage de soutenir tous ces regards portés sur lui, le mont Blanc s'était enveloppé d'un léger voile, un halo tourbillonnant fait de petits nuages de neige que soulevait le fœhn. Les experts avaient-ils pu se poser là-haut ?

Les appareils étaient tous de retour sur la place vers midi. En raison des mauvaises conditions aéorologiques, aucun n'avait pu atterrir ni même déposer les hommes en stationnaire. Les survols de reconnaissance, cependant, n'avaient pas été vains. Ils avaient permis aux enquêteurs de voir de leurs propres yeux, de se faire une idée précise du décor de la tragédie, de mesurer les difficultés d'accès, d'identifier certains éléments sans qu'il y ait le moindre doute.

Les débris étaient bien éparpillés sur près d'un kilomètre carré. La plus grande partie se trouvait en fait à mille mètres environ sous le point d'impact, du côté italien, un peu au-dessus de la cabane refuge Quintino Sella, elle-même située à l'altitude de 3 396 mètres. Une zone qui resterait probablement inaccessible pendant tout l'hiver. Mais il semblait que certains débris avaient parcouru une plus longue distance encore, du côté italien. D'hélicoptère, on avait repéré certaines pièces au confluent du glacier du mont Blanc et du glacier de Miage, vers 2200 mètres d'altitude. Plus de deux mille cinq cents mètres de chute !

Sinon, rien de plus à signaler depuis la veille.

« Et la boîte noire ? Aperçue ?

— Non, non, hélas non.

— Et des corps ?

— Non, hélas non.

— Une explosion, c'est bien ça ?

— Oui, oui, hélas, oui, l'appareil s'est bien pulvérisé.

— Il va y avoir une enquête ?

— Elle sera extrêmement difficile.

— Vous y retournez demain ?

— Ça dépendra du temps.

Toujours sur son banc, immobile malgré le froid, les jambes croisées, le buste penché sur sa canne et le regard noir, le vieil Emile ne perdait rien des allées et venues ni des commentaires. Il se bouchait simplement les oreilles à chaque décollage ou atterrissage.

A voir les mines déçues des envoyés spéciaux, il eut un ricanement qu'il laissa partir dans un hochement de tête !

« Eh non, messieurs les vautours, rien à se mettre sous la dent, aujourd'hui. Au deuxième jour d'une grande catastrophe aérienne sur la plus haute montagne de l'Europe, voilà que vous n'avez plus rien à écrire. Ça ne fait même pas une page, ça ! Peut-être bien que vous allez vous faire sonner les cloches par vos chefs ! »

Rien, en tout cas, qui pût changer le chagrin et la

douleur des familles auxquelles on s'efforçait d'offrir, au moins, la chaleur d'un bon accueil.

L'enquête judiciaire était officiellement ouverte. Immédiatement, le juge d'instruction du tribunal de Bonneville ordonna une commission rogatoire au lieutenant Mollaret. Mission : « Procéder à toutes recherches et investigations possibles afin de tenter de recueillir des informations utiles à l'enquête en cours, ayant pour objet de déterminer les causes de l'accident survenu. » « Information menée contre x inculpé d'homicides involontaires. »

Au Savoy, l'Ambassadeur se fit rapporter les dernières nouvelles tout en prenant son déjeuner.

En tout début d'après-midi, il y eut une grande assemblée au PSHM, réunissant toutes les personnalités présentes :

« *L'hypothèse la plus vraisemblable est celle d'une erreur d'appréciation de l'altitude, commise par le pilote. Il ne faut pas oublier qu'en hiver, l'air est plus lourd et que le fonctionnement des appareils, pourtant très précis, peut être contrarié par un froid extrêmement rigoureux, surtout à une telle altitude. Il peut très bien y avoir eu une erreur d'une trentaine ou d'une quarantaine de mètres sur les appareils de bord, erreur amplement suffisante pour que le Kangchenjunga heurte l'arête. Pas de manœuvre de dernier instant possible car l'avion, qui avait déjà amorcé sa descente vers Genève, pouvait très bien voler à 700 kilomètres/heure.* »

Une chose est sûre, crut-on bon de préciser aux journalistes, c'est bien en heurtant la montagne que le Boeing a explosé et s'est désintégré. Ce qui semblait signifier que l'hypothèse de l'explosion en vol avait été soulevée ! Ce qui aurait été beaucoup plus grave, plus mystérieux aussi. Il aurait alors certainement fallu tenter l'impossible pour atteindre l'inaccessible et rapporter la moindre pièce du puzzle afin qu'elle soit analysée. On avait effectivement pensé à un attentat contre l'atomiste indien, mais déjà les premiers examens rejetaient cette hypothèse. La montagne semblait seule coupable.

C'est justement à cela que pensait le vieil Emile que quelqu'un avait informé de la découverte de débris au col de Chércroui et dans le val Veny. « C'est loin, ça ! Drôlement loin. Et les gros trucs qui auraient dévalé le glacier de Miage, dis donc, ça fait un sacré bout ! Et pour qu'ils n'aient pas été bloqués dans cette épaisseur de neige, il a fallu que l'explosion contre la montagne ait été sacrément violente ! »

« Il est vraisemblable que le ministre des Transports va désigner une commission nationale d'enquête qui sera normalement présidée par monsieur Bonte, ingénieur général de l'Air. Cette commission, ajouta Guillevic, lui-même ingénieur en chef de la Navigation aérienne, devra travailler en étroite collaboration avec les autorités italiennes, car c'est sur le versant italien que le Boeing a percuté le mont Blanc, mais aussi avec les autorités suisses. »

Léo Schegg, contrôleur chef de l'aéroport de Genève-Cointrin allait être longuement interrogé. Il allait falloir recueillir et analyser les dernières conversations enregistrées par les différentes tours de contrôle, le long du couloir aérien entre Beyrouth et Genève. Des témoignages devraient être soigneusement entendus dans les aéroports de Beyrouth, de Delhi et de Bombay. Il allait falloir examiner avec soin la liste des passagers. Qui était monté à bord ? Où ? Qui était descendu à Delhi, à Beyrouth ? Et cette hôtesse à l'estomac fragile ? Et tous les techniciens qui, aux escales, avaient discuté avec le pilote ou les autres membres de l'équipage ?

Un travail de longue haleine. Et dire que la plus grosse pièce qui restait de l'avion ne dépassait pas les deux mètres de long !

Une drôle d'affaire, en vérité, même pour les spécialistes. Un avion indien en voyage vers l'Amérique. Un crash à 4750 mètres d'altitude, soit à cent mètres au-dessous du plus haut obstacle du continent, à la lisière exacte de deux pays. Un point d'impact en Italie, mais la plupart des débris visibles en France, sous contrôle d'une tour suisse. Et des milliers de pièces que la neige et la glace allaient bientôt engloutir... On aurait difficilement pu imaginer situation plus complexe.

Plus troublant encore : un grand atomiste à bord, des singes, le directeur de la compagnie aérienne, quarante marins... Comme pour le Malabar, en 1950, au même endroit, dans des conditions jamais vraiment élucidées.

Il faudrait bien, pourtant, qu'un jour le mont Blanc livre son secret.

Le temps s'était vraiment gâté. Il faisait franchement mauvais. Plus question désormais d'aller faire un tour d'hélicoptère là-haut, encore moins de s'y poser. On attendrait encore quelques heures et, en cas d'amélioration, une équipe de guides et de gendarmes serait rapidement déposée aux Bosses, prête à bivouaquer. En vérité, en ce début d'après-midi, alors qu'on était sûr, maintenant, qu'aucun survivant n'attendait là-haut, et que les enquêteurs avaient pu constater de leurs propres yeux l'ampleur des dégâts, plus rien ne pressait. D'ailleurs aucune tentative pour trouver ou comprendre quoi que ce soit n'était envisagée. Une seule crainte : que la neige recouvre trop vite l'épave, et que tout se complique encore. Mais après tout, que faire contre la nature ?

On ne pouvait pas non plus monopoliser les hélicoptères trop longtemps. Il fut décidé que ceux-ci, à moins d'un grand changement météo, quitteraient la ville dans la journée pour retourner sur leurs bases. Et les enquêteurs venus de Paris, des Etats-Unis et de Bombay ? Ils voulaient bien attendre, mais combien de temps ? L'impossibilité d'atteindre les lieux pouvait durer des jours, voire des semaines... Il fut décidé que la plupart d'entre eux reprendraient la route dans l'après-midi. Vers Paris, Lyon ou Bonneville. Bien sûr, guides et gendarmes seraient toujours présents à Chamonix, prêts à partir au plus vite explorer l'incroyable amas de débris. Il était pourtant d'ores et déjà certain qu'il faudrait attendre le printemps suivant pour pouvoir procéder à une véritable exploration, puisque les spécialistes avaient déclaré l'accès au versant italien beaucoup trop dangereux en hiver. Pire : impossible. Trop raide, trop enneigé, trop exposé aux avalanches. Suicidaire. On se souvenait alors volontiers de Payot, mort pour des morts.

Dans le cadre de la procédure contre x pour homicides involontaires, le juge d'instruction du tribunal de Bonneville demanderait officiellement à son homologue du tribunal d'Aoste de bien vouloir apporter tous les éléments utiles à l'enquête. Cependant, les Italiens, faute de moyens, n'effectueront jamais de fouilles officielles et ne donneront pas au PSHM l'autorisation d'intervenir sur leur territoire.

Avec le violent coup de fœhn qui avait balayé le massif la veille, on pouvait redouter une importante chute de neige qui interdirait toute montée.

Finalement, après un dernier regard vers le ciel s'assombrissant encore en fin d'après-midi, la décision fut annoncée officiellement au PC de la gendarmerie.

Les conditions atmosphériques avaient ruiné tous les efforts déployés depuis la veille. L'arrêt des recherches était bel et bien déclaré, jusqu'aux beaux jours.

23

La lumière des vivants

« Je vous avais pris pour un agneau, mais ce n'est rien. Je vous montrerai le pays. Vous vous plairez parmi nous. Bien sûr, il n'y a pas d'éléphants, comme aux Indes... mais il y a les marmottes, les choucas, les coqs de bruyère... »

Henri TROYAT
La neige en deuil.

Ainsi, plus fier et prétentieux que jamais, le mont Blanc allait se faire complice d'un grand secret. Sur ses flancs, d'un côté comme de l'autre, cent dix-sept cadavres calcinés allaient commencer un long voyage au pays des glaces, qui vers l'Italie, qui vers la vallée de Chamonix. En route, peut-être rencontreraient-ils leurs prédécesseurs, passagers du Malabar Princess. Le capitaine Allan Saint et le commandant D'Souza échangeraient leurs impressions. Les marins parleraient aux marins. Et les enfants du Boeing trouveraient les jouets tombés là quinze ans plus tôt. Du côté français, le voyage serait lent. Quarante ans environ. On dit qu'il faut ça pour que les glaces des Bossons, « la plus grande cascade de glace d'Europe », forment à leur tour la langue terminale, très bas dans la vallée, vers 1400 mètres d'altitude. 3630 mètres de dénivelée !

Ils allaient disparaître au fond des crevasses,

descendre inexorablement, poussés, roulés. Parfois, ils rencontreraient des alpinistes, tombés là en plein effort, bien équipés de gros anoraks, avec quelques vivres dans leurs sacs à dos. Venus des Indes, ils étaient condamnés à hanter ce décor fantastique pendant plus de quarante hivers et quarante étés. Et puis un jour, mais on ne leur avait pas encore dit, ce serait le dernier été. En bas, lorsqu'ils arriveraient au-dessus de la grotte de glace que visitent les touristes et que surplombe la terrasse d'une petite buvette, il y aurait des chances pour que quelqu'un les repère. Malheureusement, après une si longue traversée dans le noble silence de la haute montagne, loin des hommes, ils n'auraient droit qu'à des grimaces, des cris de dégout, des plaisanteries douteuses. On ne peut jamais savoir, avec les vivants !

Peut-être leur dirait-on enfin comment tout cela était arrivé. Bien sûr cela ne changerait pas grand-chose, sauf peut-être pour la conscience du commandant de bord. Dire qu'au moment même, Herman Geiger, le « célèbre pilote des glaciers », faisait cette outrageuse déclaration à la presse : « La tragédie est certainement imputable à la routine. L'équipage d'Air India connaissait parfaitement l'itinéraire. » Trop bien, avait-il l'air de dire. « A 900 ou 1 000 kilomètres à l'heure, il ne s'agit plus d'une question de minute mais de seconde ; si l'avion avait amorcé sa manœuvre d'atterrissage un dixième de seconde plus tard, le drame aurait été évité. » Comment pouvait-il oser, alors que les communications radio n'avaient pas été rassemblées, et que même les enquêteurs avouaient ne rien pouvoir avancer !

Enfin, vu ce qui restait, il y avait bien peu d'espoir qu'un jour les vivants soient en mesure de faire la lumière. Bertoli et D'Souza étaient bien placés pour savoir que le mystère du Malabar Princess n'avait jamais été vraiment élucidé. « L'enquête n'a pu, en raison du manque de certains éléments, faire la lumière sur la totalité des questions soulevées par cet accident. »

De toute façon, désormais disparus au pays des absents dans un des plus grands spectacles de la nature, les cent dix-sept passagers d'un aéronef au long cours se fichaient pas mal des soucis d'hélicoptère, de météo, d'enquête, de frontière.

Deux enquêtes avaient été ouvertes. L'une judiciaire, dirigée dans le massif par le lieutenant Mollaret, l'autre technique, sous l'autorité de l'ingénieur général Bonte. Le même jour pourtant, les recherches indispensables à leur bon déroulement étaient officiellement suspendues jusqu'au printemps.

Ils étaient nombreux, un peu partout dans le monde, à attendre avec impatience la venue de ce printemps français. Le printemps 1966.

En attendant la belle saison, la zone de l'accident, c'est-à-dire l'arête du Rocher de la Tournette, fut interdite d'accès. Et dès que le temps permit aux guides de reprendre leurs activités avec leurs clients, on les laissa partir ; mais leurs sacs étaient fouillés à leur retour.

*
**

De nombreuses voitures quittèrent les hôtels pour prendre la route, ce soir du 26 janvier 1966. Elles emportaient loin de Chamonix les vies brisées, le chagrin des familles, les interrogations des enquêteurs, la déception des journalistes, et d'autres pensées bien secrètes…

Sur le chemin des Pècles, l'attention du vieil Emile

fut attirée par une grosse auto noire immatriculée en Suisse. Lorsqu'elle passa dans la lumière d'un réverbère, il eut tout juste le temps d'apercevoir une tête magnifiquement enturbannée, l'éclat d'une pierre précieuse au creux d'une narine, et deux yeux d'ébènes qui pleuraient. Ce fut vraiment furtif, un instant seulement, une seconde à peine, puis il ne vit plus que les phares arrière de l'automobile. Deux lumières rouges dans la nuit. Munkund Shah et son beau-frère repartaient vers leur hôtel de Genève.

⁂

A force de rester sur son banc, le vieil Emile avait fini par attraper un rhume. Il se sentait mal en arrivant chez lui. Il se mit immédiatement au lit et se fit dorloter par sa grande petite-fille. Sur la table de chevet s'étaient entassés quelques journaux. Il demanda une paire de ciseaux et se mit à découper les articles concernant l'accident.

« Tu vas voir, ma belle, quelque chose me dit qu'on ne va pas en entendre parler longtemps, de cette affaire. Autant, la dernière fois, ils avaient mis le paquet malgré le mauvais temps pour y monter à pied, autant cette fois, malgré les hélicoptères, on abdique au premier nuage. Enfin, ils ont sans doute leurs raisons. J'en connais qui sont bien déçus, c'est les journalistes ! Ils sont tous repartis, paraît-il. Bon débarras ! Bon, allez bonne nuit, ma petite, fais de beaux rêves. »

24

Lorsque la neige aura fondu

« A l'Orient, le ciel prenait la couleur de la cendre. Ce n'était pas encore le jour, mais une timide usure dans le tissu de la nuit. »

Henri TROYAT
La neige en deuil.

Jeudi 27 janvier 1966, dans une chambre luxueuse de l'hôtel Richemond, à Genève.

Munkund n'avait pas fermé l'œil de la nuit. Elle avait regardé tomber la neige, puis elle avait lu en anglais quelques pages d'un livre sur l'histoire de la conquête du mont Blanc. Elle avait trouvé cinq ou six volumes sur le sujet dans un salon de l'hôtel... Les croyances d'antan qui peuplaient la montagne d'esprits maléfiques, le premier bivouac sur les glacières, la récompense promise par l'intrépide De Saussure au premier qui découvrirait l'itinéraire pour vaincre le géant blanc, la victoire du docteur Paccard et du guide Jacques Balmat, les incroyables listes du matériel monté là-haut, les honneurs après la victoire, mais surtout l'étrange mort de Balmat, « génie des glaciers », disparu quelque part au fond d'une crevasse à soixante-douze ans, alors qu'il cherchait de l'or.

Au petit matin, après une lecture avide de ces aventures, Munkund s'installa devant le bureau de la chambre : sur le papier à lettres bleu à l'effigie de l'hôtel, elle voulait coucher quelques mots à l'attention du maire de Chamonix, ce si joli village qu'elle avait découvert la veille. Maintenant qu'elle l'avait vue, cette montagne, elle pouvait comprendre, et elle voulait le dire.

« *Dear Sir... C'est à la fois très satisfaisant et surtout rassurant de savoir qu'il y a des gens comme vous et vos citoyens qui tentent d'aider, au risque de leur vie, les malheureuses victimes du Boeing d'Air India. Le grand service exceptionnel que vous tous rendez à la cause de l'humanité nécessite une reconnaissance que les mots ont du mal à donner (...) La tragédie a coûté la vie à mon plus jeune frère, H. G. Shah qui n'avait que vingt-trois ans. Il partait aux USA faire ses études de chimie à la New Mexico State University. Ce fut très dur. Nous sommes arrivés de Bombay hier pour visiter Chamonix. Nous avons vu les sommets habillés de neige et couverts de brouillard. Nous sommes désormais convaincus qu'il n'est guère possible de continuer les opérations de sauvetage. Et malgré tout, vous allez faire votre possible.*

On nous a dit qu'au printemps, lorsque la neige aura fondu, les recherches et les secours seraient plus faciles. C'est difficile à dire, mais qui ne voudrait pas voir un corps, ou quelque chose, même un tout petit rien anodin qui ait appartenu à un parent? Je garde tout espoir qu'un jour soit trouvé quelque chose ayant un rapport avec mon jeune frère décédé. Je vous laisse une liste complète des choses que mon frère transportait avec lui (...) Thank you, sir. Yours faithfully »,

Munkund G. Shah

Pour Munkund comme tous les autres, la vie devait pourtant continuer. Sans doute s'envolèrent-ils le jour même pour faire le chemin à l'envers. Passèrent-ils au-dessus du mont Blanc ? L'avion prit-il soin de faire un détour afin de leur épargner la vue de l'épave ?

*
**

Les signaux « attachez vos ceintures » et « interdiction de fumer » s'éteignirent. Munkund et son beau-frère échangèrent leur premier sourire depuis la terrible nouvelle lorsqu'un homme à l'allure étrange emprunta l'allée. Il avait les cheveux teints, longs jusqu'au milieu du dos, les yeux maquillés, et portait de lourds bijoux autour du cou. « Un hippie ! » commenta pour son voisin un homme d'affaire suisse installé non loin.

*
**

Quelles nouvelles aujourd'hui ? Du fond de son lit, le vieil Emile pria sa petite-fille d'allumer la radio, mais il fronça aussitôt les sourcils. Les Rolling Stones n'étaient pas à son goût ; Johnny Hallyday passe encore mais ceux-là, c'était trop. Aux nouvelles, on parlait de la guerre du Viêt-nam, des deux journalistes de l'ORTF libérés par les vietcongs après vingt-sept heures de détention, du lancement vers la lune de la sonde russe Luna IX, des inondations un peu partout dans le centre de la France. On annonçait sans plus de commentaires l'interruption des recherches sur le crash d'Air India jusqu'au printemps. On en profitait pour faire un rapide rappel de la carrière du professeur Bhabha, « personnalité marquante du monde de l'énergie nucléaire, physicien apprécié des hommes de science de tous les pays... » Puis il y eut une émission de mode sur la « montée de la minijupe ».

Quelqu'un vint déposer les journaux chez l'Emile. Le *Monde* de la veille au soir et Le *Dauphiné* du matin. Rien sur le Boeing. Pas une ligne dans le *Dauphiné*. Encore un topo sur Bhabha dans Le *Monde : « Homi Bhabha avait toujours évité de se prononcer publiquement sur l'opportunité qu'il y aurait pour son pays à s'engager sur la voie des réalisations militaires, mais il a défini et réalisé un programme comportant notamment l'achat de réacteurs canadiens et la construction d'une unité pour l'extraction du plutonium qui n'exclut pas une telle opération. Sa disparition ne manquera sans doute pas de perturber très sensiblement l'organisation du programme nucléaire indien. De l'avis unanime, c'est sur lui que reposaient tous les travaux concernant l'énergie nucléaire en Inde* ». C'était tout.

Il allait falloir attendre le 29 janvier pour lire à nouveau quelques lignes sur la catastrophe. Les restes humains redescendus le premier jour par le lieutenant Mollaret avaient enfin pu être identifiés grâce à l'alliance trouvée sur la main, ainsi qu'à une prise d'empreintes, et à la présence de lambeaux d'un joli mouchoir brodé. Ironie du sort, il ne s'agissait pas d'un passager quelconque mais de Giovanni Bertoli. Ainsi le seul corps retrouvé, sur cent dix-sept, était celui du directeur d'Air India.

Le vieil Emile ne put s'empêcher de se dire que le hasard était bien troublant.

Autre entrefilet concernant le crash, une information venant d'Italie, une bénédiction pour le repos de l'âme des malheureux voyageurs : « *Sur l'initiative de l'aéro-club du val d'Aoste, pouvait-on lire, le chanoine Jean Domaine, appartenant au chapitre de la collégiale Saint-Ours d'Aoste, a bien voulu prendre place à bord d'un Piper, direction le mont Blanc. Parvenu au-dessus de l'endroit où s'est écrasé le Boeing indien, sur le versant valdotain, le chanoine Domaine a donné sa bénédiction aux malheureux passagers gisant maintenant sous une épaisse couche de neige, tandis que le pilote lançait une couronne portant un crucifix en bois.* » Bien belle image.

Le 29 janvier, dans les articles concernant la reprise de la conférence des « dix-huit » sur le désarmement, on apprenait qu'une minute de silence avait été respectée à la mémoire du Premier ministre indien Lal Bahadur Shastri et du professeur Bhabha, « ce dernier décédé tragiquement dans l'accident du Boeing d'Air India ». Par ailleurs, Le *Monde* signalait le premier succès de cette conférence : « *L'Inde a pratiquement renoncé à se doter des moyens que son développement scientifique et technologique lui permettrait de convoiter à bref délai.* »

25

Entre la grève et le scoop

Les sixties ? « Tout le monde est moche en ces années-là, il faut bien que la justice sociale commence quelque part, et même les nymphettes de la nouvelle vague, coiffées en chou, nous font, avec le recul, l'effet de rombières. »

François-Olivier ROUSSEAU
Les Années 60.

Au fil des jours qui suivirent, le vieil Emile continua d'éplucher les journaux. Au Viêt-nam, les Américains reprenaient leurs bombardements. La sonde russe Luna IX avait aluni en douceur. A Feyzin, la raffinerie avait explosé. En Espagne, on ne trouvait ni le B52 disparu, ni la bombe H qu'il transportait, alors que deux mille soldats américains étaient sur place pour les recherches. Pendant ce temps, le « Swinging London » s'enivrait d'idées folles et de musique. On venait d'inventer le procédé SECAM, et Air France se vantait de l'utiliser déjà pour « amener le cinéma » dans les avions long-courriers. Dans les « Prisu » des grandes villes les 45 T se vendaient comme des petits pains. Sur fond de rock'n roll, Johnny avait épousé Sylvie, les samedis soir étaient enfiévrés, les filles se sentaient plus légères et les mœurs, ostensiblement, se libéraient. De Frisco débarquaient les hippies et leurs douces fumées... Ça partait dans tous les sens. On vivait une époque formidable. Avec tout ça, on n'avait pas le temps de s'ennuyer.

Et même la « noble » Chamonix, remplie pendant les vacances et les week-ends de « sales bourgeois capitalistes », n'échappait pas aux modes. A Cham, il y avait une autre jeunesse. Encore plus insousciante. C'était la grande époque du Choucas, du bar de l'hôtel de Paris et du Bivouac, la boîte. C'était le temps heureux du mythe du moniteur, beau, musclé, bronzé et « talentueux » qui faisait se pâmer les jeunes étudiantes vraiment chics et faussement blondes. Enfin, d'un côté comme de l'autre, on savait s'amuser, se séduire et se plaire.

⁂

Depuis quelques années, depuis qu'une nouvelle génération s'était épanouie sans la guerre, on nageait dans l'euphorie. Tout allait vite, tout bougeait. Il y avait de l'audace. Dans les allures beaucoup moins que dans les idées. Sous les pavés des grandes cités germait l'envie d'une révolution. Mais on ne le savait pas encore.

Ce à quoi on se préparait, en revanche, c'était les Jeux olympiques d'hiver de Grenoble. Le monde entier allait avoir les yeux tournés vers ce qui n'était encore qu'une toute petite ville de province cachée par les montagnes. Les Alpes étaient en pleine effervescence, la région en pleins travaux.

En vue des Jeux, l'ORTF, installé rue Hauquelin à Grenoble, montait une importante station relais dans le quartier des Sablons, à la périphérie de la ville. A sa tête, la direction générale avait nommé l'un de ses meilleurs journalistes, Philippe Réal. Ce dernier s'était fait remarquer pour sa « couverture » de nombreux conflits dans le monde, et la réalisation, caméra au poing, de plusieurs reportages qui avaient fait les grandes heures de *Cinq colonnes à la une.*

La station de Grenoble était chargée d'assurer la correspondance des événements se déroulant en Savoie, en Haute-Savoie et en Isère, mais mis à part la préparation de ces Jeux, il ne se passait d'ordinaire rien qui fît palpiter l'âme de l'intrépide reporter Réal, devenu directeur régional.

Ces dernières semaines, la station avait eu à couvrir l'affaire du crash indien. On s'était un peu excité. Surtout deux jours après l'accident lorsqu'un coup de fil en provenance d'un correspondant de Genève avait fait croire au scoop. « Il y aurait eu collision. Ça n'était pas un accident banal comme on le présumait, mais une collision ! Avec un avion militaire italien ! Ce dernier participait à des manœuvres se déroulant sur le secteur du mont Blanc et il aurait disparu au même moment que le Boeing. » Le journaliste tenait son information d'un contrôleur aérien. La nouvelle était de taille, et demandait quelques confirmations... De nombreux coups de fil avaient été échangés avec la préfecture. La réponse avait été claire et ferme : rien, absolument rien ne permettait d'avancer, pire, de croire une telle chose. De toute façon, une commission d'enquête était chargée d'examiner les causes de l'accident. Il fallait donc attendre ses résultats et surtout ne pas colporter n'importe quoi.

Sage, la rédaction avait pris la décision d'en rester là. L'énergie était vite retombée. On attendrait que la commission d'enquête reprenne ses travaux, ou l'on attendrait la fonte des neiges. Le printemps finirait bien par arriver. Et puis, en vérité, à la rédaction, on avait d'autres préoccupations, puisque des conflits internes devaient bientôt aboutir à une importante grève.

Une grève qui visait à un réajustement des salaires et qui venait d'être votée par trois importants syndicats de journalistes de l'ORTF. C'est à peine si les journalistes qui avaient suivi l'affaire du Boeing firent des commentaires sur l'article du *Dauphiné* relatant une « nouvelle reconnaissance » des gendarmes du PSHM sur les lieux de la catastrophe.

*
**

Deux Alouettes III de la Gendarmerie nationale étaient présentes à Chamonix car plusieurs pilotes passaient leur examen de contrôle pour le vol en haute montagne. Puisque la météo le permettait, ces hélicoptères avaient été chargés de déposer le lieutenant Mollaret, le commissaire Guillevic et six gendarmes du PSHM sur l'une et l'autre des Bosses du mont Blanc. Les recherches parmi les débris, toujours axées sur le fameux enregistreur de vol, avaient été extrêmement délicates à cause des nombreuses plaques à vent. En aucun cas, il n'avait été envisageable d'aller explorer le versant italien. Or, c'était probablement de ce côté que se trouvait le mouchard puisque l'arrière de l'avion y avait basculé. A plusieurs reprises, on avait pu lire dans la presse que, contrairement à ceux des avions français, de forme parallélépipédique et cachés dans la queue des appareils, les mouchards d'Air India étaient nichés dans l'habitacle du train d'atterrissage et avaient une forme sphérique... Carrée ou ronde, dans l'empennage ou dans la roue, la boîte noire avait bel et bien disparu et c'était fort fâcheux. Une roue, pourtant, il en restait une, ainsi qu'un gros morceau de l'empennage.

Les gendarmes, déçus, ne revinrent pas bredouilles pour autant. Ils rapportèrent des centaines de lettres et quelques colis postaux dont un petit sac faisant office de « valise diplomatique », marqué du sigle du ministère des Affaires étrangères de New Dehli. Des chèques également, des billets de banque divers, de la menue monnaie, des photos, des appareils photo — dont un Nikon presque intact —, quelques vêtements dont un sari, et des bijoux. Des bijoux qui furent déclarés sans valeur. Après inspection, on découvrit dans une grosse enveloppe un manuscrit rédigé en anglais. Une thèse ? un scénario ? les documents de Bhabha ? Le tout serait mis sous scellés en attendant les expertises. Avant de regagner les hélicoptères, ils déposèrent une gerbe de fleurs à la mémoire des disparus et marquèrent une minute de silence.

A son retour, le commissaire Guillevic fit la déclaration suivante : « Cette reconnaissance a confirmé les observations faites le lundi 24 janvier par les premiers secouristes malgré le vent extrêmement violent et le froid. Mais elle n'a pratiquement pas fait avancer l'enquête. Elle n'a pas permis de préciser dans quel secteur peut se trouver l'enregistreur de vol qui nous intéresse tout particulièrement. »

Il précisa ensuite qu'au cours de leur survol, ils avaient pu constater qu'il y avait, sur le versant italien, éparpillée sur le glacier du mont Blanc entre l'arête et le refuge Quintino Sella, une masse tout aussi importante de débris. D'autre part, ils avaient repéré trois corps « relativement intacts ». Mais il continua en expliquant que le secteur était beaucoup trop exposé aux avalanches et que rien, ni les débris ni les corps ne serait accessible avant le printemps, c'est-à-dire avant quatre mois. D'ici là beaucoup d'eau de fonte serait passée sous les ponts.

Après un passage chez le receveur des Postes à Chamonix, les lettres retrouvées sur le site allaient repartir pour un nouveau voyage, empreintes du cachet « *Correspondance récupérée, accident d'avion Air India 24.1.66* », avec au dos de l'enveloppe, le cachet normal de Chamonix, à la date du jour. Bonheur des philatélistes qui, partout à travers le monde, s'arrachaient déjà à prix fort la correspondance échappée du Malabar. Plus de 2000 francs pour une enveloppe !

La presse ne s'étala pas sur le sujet. Il faut dire qu'un Boeing 727 de la compagnie All Nippon Airways s'était abîmé dans la baie de Tokyo avec cent trente-trois passagers à bord, malchanceux touristes de retour de l'île d'Hokkaidô où ils avaient assisté au Festival de la neige. « Le plus grave accident qu'ait connu l'Aviation civile », soulignèrent les journaux. Seize victimes de plus que dans l'accident du mont Blanc. Sinistre record ! Avec sa parution hebdomadaire, *Paris-Match* n'avait pas eu le temps de traiter la tragédie japonaise, aussi est-ce enfin le reportage sur le Kangchenjunga qui parut le 5 février. Bien sûr, la zone des Rochers de la Tournette étant toujours interdite d'accès, les reporters avaient dû se contenter d'acheter la photo aérienne faite au premier matin des recherches, sorte de document officiel, mais qui montrait bien combien le choc avait dû être violent. Les reporters de *Paris-Match* avaient par ailleurs réalisé quelques photos d'ambiance autour des sauveteurs. Sous l'une d'elle, la légende : « Le guide Payot enveloppé dans un sari au sommet du mont Blanc ». L'article mettait clairement en cause les capacités du pilote si bien que, la semaine suivante, un droit de réponse signé de monsieur S. Almeida, directeur des relations extérieures d'Air India, paraissait dans *Match*.

Après une assez longue retranscription des communications de l'appareil avec la tour de Genève-Cointrin, M. S. Almeida en venait enfin aux faits : « *A aucun moment le capitaine n'a parlé de sa vitesse ou de changer de fréquence, il n'a pas non plus désobéi aux instructions données et surtout, il n'a pas* “ *foncé en aveugle* ” *dans les nuages, comme vous le dites.* »

Plus que l'honneur perdu du commandant D'Souza, il était important de défendre, autant que faire se pouvait, l'image de la compagnie. Sans parler d'accusations, il est vrai qu'il y avait de part et d'autre une fâcheuse tendance à laisser circuler des propos faciles sur la compétence du pilote. Or, chacun sait que dans le doute... D'autant que cette conclusion arrangeait tout le monde. « La mort de quelqu'un présumé coupable éteint l'action publique » disent les juristes.

Ce droit de réponse marqua pour un temps la fin des parutions au sujet du Boeing d'Air India. Il ne lui restait plus qu'à sombrer dans l'oubli. Peut-être était-ce ce que l'on espérait. Jusqu'au jour où...

allemands de l'époque) avec la tour de Genève-Cointrin [illegible] Aline [illegible] en vol [illegible] [illegible] [illegible] [illegible] [illegible] [illegible] dans les autres, comme nous le dîmes.

26

Sport et collision

C'était un peu avant le 17 février 1966. La vie de la rédaction régionale de l'ORTF de Grenoble suivait son cours. Sans en parler et sans aucune intention de réaliser un quelconque reportage, Philippe Réal continuait de s'intéresser personnellement à l'affaire du Boeing d'Air India. Plusieurs éléments lui paraissaient troublants et auraient pu soutenir l'hypothèse de la collision. Membre de l'AJPA, Association des journalistes professionnels de l'aéronautique, il avait pris contact à Paris avec quelques-uns de ses collègues spécialisés et avait appris que « des manœuvres de l'OTAN où étaient engagés Français, Italiens et Américains, s'étaient déroulées dans le secteur du mont Blanc au moment du crash... » Première chose. Deuxième élément : la preuve apportée par l'Aviation civile elle-même, de la très grande sûreté dans le guidage et les informations de navigation aérienne de l'aéroport. Troisième donnée : la confirmation de la très grande expérience et de la parfaite maîtrise du commandant de bord d'Air India. Quatrième point enfin : le souvenir de l'accident du capitaine Ziegler qui, dans le même secteur et en flagrante violation des couloirs aériens, avait arraché, quatre ans plus tôt, les câbles du téléphérique de la Vallée Blanche, causant plusieurs morts.

Evidemment, cela ne suffisait pas à avancer quoi que ce soit, mais quand même...

Là-dessus retentit la sonnerie du téléphone. René Desmaison en ligne de Courmayeur. Le célèbre alpiniste voulait justement savoir si son copain journaliste (ils avaient déjà travaillé ensemble, en montagne), était au courant de la rumeur de collision entre l'avion d'Air India et un avion militaire italien ! Desmaison expliqua rapidement à Réal qu'en Italie, à Courmayeur, certaines « sources » semblaient vraiment sûres d'elles pour avancer cette hypothèse. « Elles » seraient même montées un peu sur le glacier du mont Blanc et auraient trouvé des débris qui n'appartenaient vraisemblablement pas à un Boeing...

« Qu'est-ce que tu dirais d'aller faire un tour là-haut avec une équipe et une caméra ? On se fait un scoop !

— Heu, je dois en parler à ma direction...

— Bouges pas, j'arrive ! »

Quelques heures plus tard, René Desmaison était à Grenoble, dans le bureau de Philippe Réal. La porte soigneusement fermée, les deux hommes étudièrent la possibilité de « monter là-haut ».

Le plus évident aurait été d'emprunter la voie normale, mais c'était impossible à cause des « scellés moraux » imposés par la gendarmerie sur ordre du préfet autour de la zone de l'accident. Ils seraient vite repérés. En revanche, rien n'interdisait d'y aller par le versant italien, si ce n'était bien sûr les difficultés techniques et les énormes dangers d'avalanche.

« Passe-moi une carte du massif. Voilà, regarde. Bien sûr, il faut un hélico... »

René Desmaison expliqua qu'ils devaient se faire déposer au col Infranchissable, à la limite du territoire italien, au-dessus du glacier de Miage, ceci afin qu'il n'y ait pas violation de frontière. Ensuite ils pourraient descendre relativement aisément jusqu'au confluent du glacier de Miage et du glacier du mont Blanc où devaient se trouver déjà pas mal de « choses ». Selon sa théorie, la plus grande partie de la carlingue se trouvait entre 3300 et 4200 mètres d'altitude, sur le glacier du mont Blanc.

De là, il leur faudrait remonter le plus haut possible, mais c'était une autre histoire. « Inutile de continuer les explications si l'on n'a pas la certitude, au plus vite, d'avoir un hélico. »

Philippe Réal voulut parler de l'affaire à Paris et contacta le responsable de la coordination de tous les services de province, Pierre Delgado. Celui-ci émit de très nombreuses réticences. « Délicat, comme opération. Très délicate, votre idée ! Et coûteuse avec ça ! » Excessivement coûteuse car il fallait payer les guides, dont le célèbre René Desmaison, louer un hélicoptère pour une durée indéterminée, monopoliser le meilleur matériel. Sans compter que c'était risqué. Trop risqué peut-être. « Bon, réfléchissons. Mais discrètement ! »

Réal et Desmaison se mirent à travailler sur le projet. Afin que leur dossier « passe » mieux, ils avaient mis l'accent sur l'exploit sportif et technique, plus que sur l'investigation dont personne ne pouvait savoir si elle allait donner un résultat intéressant.

Exploit sportif d'abord, parce que cette face de l'Envers du mont Blanc avait justement été déclarée inaccessible en cette période hivernale, tant par les guides des compagnies de Chamonix et de Courmayeur, que par les spécialistes du PSHM. Avec l'épaisseur de la couche de neige et le temps pourri de cet hiver-là, avec de surcroît une équipe de télévision et du matériel lourd, c'était une audacieuse gageure que d'en réaliser l'ascension. Desmaison était sûr de lui. Les techniciens de la télé devraient être consentants et prêts à tout, mais le guide garantissait de les « monter là-haut ». Prouesse technique ensuite, puisqu'il allait s'agir d'une première en matière de radiocommunication. Aucun direct radio n'avait jamais été réalisé d'une telle altitude (quasiment celle du mont Blanc) et dans de telles conditions.

***

Après une étude très précise du relief avec l'ingénieur du son Jean Pontanier, et sachant qu'il fallait trouver un emplacement pour une autre équipe relais qui, elle, serait en liaison avec Paris, un plan des opérations fut mis au point.

C'est la station de La Plagne qui fût choisie pour installer le relais. La Plagne est en effet le seul endroit en vue directe de l'Envers du mont Blanc. Le refuge Quintino Sella, le seul visible de La Plagne, serait le camp de base de l'équipe d'altitude. Autant dire un nid d'aigle accroché sur un éperon. En été, du val Vény, en Italie, il faut déjà sept ou huit heures pour y accéder, dont plusieurs longueurs de véritable escalade... En hiver, un autre itinéraire est possible, en remontant le couloir qui fait face au refuge Gonella, mais celui-ci est long, raide et très exposé aux avalanches. Qu'importe, c'est au refuge Quintino Sella qu'il fallait installer la base de l'équipe technique d'altitude, et nulle part ailleurs.

Cela étant, il fallait être sûr d'avoir un excellent matériel. Pour les caméras, pas d'angoisse : on savait par expérience que les deux Bell Howell qu'on monterait là-haut résisteraient au froid. On savait également comment protéger la pellicule du gel. Le plus gros soucis, c'était le matériel du son. Il fallait qu'il résiste aux très basses températures et qu'il soit très puissant, l'intérêt de l'opération consistant à intervenir en direct de là-haut, soit de la zone explorée vers les Rochers de la Tournette, soit du refuge Quintino Sella. Il fallait que les auditeurs puissent entendre sur le vif les témoignages des grimpeurs, avec leur souffle, le bruit du vent, les sifflements sur les morceaux de tôles qu'ils comptaient bien récupérer.

Philippe Réal obtint que Paris fasse venir de Suède de très puissants talkies-walkies, introuvables en France en lesquels il fallait qu'ils aient une confiance aveugle car il n'était pas question de les tester en situation. « On imaginait bien qu'on allait être limite, limite, dira plus tard Philippe Réal, mais on y croyait. Ça devait marcher, il le fallait. »

Autre problème : puisque l'opération devait rester secrète jusqu'à la première diffusion, comment l'équipe de La Plagne allait-elle pouvoir s'installer dans la station de sports d'hiver sans se faire remarquer ? D'autant que d'après les cartes, pour assurer une liaison optimale, Philippe Réal devait trouver le moyen de faire arrêter un télésiège en cours de route. Problème épineux qui suscita un peu plus tard une idée géniale. Guy Lux ! Mais oui, Guy Lux !

Il se trouve que celui-ci devait venir à La Plagne pour un de ses fameux *Interneige*, dont c'était la grande époque. En 1966, une telle émission demandait des moyens colossaux et huit jours d'essais pour les transmissions hertziennes. « Parfait ! se dit Réal, il y aura des antennes partout, une de plus, une de moins, les gens n'y verront que du feu, sauf peut-être Guy Lux et les techniciens de son équipe, mais il serait toujours temps de les mettre au courant sur place. »

L'idée était d'autant meilleure que les équipes d'*Interneige*, comme celles de l' « opération spéciale », devraient attendre les mêmes conditions météo pour démarrer leur travail.

Sûrs d'eux, Philippe Réal et Desmaison s'en allèrent à Paris. En vérité, ce fut encore bien long dans le bureau des responsables de l'ORTF, mais finalement ils eurent le feu vert. Il semble que leur discours avait été convaincant, car l'aspect « défi technique et sportif » avait pris le dessus sur le véritable objectif de l'opération : prouver qu'il s'agissait bien d'une collision, c'est-à-dire rapporter des pièces qui auraient appartenu à l' « autre » aéronef.

Ils pouvaient donc y aller, à la condition cependant que l'opération se prépare dans la plus grande discrétion. Paris accepta de louer un hélicoptère pour cinq ou six jours.

Il fallait rapidement former les équipes. Desmaison fit appel à son ami Emile Troksiar, dit « Zatopek ». Zato, qui était du style « toujours prêt », accepta sans sourciller de se joindre à l'aventure. Il est vrai qu'elle était excitante sur bien des plans. Outre le défi sportif, elle avait ce goût du secret et de l'interdit qui n'était pas fait pour lui déplaire. Elle était de surcroît très bien payée. Ce qui n'était pas négligeable. Restait à trouver parmi les meilleurs techniciens de la rédaction de Grenoble, d'excellents alpinistes. En effet, Réal tenait absolument à ce que cette opération « exceptionnelle » serve à l'image de marque de « sa » station. Convoqués un à un derrière une porte toujours soigneusement fermée, Alain Frank, journaliste, Philippe Biessy, caméraman et Jean Pontanier, technicien-son donnèrent la même réponse : « Formidable, pas de problème. » Avant de sortir, ils durent promettre de garder un silence total sur les préparatifs du départ. La version officielle, si on leur posait la moindre question, serait que Desmaison avait encore une envie de challenge sportif en montagne. Sans plus de détails. Il était en revanche absolument interdit d'évoquer la présence d'un hélicoptère. Motus.

Dans la plus grande excitation, dissimulée par la plus parfaite des discrétions, les trois hommes se mirent à préparer leur matériel sous la double autorité de Réal et Desmaison. De son côté, Philippe Réal continuait, l'air de rien, de glaner des renseignements ici et là. C'est ainsi qu'il eut le guide Gérard Devouassoux au téléphone. Celui-ci lui affirma qu'il serait impossible de retrouver quoi que ce soit, les débris étant recouverts par une neige abondante. Au même moment, le 17 février, il lut, dans le journal allemand *Die Frankfurter Allgemeine,* un article de deux colonnes évoquant une « éventuelle » collision, et estimant qu'un « voile » de secret avait été jeté par les autorités compétentes sur la possible responsabilité d'un avion militaire italien.

« *Pourquoi les autorités officielles n'ont-elles pas annoncé qu'en même temps que le Boeing 707, un avion de combat italien avait lui aussi disparu dans la même région ? Qui a intérêt à dissimuler une telle évidence ?* », se demandait le journal qui ajoutait :

« *apparemment, il y a une solidarité entre les compagnies aériennes pour ne pas mentionner que le désastre peut avoir été causé par une collision avec un avion militaire italien.* »

Par ailleurs, *Die Frankfurter Allgemeine* affirmait que des sacs postaux du Boeing d'Air India avaient été récupérés dans la vallée d'Aoste, près de l'endroit où l'avion italien serait également tombé.

Ces déclarations, reprises timidement dans différents titres français, firent immédiatement l'objet de démentis. De la part des responsables des aéroports de Turin, Milan et Genève, de la part du juge d'instruction du tribunal de Bonneville.

Dès lors, il n'y eut plus une ligne à ce sujet dans la presse. Silence radio.

Pendant ce temps, à Grenoble, l'expédition Chabert réglait les derniers petits détails

27

. . . .

Opération Chabert

Nom de code : Chabert. Choisi par Philippe Réal. « Chabert, expliqua-t-il lui-même à ses supérieurs, dans la région de Grenoble, c'est un animal bizarre, un personnage excentrique ou un simple d'esprit. Un truc invraisemblable. » Invraisemblable, comme l'était leur mission.

Tout était prêt. L'hélicoptère loué à Paris était arrivé, non pas à Grenoble, mais quelque part dans la vallée d'Albertville, toujours par souci de discrétion. Il avait descendu ce qui se faisait de mieux en matière d'émetteurs-récepteurs, les premiers Storno. Les sacs étaient bouclés, chargés de matériel himalayen et de vivres pour cinq personnes pendant quinze jours. Réal regardait tout cela avec angoisse. L'opération Chabert pouvait se déclencher. Enfin, si le temps voulait bien le permettre, car sur toute la région, la météo était pourrie. Impossible de s'engager vers le massif. Il fallait prendre son mal en patience et espérer une éclaircie. En attendant, il pleuvait des cordes et chacun des membres du « commando » savait que là-haut, doucement, les gros flocons qui s'agglutinaient leur préparaient un sacré enfer. Le pilote, surtout, était inquiet. Bien qu'habitué à travailler pour des équipes de l'ORTF — notamment sur le tour de France —, il pressentait que la mission, cette fois, allait être « très spéciale ». Il n'était déjà pas un « pro » des vols en montagne, mais en plus, on lui laissait entendre que la dépose risquait d'être délicate. Si le temps le permettait, il était également question de pousser du col Infranchissable... jusqu'au refuge, directement. C'est-à-dire en Italie. C'est-à-dire qu'il y aurait violation des couloirs aériens puisque aucune autorisation ne devait être demandée. « Hum... » Le pilote dit qu'il y réfléchirait. Sans doute eut-il soudain de bonnes raisons pour accepter. A une condition cependant : que le col Infranchissable, côté français, reste le lieu de dépose officiel. Il fit promettre à chacun de ne rien dire à personne. Surtout pas d'histoires. De toute façon, on n'en était pas encore là. C'était toujours le déluge, des pluies incessantes sous un plafond gris et bas. Une nuit, deux nuits passées dans un petit hôtel des environs d'Albertville, de longues heures d'attente assis aux tables du bistrot du coin, les conversations autour de la pluie et du beau temps et la consigne de ne parler de rien plutôt que de tout. C'eût été trop bête de se faire repérer avant le grand départ. Quant à l'hélico, il était en lieu sûr, caché quelque part dans le hangar d'un fermier, bien « arrosé » pour son silence. Mais en 1966, un hélicoptère, même à sa place dans le ciel, ça ne passait pas inaperçu, et les gendarmes du coin savaient déjà qu'un appareil s'était posé dans la vallée. Cela avait bien sûr excité leur curiosité et, dans leur fourgon bleu, ils parcouraient les routes de campagne à la recherche de l'intriguant objet volant. « Vous n'auriez pas vu un hélicoptère, par hasard ? Ah bon ! Où ? Dans quelle direction volait-il ? Dites, un hélicoptère n'aurait pas atterri dans votre champ, par hasard ? » Leurs questions devenaient même inquiétantes pour les habitants. De folklorique, la situation pouvait tourner à tout moment à la catastrophe. Ils ne furent pourtant pas découverts.

*
**

Et puis, le mardi 22 février, la trouée tant attendue se produisit. On ne perdit pas une seconde. La première rotation emporta Desmaison, Troksiar, et un technicien de l'ORTF.

« Alors, on s'arrête où ? Au col de l'Infranchissable ?

— Non, les conditions sont bonnes jusqu'en Italie, profitons-en, allez, c'est parti, direction Quintino Sella. » L'Italie...

Ce fut un vol magnifique qu'ils apprécièrent d'autant plus qu'on sentait que l'éclaircie allait être éphémère. Vu du ciel, le refuge, en vérité une minuscule cabane en bois, était presque invisible dans le décor grandiose qui l'entourait, en plein cœur du massif, surplombant d'un côté le glacier du Dôme, de l'autre celui du mont Blanc qui se « précipitent » en pentes raides vers le très long et très large glacier de Miage. Le bout du monde. Un magnifique chaos blanc dans la lumière douce de cette accalmie. Un véritable enfer, pourtant. La zone la plus sauvage du massif, bien loin des téléphériques et des voies classiques, l'isolement véritable de la haute montagne, l'« Himalaya du pauvre », comme l'a baptisée depuis l'alpiniste Patrick Gabarrou.

« Dis donc, René, on va faire comment pour redescendre, si le mauvais temps s'installe ? » hurla Troksiar. Ce qui était sûr, c'est que ça allait être dur. Très dur. Mais en fait, avec le vacarme de l'appareil, René n'entendit pas la question. Le pilote cherchait où se placer pour larguer ses passagers. Desmaison se prépara à sauter dans la profonde. Il sauta. Tout alla très vite. Troksiar balança les sacs à Desmaison et sauta à son tour, suivi par le technicien. L'hélico repartit.

En quelques secondes, les trois hommes et leurs sacs n'étaient plus que deux points minuscules bientôt hors de vue du pilote qui regagnait Albertville. Il récupéra le reste de l'équipe et le matériel. Tout se passa comme prévu. Il largua les hommes. Les techniciens de l'ORTF n'eurent pas le temps de réaliser dans quelle aventure ils venaient de plonger. Ils étaient au contraire excités comme des mercenaires.

Les cinq hommes s'installèrent dans leur palace. Mais qui donc avait bien pu avoir l'idée saugrenue de construire ici un refuge ? Et surtout, comment avait-on transporté le matériel ? A dos d'homme ? Mais par quelle voie ? Et dire que l'exploit datait du tout début du siècle ! « Rien que sa “ rénovation ”, dans les années cinquante, avait été épique. » Desmaison raconta la triste histoire d'un guide italien qui avait passé son été à monter chaque jour des charges de près de soixante kilos. Le bougre ne s'était pas rendu compte qu'il poussait son corps à bout, et à l'automne, alors que le portage venait de s'achever, il s'était éteint.

Les premières émotions passées, il fallait s'activer. « Bien, qu'on s'organise à présent ! Ici, le bois ! Là, les vivres ! Dans ce coin, le matériel radio et la caméra qui restera au refuge. Tout ça, c'est ce qui monte. Faites gaffe ! la porte ne ferme pas, ni la fenêtre d'ailleurs, s'il neige, ça rentre, ne laissez rien à proximité. Méfiez-vous du vent qui risque de se lever. Rentrez les crampons et les piolets ! »

Il faisait encore jour, il faisait froid, très froid déjà. Les nuits s'annonçaient polaires. « A propos, faites attention, les gars, la nuit, si vous vous levez pour aller pisser, le balcon est vétuste, étroit et glissant, si vous vous ratiez, vous ne pourriez jamais raconter votre plus belle gamelle ! »

L'aventure, c'était bien l'aventure. Philippe Réal n'avait trompé personne, dans son bureau. Bien. Mais ils ne devaient pas oublier qu'ils étaient là pour travailler. Cet après-midi même ils devaient enfin tester les fameux Storno. Une liaison était prévue avec La Plagne. Une simple liaison d'essai. Ils s'offrirent une pause thé-petits gâteaux et commencèrent à déployer leurs antennes. Déjà le temps se gâtait.

Beaucoup plus bas, dans la station de sports d'hiver que Philippe Réal et son équipe avaient rejointe en voiture immédiatement après le départ des « montagnards », c'était la guerre des antennes. Il aurait été assez simple d'en faire surgir une de plus, seulement voilà, pour que la liaison soit optimale, il fallait remonter assez haut par le remonte-pente. Mais pas trop. Le mieux, c'était de stopper l'engin à un point donné. Rien de bien simple, une manœuvre en tout cas incompréhensible dans le cadre d'*Interneige*, donc repérable. Ils durent inventer différents stratagèmes et faire preuve de mille ruses pour ne pas se faire remarquer.

Malheureusement, à l'heure convenue pour les essais, il ne se passa rien, à peine quelques grésillements dans les postes. Impossible d'entrer en contact avec Desmaison. L'endroit choisi semblait pourtant idéal, mais rien à faire. Ce fut la déprime. L'envie aussi de tout casser. Cet échec signifiait-il que toute l'opération tombait à l'eau ? Un fiasco complet et l'assurance de se faire remonter les bretelles par Paris dans le ridicule le plus total ? Non, Philippe Réal en avait vu d'autres et n'était pas du genre à s'avouer vaincu aux premières défaites. Demain serait un autre jour.

Durant la nuit, il n'y eut pas d'étoiles. Si malgré ses problèmes, l'équipe de La Plagne passa une bonne nuit, dans un hôtel très confortable, il en fut tout autrement sur les paillasses du refuge Quintino Sella. Il s'était mis à neiger et le vent s'était levé. A cause de la porte et des fenêtres qui ne fermaient pas, les hommes s'étaient battus presque toute la nuit contre les flocons. Sans parler du froid. Troksiar et Desmaison avaient dû faire en sorte que le moral des troupes ne s'effondre pas en une nuit. Heureusement, « Zatopek » en avait toujours « une bien bonne » à raconter. C'était un « fort en gueule », un bon vivant. Et les techniciens semblaient, ma foi, très solides. L'opération Chabert n'en était qu'à son commencement. Ce serait moins drôle quand il faudrait monter plus haut sur le glacier du mont Blanc. Ils plaisantèrent sur le fait que l'ORTF avait contracté pour eux une solide assurance, les couvrant sur le plan aérien et pour l'opération en haute montagne.

Frigorifiés dans leurs duvets, ils virent enfin le jour se lever. En grelottant, ils allumèrent les réchauds, firent un peu d'eau avec un seau de neige. Le temps était cette fois excécrable. On ne voyait pas à deux mètres. La tempête hurlait.

*
**

En bas, Philippe Réal s'était levé tôt afin de chercher un autre endroit pour installer son point de liaison. Avant de sortir, il avait téléphoné à Delgado, à Paris, l'avait persuadé que tout allait très bien et que les hommes, qui étaient censés arriver du col Infranchissable, n'avaient pas encore atteint le refuge « de la Sella ». N'oublions pas que c'était la version officielle. Réal dit la même chose à la rédaction de France Inter avec laquelle ils étaient aussi de mèche pour les diffusions. Il rappela une nouvelle fois à chacun des médias qu'il était important qu'aucune dépêche ne signale leur entreprise avant que l'équipe de Desmaison n'ait atteint les restes de l'avion. « Silence complet sur l'antenne, OK ? » Il sentit qu'à Paris on s'impatientait et cela le rendit d'autant plus inquiet. La météo continuait de se dégrader ! Il fallait pourtant que tout aille bien. Pour eux, là-haut. Avec ces foutues talkies. Il prit plusieurs fois le téléphérique, répéta ses essais. En vain. Silence et désespoir. Enfin, alors que, redescendu dans la station complètement désespéré, il faisait une dernière tentative, il eut soudain le contact. De là, il dut affiner sa position, se déplaçant l'air de rien au milieu des équipes d'*Interneige* en pleine effervescence. Il obtint assez vite une communication tout à fait correcte. Digne d'être diffusée sur les antennes. Les Storno allaient être à la hauteur de leur réputation.

Desmaison fit un point sur la météo, ainsi que sur les conditions de vie et de travail qu'ils allaient devoir endurer, il expliqua ses projets de la journée, et les deux « chefs » de l'opération se fixèrent des heures de rendez-vous pour trois liaisons par jour. Puis, comme prévu, le journaliste transmit les informations techniques nécessaires au guide : l'isotherme, les prévisions à vingt-quatre heures, pour trois jours, et souhaita bonne chance aux alpinistes pour la suite.

Pendant leur attente à Albertville, ils étaient convenus d'un code au cas, fort probable, où ils seraient repérés. Un code de communication du genre : « Ici, Londres, les oiseaux ont bien chanté. » Il s'agissait de faire comprendre qu'une pièce intéressante avait été découverte, qu'ils se trouvaient dans telle ou telle voie, qu'ils avaient des difficultés, etc. Tout était codé. Du beau travail.

D'un moment à l'autre, le PC radio de La Plagne pouvait être démasqué et, par voie de conséquence, l'équipe d'altitude à Quintino Sella repérée. On pourrait les brouiller, mais il y avait peu de chance qu'on ose aller les déloger de leur nid d'aigle. La météo s'était installée « au pire », interdisant toute rotation d'hélico dans le secteur, et seuls de très forts alpinistes pouvaient prétendre à l'ascension. C'était beaucoup trop dangereux. Envoyer des hommes à pied dans ces conditions, c'était réécrire l'histoire de René Payot. Et puis pourquoi s'en faire ? Mollaret, malgré sa commission rogatoire, n'avait pas le droit d'opérer dans le secteur, et les Italiens n'avaient pas bronché depuis le début. Voilà pour le bon côté du mauvais temps. Mais à cause de lui, la mission allait devenir infernale.

Il y avait déjà deux jours que Réal était là, antenne parmi les antennes, à assurer ses liaisons avec Desmaison, Troksiar, Alain Franck, Philippe Biessy et Jean Pontanier. Deux jours qu'il était impossible à ceux-ci de mettre le nez hors du refuge. Mais Desmaison ne désespérait pas. Quoi qu'il arrive, Troksiar et lui iraient jusqu'au lieu du crash. Il le garantissait. Seul point positif pour l'instant, les talkies-walkies fonctionnaient parfaitement et la communication s'établissait maintenant sans problème. Réal avait trouvé le point stratégique. Ce n'était déjà pas mal. Le caméraman de l'équipe de La Plagne eut tout le temps pour trouver le meilleur angle : Philippe Réal sur fond de mont Blanc, assez loin derrière, assurant commentaires et liaison audio directe avec le lieu du crash. Il ne restait plus qu'à avoir d'éclatantes nouvelles à annoncer. Patience, le scoop devait les attendre quelque part, enfoui sous la neige, accroché aux verticales de l'Envers du mont Blanc, et ils étaient les seuls à sa traque. En attendant, motus.

*
**

Le temps ne s'améliorait pas en altitude, mais le jeudi 24, malgré les chutes de neige et un vent violent, Desmaison et son ami « Zatopek » prirent quand même le chemin de l'épave. Chargés comme des mulets : un gros Storno, une caméra Bell Howell, des appareils photo, suffisamment de pellicule, des vivres pour plusieurs jours et tout ce qu'il fallait pour le bivouac. Il était prévu qu'ils resteraient plusieurs jours au camp avancé.

La première pente était d'une raideur impressionnante. Leur progression fut extrêmement lente. Selon leurs renseignements, une masse importante de débris se trouvait au niveau d'une sorte de plateau sur le glacier du mont Blanc, vers 3 600 mètres d'altitude. C'est là qu'ils avaient décidé d'installer leur camp, quelque part au pied du mont Blanc qui se dressait mille cinq cents mètres plus haut, à la base d'un des superbes éperons rocheux de sa face ouest, dont certains n'avaient encore jamais été gravis. En réalité, ils n'étaient qu'à trois cents mètres au-dessus du refuge d'où ne décolleraient certainement pas les techniciens de l'ORTF. Trois cents mètres, mais trois cents mètres dans des conditions épouvantables. Ils durent se relayer tous les quinze mètres pour faire la trace. Jamais encore un alpiniste ne s'était aventuré sur ce glacier en plein hiver, dans de telles conditions. C'était une « première ». Une petite première, trois fois rien pour Desmaison et Troksiar qui en avaient vu d'autres. En fait, plus leurs sacs pesaient, plus ils trouvaient d'énergie et de motivation. Une pincée d'angoisse, sans doute aussi. Qu'allaient-ils découvrir ? Quelle vision d'horreur allait s'étaler devant eux ?

Ils y arrivèrent peu à peu, dans cette nécropole sauvage. Cela commença sur le plateau. Dans la tourmente, ils entendirent d'abord des bruits qui ne ressemblaient pas au répertoire des choses minérales. Puis, dans un voile blanc en perpétuel mouvement, ils découvrirent les éléments du décor de la tragédie indienne. Un petit bout de tôle ici, un autre là, un plus gros là-bas et des tas d'autres, des papiers, des sacs, des bustes encore attachés aux sièges par leurs ceintures de sécurité, des cadavres de singes, de très longs morceaux de soie enroulés et gelés sur la ferraille, des boîtes de conserve, des pièces d'un réacteur, des gilets de sauvetage, un dinghy boat, une belle partie de l'empennage, des paires de sandales, la porte des toilettes plantée dans la neige, une valise béante, la cuvette des W-C un peu plus loin, de la vaisselle frappée Air India, mille et une « natures mortes », objets hétéroclites que la neige et la glace avaient déjà accaparées pour leur propre mise en scène. Désormais, toutes ces pièces d'un puzzle que jamais personne ne remettrait dans l'ordre appartenaient au monde étrange de la montagne. Comme des sculptures faites pour nul regard. Les traces immobiles d'un instant fatal, d'un seul instant qui avait échappé au contrôle des appareils les plus sophistiqués. Une courte seconde d'inattention devenue éternité. Ça n'était même pas horrible. C'était ainsi. Cette vision de poubelle géante renversée dans la neige devenait toutefois insupportable dès que l'on imaginait la scène de « l'erreur ». Dès que l'on acceptait l'idée de la collision. Le ciel est si grand ! Et le mont Blanc si proche ! Si quelque chose devait stopper leur grand voyage, cela aurait dû être à la montagne de le faire. Certainement pas à un avion militaire ! C'était vraiment trop bête. Injuste. Mais non, vue d'ici, du pied du plus haut sommet d'Europe, l'idée de la collision semblait totalement ridicule. C'était la faute des nuages, la faute du mont Blanc, mais ça ne pouvait pas être une rencontre fortuite avec un autre aéronef ! Le ciel est tellement grand ! Les probabilités si faibles. L'objectif de Desmaison et de Troksiar était pourtant bien de trouver les preuves d'une collision en vol, thèse dont ils étaient tous les deux intimement convaincus. D'ailleurs, se seraient-ils engagés dans une pareille aventure s'ils n'en avaient pas été persuadés ? Auraient-ils engagé les gars de l'ORTF ? Maintenant, ils devaient prouver qu'ils avaient raison, trouver des pièces à conviction qui ne fassent aucun doute. Pas n'importe quoi, des pièces numérotées par exemple, portant des signes flagrants de leur non-appartenance à un Boeing. Leurs fouilles devaient être minutieuses.

En tout état de cause, eux, Desmaison et Troksiar, en francs-tireurs, allaient mener l'enquête là où les professionnels avaient jugé qu'il était impossible de mettre les pieds, et ils étaient persuadés que leurs recherches feraient éclater une vérité. Une vérité qu'on avait pris soin de bien dissimuler. Plus personne ne pouvait les empêcher d'en être les témoins. Ils étaient bien décidés à fouiller le mont Blanc jusqu'à ce qu'il livre son secret. Aux quatre coins du monde, d'honnêtes gens attendaient qu'un jour leur revienne le corps d'un être cher. Ce serait impossible puisque l'avion s'était pulvérisé, mais on pouvait au moins leur dire la vérité, plutôt que de laisser courir mille bruits. Bien sûr, cela ne changerait rien au chagrin.

A travers ce cimetière cotonneux, leurs deux silhouettes encordées, courbées par le vent, continuaient leur ascension, brassant la neige jusqu'à mi-cuisse, bouleversées, essoufflées par l'altitude et le vent, les jambes lourdes dans la neige, chaque pas leur demandant un effort considérable. Ils devaient s'appuyer de tout leur poids sur leurs longs bâtons de ski. S'arrêter, reprendre leur souffle.

Avant de commencer leurs fouilles, il leur fallait installer le bivouac, déposer caméra et magnétos, s'organiser avant que la nuit n'arrive. Ils remontèrent le glacier jusqu'aux Rochers dits du mont Blanc, René connaissait bien le coin et savait que c'était un des rares endroits protégés des avalanches et des chutes de séracs. Ils y installèrent le « camp avancé de l'équipe de pointe », comme l'avait écrit Philippe Réal dans le projet « Opération Chabert ». Il faisait – 25°. Les rafales atteignaient 120 kilomètres/heure. Ils durent arrimer solidement leurs tentes. Ensuite, ils n'en sortirent plus que pour fouiller les débris, à la recherche d'« éléments caractéristiques ».

Alors ? C'était la question qui circulait sans cesse dans les talkies. Alors ? demandait le PC de La Plagne à l'autre équipe ORTF basée au refuge, laquelle transmettait aux alpinistes du camp avancé. Alors ? Ce qui signifiait « quand est-ce qu'on commence ? Quand est-ce qu'on se fait remarquer sur les ondes ? »

28

. . . .

Secret défense

Ce fut le jour même.

Il n'y avait aucun doute, à y bien regarder, les débris étaient ceux de deux avions. Et l'un d'eux était un appareil militaire. Presque sans chercher, Desmaison et Troksiar trouvèrent « un morceau de fuselage de couleur jaune à l'intérieur comme à l'extérieur et en alliage très léger, un élément de tableau de connexion en matière plastique, un élément de blindage », etc., toutes pièces dont ils étaient certains, après examen, qu'elles ne pouvaient appartenir au Boeing. A cause de la peinture camouflage par exemple, ou en raison de certaines inscriptions spécifiques. Leur conviction se vérifiait enfin, les preuves étaient là, sous leurs yeux. Ils s'arrêtèrent un moment, sortirent de leurs sacs caméra et talkies-walkies et joignirent Alain Frank au refuge Quintino Sella. « Formidable ! » Desmaison donna le maximum de détails sur la nomenclature des pièces trouvées, le décor dans lequel s'étalaient les débris, leur répartition, et d'autres descriptions morbides, et puis bien sûr, pour le côté sportif, il expliqua leur progression, les difficultés, l'ambiance. Il décrivit leur camp et avisa de leurs projets. Assis devant la petite table en bois du refuge, Alain Frank avait tout noté. « Formidable ! OK René, je contacte le PC de La Plagne. » Ce qui signifiait que l'opération, quelques minutes plus tard, serait annoncée sur les antennes...

Pour Phillipe Réal, c'était d'ores et déjà une réussite. Le scoop ! La tempête n'avait fait reculer personne, ni les guides, ni les techniciens de l'ORTF, les radios fonctionnaient de manière quasi parfaite, et les preuves étaient entre leurs mains. « Bravo ! mais attention les gars, c'est maintenant que les ennuis risquent de commencer. » En effet... Le premier problème, imprévu celui-là, fut la petite bagarre qu'il y eut entre les rédactions de France Inter et de la télévision. Laquelle serait la première à envoyer l'info ? La télé devait attendre son journal de vingt heures, la radio avait l'avantage de pouvoir intervenir à tout moment. Après moult discussions, la télé l'emporta.

A 20 heures, le présentateur annonça simplement qu'une expédition privée, composée de guides et de journalistes de l'ORTF, tentait de remonter le versant italien du mont Blanc afin de voir ce qu'il advenait des corps et des débris du crash d'Air India survenu quelques semaines plus tôt. Sans un mot de plus. Le reste viendrait le lendemain, lorsqu'ils auraient la liaison Rochers du mont Blanc-Quintino Sella-La Plagne-Paris.

Mais cela suffit, comme prévu, à mettre le feu aux poudres. Dans les minutes qui suivirent le flash, un flot de coups de fil envahit le standard de la rue

Cognacq-Jay, et le directeur général de l'ORTF lui-même en resta ébahi, scandalisé de n'avoir pas été informé de la mise en place de cette opération de très grosse envergure. Sans parler des « risques diplomatiques ». Il dut faire face aux questions et colères de la préfecture, du ministère des Affaires étrangères, du ministère de l'Intérieur, du juge d'instruction, etc. Grosse affaire.

Mais il était trop tard maintenant pour ne pas donner d'informations sur la suite des événements. C'eût été trop louche de censurer si tôt. Qu'allait-il donc se passer ? D'ailleurs, comment allaient se dérouler leurs liaisons ? Où étaient Philippe Réal et son PC ? On n'en savait strictement rien. A Paris, Pierre Delgado et son supérieur, le chef des informations Edouard Sablier, avaient respecté le silence, si bien que l'équipe de La Plagne ne fut pas repérée.

***

Au PC, au refuge, tout comme au camp d'altitude à 3 500 mètres d'altitude, tout continuait normalement. Là-haut d'ailleurs, chacun s'était glissé dans son gros sac de couchage depuis longtemps, depuis la tombée de la nuit. Une nuit glaciale, et une tempête qui semblait redoubler de violence d'heure en heure. Sur leurs paillasses, ceux du refuge vivaient le cauchemar, la porte claquait et laissait passer les bourrasques. Régulièrement, il fallait se relever pour pelleter. Enfin, tout cela était très confortable à côté de ce que vivaient, au même moment, ceux du camp avancé des Rochers du mont Blanc. Qu'importait. Rien ne pouvait plus arrêter le courage des hommes. L'aventure, c'était l'aventure. Celle-ci, était un cocktail tout à fait exceptionnel et « savoureux » qu'il fallait apprécier. Aventure alpine, combat physique contre l'hostilité de la nature. Une première hivernale, mais qui n'aurait pas eu d'autant d'intérêt s'il n'y avait eu cet arrière-goût d'aventure policière. Avec tous les ingrédients qu'il fallait : hélicoptère, radios grésillantes, manœuvres de l'OTAN, messages codés, défi aux plus hautes autorités ministérielles, cadavres, caméras, PC clandestin, avion de chasse, secret d'état...

Dans une telle atmosphère, et conscients de l'ampleur que pouvaient prendre les événements, même épuisés, même transis de froid, ils trouvèrent toujours du cœur à l'ouvrage. A peine s'ils eurent des moments de doute ou de peur. La peur d'être allé un peu trop loin. Après tout, Philippe Réal, seul véritable responsable devant les autorités, ne faisait que répondre à ce qu'impose son métier : la recherche de l'information. Et il venait de monter un joli coup. Cela ne pouvait pas se retourner contre lui.

*
**

Le lendemain eurent donc lieu les premières liaisons avec France Inter, trois ou quatre dans la journée. En direct. Par ligne PTT, l'équipe de Réal renvoyait sur Paris ce qui lui parvenait de l'Envers du mont Blanc. Soit le témoignage d'Alain Frank, soit celui de René Desmaison quand il était possible de le joindre directement. De là-haut, dans les hurlements de la tempête, ils racontaient, essoufflés, ce qu'ils voyaient, ce qu'ils avaient trouvé, décrivent les pièces en détail. L'auditeur avait les pièces sous les yeux, il pouvait sentir la montagne, voir la neige, imaginer le vide, partager l'effort et trembler de froid. Visualiser un peu mieux le lieu de la tragédie. Les images 16 mm tournées sur place viendraient confirmer plus tard, à la télé.

Au journal de 20 heures de l'ORTF, on devait pour l'instant se contenter de voir Philippe Réal quelque part dans le paysage de La Plagne, sur fond de mont Blanc invisible pour cause de mauvais temps, près de ses Storno en cherchant la liaison avec les camps d'altitude, qu'il obtenait enfin et que l'on suivait en audio. Durant les flashs de cette journée, René Desmaison expliqua simplement — ou fit expliquer — que certaines pièces paraissaient « problématiques » mais il était évident qu'il faudrait attendre le visa des experts pour conclure.

Il en dit sans doute suffisamment, et sur ses convictions personnelles et sur ce qu'il avait vu, pour excéder en haut lieu. C'en était trop. Ils étaient allés trop loin. Ainsi, alors que Guy Lux (qui avait toujours cru à l'expédition purement sportive de Desmaison) venait enfin de comprendre de quoi il s'était rendu « complice » et traitait aimablement son collègue de « petit cachotier », les gendarmes parcouraient déjà la station de La Plagne à la recherche du fameux PC clandestin. Il fut repéré à l'aide d'un simple petit appareil de goniométrie. Philippe Réal s'attendait à des complications.

On lui rappela qu'une information judiciaire avait été ouverte et que la zone du crash demeurait interdite jusqu'à contrordre. On lui demanda de cesser toute diffusion. On le menaça de lui confisquer le matériel, enfin on voulut l'emmener. Il les suivit. Il avait justement des choses à leur dire, bien au chaud. « Attention, messieurs, vous ne pouvez pas nous empêcher de communiquer avec nos équipes d'altitude, ce serait les mettre en grand danger. René

Desmaison, je vous le rappelle, a la responsabilité de la sécurité des trois reporters de l'ORTF, il a besoin d'un certain nombre d'informations quotidiennes. Nous ne pouvons pas les abandonner... »

Extrêmement convaincant, il obtint qu'on lui laissât le matériel, ce qui lui permit de continuer ses liaisons avec les équipes d'altitude, même si elles devaient s'effectuer sous le contrôle permanent d'un gendarme. Normalement, seules des informations d'ordre technique devaient être échangées. L'histoire ne dit pas quelle tête fit le gendarme lorsqu'il apprit que les carottes étaient cuites, que les oiseaux avaient bien chanté ou que la mariée était belle. Pour l'agacer un peu plus encore, Réal et Desmaison s'amusèrent même à parler d'un butin : « Alors René, tu n'as pas encore trouvé les lingots ? — Non, mais t'inquiète pas, je crois savoir où ils sont et je ne redescendrai pas sans ! ».

Crut-il à un simple jeu destiné à l'énerver, une raillerie à son encontre ? toujours est-il que le gendarme ne broncha pas et que Réal recevait les messages codés cinq sur cinq.

L'opération Chabert était loin d'être terminée. Bien au contraire. Philippe Réal continuait d'envoyer, aux deux rédactions parisiennes, ses papiers sur la suite des événements. Des informations toujours largement orientées sur les performances sportives, techniques et technologiques d'une équipe formée de guides et de journalistes mais auxquelles, à chaque reprise, on prenait soin de rajouter le communiqué suivant : « Nous vous précisons qu'en aucun cas ces équipes de l'ORTF ne cherchent à se substituer à la commission d'enquête instituée le 27 janvier par le secrétaire d'Etat aux Transports, mais que leur but est purement technique et sportif et devrait permettre notamment d'étudier et d'améliorer les liaisons radio en terrain difficile. »

***

Personne ne pouvait soupçonner que l'opération Chabert était si bien préparée... Outre les codes prévus pour un grand nombre d'informations possibles, Desmaison, Réal et leurs acolytes, loin d'être naïfs et s'étant très tôt pris au jeu, avaient déjà prévu qu'ils seraient arrêtés à leur retour et que, le cas échéant, les pièces gênantes ainsi que les films et les photos leur seraient confisqués. Aussi avaient-ils mis au point une ruse pour déjouer les filets et les pièges. Il s'agissait tout simplement de doubler le reportage en images, de le réaliser sous deux angles différents. L'un devait souligner le caractère sportif de l'expédition : le camp de base, les vues générales de la progression terriblement difficile dans la neige, le « courage des hommes », le défi technique, quelques bouts d'épave, juste ce qu'il fallait, mais un regard « pudique ». L'autre bien sûr, celui qu'ils allaient tenter de faire acheminer en douce vers Paris, devait insister sur l'horreur de la tragédie, avec tout ce que cela signifiait, tragédie d'autant plus horrible que des gros plans de pièces « plus que douteuses » viendraient appuyer la version de la collision. Un double travail en somme, à la charge de Desmaison puisque Philippe Biessy n'avait pu atteindre le camp avancé. L'alpiniste avait déjà prouvé qu'il maîtrisait parfaitement le maniement de la caméra Bell Howell.

Une version serait donc remise aux autorités qui voudraient confisquer les films, pendant que l'autre serait acheminée vers Paris où elle serait développée et diffusée à la surprise de tout le monde. N'oublions pas que l'expédition Chabert bénéficiait toujours de l'appui du chef des informations et du responsable de la coordination des services de provinces, fonctionnaires de l'ORTF certes, mais journalistes avant tout. C'était aussi l'époque du grand reportage. A risques.

Le vrai problème, c'était plutôt de trouver le moyen de se débarrasser de ces bobines avant d'être arrêté, de les mettre en sécurité entre les mains d'un complice qui se chargerait de les « monter » à Paris. Là encore, nos « héros » avaient tout prévu. La seule solution, pour la descente — car cette fois il était hors de question d'envisager un retour en hélico —, était d'emprunter le glacier de Miage, puis de « skier » tout le val Vény jusqu'à Entrèves, c'est-à-dire quasiment jusqu'à la plate-forme du tunnel du Mont-Blanc. L'enneigement le leur permettait largement. Ils savaient donc que les autorités n'auraient qu'à les cueillir, puisque l'entrée du tunnel faisait entonnoir. Les carabiniers n'allaient pas se fatiguer à monter les arrêter plus haut. Il suffisait donc que « quelqu'un qui soit de mèche » remonte un peu le val Vény, discrètement, à ski par exemple, tel un touriste, pour y prendre les documents. Desmaison, qui, faut-il le répéter, connaissait le relief de cette région dans les moindres détails, était convenu d'une cachette où films et photos « intéressants » seraient mis à l'abri en attendant d'être récupérés.

« C'était un de mes copains de Paris, ni journaliste, ni dans le milieu », se souvient Philippe Réal. « C'était une femme » dit Jean Pontanier, le technicien du son. La voilà donc la femme, énigmatique et tellement indispensable dans ce scénario où la réalité dépassait la fiction. « C'était une femme, la compagne d'un collègue du Dauphiné », insiste Pontanier.

*
**

Durant deux jours encore, Desmaison et Troksiar remontèrent vers le lieu de l'impact et fouillèrent la neige. Les pièces déchiquetées étaient plutôt de petite taille, mais ils auraient très bien pu redescendre des dizaines de kilos de ce qu'ils estimaient constituer d'ores et déjà des preuves, les débris d'un autre appareil. Ceux d'un avion de combat. Vraisemblablement italien. Ils remplirent leurs sacs de « morceaux choisis », numérotés, de couleur kaki. Dans le lot, il y avait deux pièces particulièrement parlantes qu'ils avaient pris soin de filmer sur le lieu du drame. La première était un morceau de tôle très caractéristique doté de rivets extérieurs, la seconde portait une estampille correspondant à une grande révision, avec une date : 1er juin 1960. Ils prirent quelques papiers trouvés dans la neige, un schéma de circuit électrique qu'ils jugèrent trop grossièrement établi pour appartenir à un Boeing, un autre document contenant des indications techniques et portant lui aussi la date de juin 1960. La capsule en plastique d'un appareil à oxygène, avec l'inscription BAC, mais aussi un pantalon de couleur bleu pétrole, et une combinaison de mécanicien souillée de cambouis. Cela ferait probablement le bonheur des experts qui n'auraient pas de mal à identifier ces éléments et à tirer des conclusions. Bien évidemment, ils se doutaient que les pièces leur seraient confisquées et qu'ils n'en auraient peut-être plus aucune nouvelle par la suite. Ils firent donc comme avec les films et les photos, ils décidèrent d'en garder quelques-unes pour eux. Certaines « petites » seraient dissimulées au même endroit que les documents filmés, d'autres, plus grosses, resteraient cachées en altitude. Ils espéraient trouver le moyen de revenir très vite au refuge Quintino Sella.

Le 27 février, après quatre jours et trois nuits passés entre 3600 et 4600 mètres d'altitude, à fouiller la neige et la glace et à tourner leurs images dans les conditions météorologiques les plus effroyables, Desmaison et son complice « Zatopek » démontèrent leur bivouac et prirent enfin le chemin de la descente. D'abord vers Quintino Sella où les attendaient toujours Jean Pontanier, Alain Frank et Philippe Biessy. L'organisation des trois hommes dans leur cabane délabrée commençait d'ailleurs à être parfaitement au point, et ils s'étaient habitués à cette installation plus que sommaire.

Chacun semblait pourtant soulagé à l'idée de redescendre le lendemain vers la vallée, le confort et la civilisation. Même si cette descente s'avérait extrêmement délicate, même si chacun d'eux savait, notamment « Zatopek » et René, qu'ils n'étaient pas sortis de l'auberge.

29

Redescente sur terre

> *« Tous les grands alpinistes ont été célèbres à cause d'un drame. Et nous, nous offrions un formidable suspense ! »*
>
> Simone DESMAISON
> *Montagnes Magazine,* octobre 1987.

Pour les trois techniciens de l'ORTF, la descente fut terrible, exposée aux avalanches et exténuante à cause de la très épaisse couche de poudreuse. Ils souffrirent et connurent la peur. C'était leur septième jour en haute montagne, à lutter contre le froid, le vent et les troubles liés à l'altitude, à se nourrir de presque rien, mais ils ne craquèrent pas. A leur fatigue, il fallait pourtant ajouter le stress d'une mission professionnelle difficile, et celui d'une opération qui risquait de ne pas plaire à tout le monde. Entre l'équipement audiovisuel, le matériel de bivouac, et surtout les « pièces à conviction », les sacs pesaient tous au moins quarante kilos. Bien sûr, Troksiar et Desmaison portaient plus que les autres, mais cela n'empêcha pas Jean Pontanier de s'effondrer plusieurs fois. Il n'en pouvait plus. Plus du tout. A maintes reprises il dut s'arrêter, poser son sac, retrouver ses esprits. A chaque arrêt il abandonnait un morceau de tôle... Tant qu'ils descendirent les pentes très raides du glacier, sous le refuge — et cela prit de très longues heures —, ils restèrent ensemble, en plusieurs cordées, se surveillant les uns les autres, très attentifs aux crevasses et aux déclenchements d'avalanches. Malgré ça, « Zatopek » passa dans un pot, par chance peu profond : on le remonta sans trop de mal. Une fois au pied du glacier de Miage, dans le val Vény, ils se décordèrent, chaussèrent leurs skis et chacun trouva son rythme. Desmaison s'occupa d'Alain Frank et de Philippe Biessy, pendant que Troksiar restait avec Jean Pontanier. Le groupe de tête alla déposer le « matériel » à l'endroit secret où il devait être récupéré, quelque part sur les rives du glacier de Miage, puis continua sa descente à ski vers Entrèves. Les deux retardataires, quant à eux, se firent rapidement distancer. Il restait encore un bon bout à faire lorsque la nuit tomba. Ils sortirent leurs lampes frontales, s'offrirent une goulée de gnole pour se donner du courage, imaginèrent un lit bien douillet. Chacun était décidé, coûte que coûte, à rentrer le soir même à Entrèves. Malgré la chute de neige qui s'épaississait, malgré le brouillard et malgré la nuit, Desmaison, Frank et Biessy poursuivaient leur descente, ne se souciant plus des deux autres. Vers 23 heures, complètement trempés et épuisés, ils arrivèrent à la frontière, pliés en deux sous leurs sacs plus lourds que jamais. Ils se présentèrent tous les trois au poste français des CRS chargés de la surveillance de la frontière.

D'ordinaire, à cette heure, en janvier, c'était le désert. Là, l'effervescence était à son comble : représentants de la préfecture, renseignements généraux, agents de la sûreté, etc. : un monde fou s'était donné rendez-vous pour les accueillir ! Sans oublier la horde des reporters déjà groupés autour de leur confrère, Philippe Réal. Responsable de toutes les opérations, tout au moins aux yeux de l'ORTF, le journaliste avait tenu à « préparer » l'arrivée de ses complices. Il avait quitté La Plagne en début d'après-midi.

On ne le laissa pas très longtemps aux mains de la presse. Un des membres du cabinet du préfet de la Haute-Savoie lui demanda de le suivre : il avait en ligne Monsieur Barbot, chef de cabinet avec qui Réal avait déjà conversé. Il dut renouveler sa promesse de remettre toutes les pièces aux autorités italiennes. « Monsieur Barbot me précisa que nous risquions d'avoir de sérieuses complications diplomatiques », écrira plus tard Philippe Réal dans son rapport à l'ORTF. « Curieusement, les autorités italiennes, dira-t-il encore, non seulement n'étaient pas présentes mais ne s'étaient absolument pas manifestées pendant l'après-midi et la soirée à Courmayeur où tous les journalistes avaient attendu le retour de l'expédition. A une heure du matin, deux représentants italiens vinrent finalement prendre officiellement les pièces. Après nous avoir rapidement interrogés pour savoir ce que nous avions vu, ils nous remercièrent et prirent congé sans même se préoccuper de la pellicule et des photos. »

Au moment de la remise des pièces aux autorités italiennes, un journaliste du *Dauphiné* réussit à prendre quelques clichés. « Les Italiens laissaient faire, se souvient Réal. Ils semblaient s'en ficher complètement. Les officiels français poussaient, quant à eux, des hurlements " Comment ? Mais il ne faut surtout pas prendre de photos, il ne faut pas les autoriser, per favor ! " Ils ont même voulu saisir eux-même les photos qui venaient d'être prises mais les photographes refusèrent. Ils étaient encore officiellement sous autorité italienne, c'était aux Italiens de saisir, mais ils ne l'ont pas fait. » Il y eut beaucoup d'animation, de gestes et de fortes paroles durant cette nuit-là. La barbe en broussaille, les yeux cernés, la peau tanée, les mains égratignées, les pieds pleins d'ampoules et les lèvres gerçées, René Desmaison, Alain Frank et Philippe Biessy pensaient en secret à leur complice qui devait rouler vers Paris. La jeune femme avait jusque-là parfaitement accompli sa mission, se jouant des contrôles au poste frontière. Au volant d'une puissante voiture elle avalait les kilomètres.

*
**

Et Troksiar, le solide moustachu ? Et Pontanier, épuisé ? Quel enfer vivaient-ils ? Pourquoi n'arrivaient-ils pas ? Si les enquêteurs s'impatientaient, Desmaison ne s'inquiétait pas. Il avait une confiance totale en son ami « Zatopek ». Il savait qu'avec lui Pontanier ne risquait rien. Il était à peu près certain que Troksiar avait opté pour le bivouac et il se contentait de l'idée qu'ils allaient passer une nuit de plus dans la neige. Il était loin d'imaginer la catégorie de ce bivouac. Du grand luxe !

En fait, les deux hommes s'étaient arrêtés à une heure à peine de la plate-forme. Pontanier, exténué, s'était vautré dans la neige, le dos sur son sac, duquel étaient déjà tombées pas mal de pièces d'avion, mais qui restait encore beaucoup trop lourd à son goût. « C'était dingue la neige qu'il y avait, on ne voyait même pas les chalets, en bas, dans le val Vény. Quatre ou cinq mètres ! racontera-t-il en arrivant. Tout d'un coup, je tombe. J'étais sur le toit d'une maison, il y avait une fenêtre avec des barreaux. J'ai écarté les barreaux. Mais, oui ! Je suis entré, c'était une colonie de vacances. On a trouvé des lits, des couvertures, des tas de statuettes de la Vierge cachées sous des draps blancs, et vous savez quoi? du chianti blanc! du chianti rouge ! tout ce qu'il fallait pour se réchauffer ! La fête a dû durer une demi-heure, ensuite je me suis effondré de sommeil. « Zatopek », lui, a continué jusqu'à Entrèves. »

⁂

Le lendemain, à l'auberge de Filippo, célèbre rendez-vous des alpinistes et plaque tournante de tous les potins des glaciers, de très nombreux journalistes, français, suisses, allemands, belges, italiens étaient au rendez-vous pour un petit déjeuner qui s'annonçait particulièrement fructueux en informations. Mais on ne savait toujours pas ce qu'il était advenu de Pontanier et on s'inquiétait à son sujet.

Vers 9 heures et demie, alors que René Desmaison s'apprêtait à remonter vers le chalet que lui avait indiqué Troksiar, il aperçut une silhouette débouchant de la dernière moraine latérale du glacier de Miage. Après quelques virages effectués tant bien que mal dans la profonde, Jean Pontanier parvenait à atteindre la plate-forme du tunnel. Un problème se posa alors. Les CRS des douanes françaises lui firent signe de venir à eux. Derrière, c'était les Italiens qui lui criaient de les rejoindre immédiatement. Il ne savait que faire. Persuadé d'être moins « embêté » par ses compatriotes, il choisit de se livrer aux douanes françaises. Et c'est les Français qui le remirent aux Italiens, les priant au passage de saisir tout ce qu'il pouvait transporter concernant l'avion. Comme les autres, il se retrouva en slip, fut rapidement interrogé et put rejoindre le reste de l'équipe chez Filippo.

Il était environ 20 heures. Comme ils l'avaient promis aux journalistes présents, René Desmaison et Philippe Réal allaient faire une petite déclaration, un « récit de leur course », un bilan sommaire de l'opération Chabert. Bien évidemment, tous les membres de l'expédition se souvenaient de la version officielle concernant la dépose en hélicoptère. Il s'agissait de ne pas aggraver leur cas en avouant qu'il y avait eu violation de frontière. Desmaison prit la parole : « Déposé par l'hélicoptère de l'ORTF au col Infranchissable où nous avons installé un premier relais radio avec La Plagne, nous avons d'abord gagné le refuge Gonella où nous avons dormi. Le lendemain, Troksiar et moi avons parcouru tout le glacier du Dôme où nous pensions découvrir des débris confirmant l'hypothèse d'une collision aérienne. Nous n'avons rien trouvé sur ce glacier. Aussi avons-nous gagné sans tarder le refuge Quintino Sella, où nous avons passé la nuit. Le lendemain, laissant Alain Frank, Philippe Biessy et Jean Pontanier au refuge (Desmaison évite d'expliquer comment ils y seraient montés mais personne ne remarque quoi que ce soit), « Zatopek » et moi avons remonté tout le glacier du mont Blanc jusqu'aux Rochers du mont Blanc, etc... »

On connaît la suite.

« Bravo, surtout à nos confrères journalistes, pour tant de courage et de talents d'alpinistes, mais venons-en au but : la collision ? » trépignait la presse. Desmaison ne se refroidit pas. « J'ai toujours été convaincu qu'il y avait eu collision en vol.

— Oui, mais les démentis de part et d'autre de la frontière ?

— L'élément de fuselage en alliage léger, jaune à l'intérieur comme à l'extérieur, ne peut pas appartenir à un Boeing, pas plus que l'élément de tableau de connexion que nous avons rapporté, nous en sommes persuadés. »

*
**

Ce fut à peu près tout. C'était déjà beaucoup. La presse avait de quoi « servir » les intimes convictions des protagonistes, cette fois basées sur des éléments tangibles et non sur des rumeurs seulement. Qui plus est, cette version n'était pas avancée par n'importe qui mais par un alpiniste de renom, guide talentueux de l'honorable compagnie de Chamonix, d'une part, et par Philippe Réal, directeur régional de l'ORTF à Grenoble, journaliste, longtemps spécialisé dans l'aéronautique, d'autre part. Néanmoins, les jugements de Troksiar, Desmaison ou Réal n'avaient aucune valeur officielle. Il fallait attendre que les pièces remises aux autorités italiennes soient examinées et que les experts prononcent leur verdict.

Le lendemain, les cinq hommes furent à nouveau interrogés, cette fois par le maresciallo Giuseppe Malatesta, chef des carabiniers. Desmaison et Troksiar confirmèrent qu'ils avaient vu des cadavres partout. Devant l'insistance du maresciallo qui voulait absolument savoir s'ils étaient entiers ou en morceaux, exaspéré, Desmaison avait finalement expliqué à l'interprète que le steward était debout, gelé, avec un plateau à la main sur lequel reposait une bouteille de whisky et deux verres... « Alors quand on est arrivé là-haut, on s'est servi un coup à boire, ça nous a fait du bien ! » L'interprète avait traduit. Le « maréchal » n'avait pas apprécié la plaisanterie...

30

. . . .

Chamonix s'en fout

Les carabiniers acceptèrent finalement de rendre à chacun des « Chabert » son sac à dos, puis on procéda à un nouvel examen des pièces. On les compta et on les décrivit dans un procès-verbal. Sur le témoignage de Desmaison, on précisa l'endroit où elles avaient été découvertes. Desmaison et Trotziar insistèrent pour avoir une copie certifiée conforme de la liste des pièces saisies. Ils essuyèrent un net refus. Un exemplaire fut néanmoins confié à la préfecture de la Haute-Savoie. Le procès-verbal était plutôt vague : « douze différentes pièces de métal de moyennes et petites dimensions et de nomenclature imprécisée ; six pièces de petite dimension en matière plastique, de nomenclature imprécisée ; un morceau de tôle noire avec inscription argent ; un lambeau de châle de soie de couleur verte et jaune ».

Les éléments de l'enquête furent ensuite placés dans des sacs en matière plastique et confiés à un policier valdotain chargé de les acheminer vers Rome pour l'expertise.

La clef du mystère, si mystère il y avait, était entre les mains des experts. Tout dépendait de leurs conclusions.

En silence, Desmaison et Réal qui soupçonnaient d'avance que leur butin serait volontiers reconnu comme appartenant effectivement au Boeing d'Air India, se firent un clin d'œil. Ils savaient qu'à Paris, dans un laboratoire, quelqu'un manipulait un document qui ferait l'effet d'une bombe. La belle complice avait insisté pour que les films soient prêts pour les informations de 20 heures. Patience.

Il n'était que 18 heures et tous nos hommes attendaient qu'on voulût bien accepter de leur laisser passer la frontière.

*
**

Alors qu'ils patientaient, un agent des douanes françaises vint leur remettre un télégramme : « Sincères félicitations pour votre bel exploit », signé Emile Allais et Pierre Leroux (qui, on s'en souvient, était le compagnon de cordée de René Payot au moment de la mort de celui-ci dans les secours du Malabar Princess) auxquels s'était associée la station de La Plagne. Ce message de reconnaissance venait à point nommé au moment où ils allaient regagner la vallée de Chamonix, car ils savaient d'avance que les réactions du milieu montagnard n'allaient sûrement pas toutes leur donner raison. Déjà, à Chamonix, on trouvait que Desmaison avait une fâcheuse tendance à trop en faire pour séduire les médias. Il avait aussi le regrettable défaut d'être né loin de la vallée, d'avoir une grande gueule, de n'avoir pas froid aux yeux et d'être extrêmement talentueux. Pour certains, l'ancien « blouson noir » de l'Ecole nationale de ski et d'alpinisme commençait à trop sentir le souffre. Au sein de l'honorable compagnie, ce « Parisien » venu des rochers de Fontainebleau commençait à agacer. Cette opération n'allait pas arranger les choses, bien au contraire. Ce qui était pire que tout dans cette affaire privée, c'est qu'elle passait derrière une mission officielle menée par le PSHM et quelques guides de la compagnie, et qu'elle pouvait fragiliser leur jugement, eux qui avaient déclaré la zone de l'accident trop dangereuse, voire impossible à atteindre avant l'été...

Les deux alpinistes allaient maintenant pouvoir affronter les réactions de leurs pairs car ils eurent enfin le droit de traverser le tunnel. En voiture et accompagnés. « C'est la plus belle escorte de flics que j'aie vu de ma vie. Et pour moi, avec ça ! » rigole encore aujourd'hui Troksiar.

*
**

De l'autre côté, dans la vallée de Chamonix, ils ne furent pas libérés pour autant. En effet, une voiture du PSHM les attendait à la sortie du tunnel et ils furent priés tous les cinq de se rendre au bureau du lieutenant Mollaret. Celui-ci, agissant sur commission rogatoire du juge d'instruction de Bonneville, voulait recevoir leur déposition.

Ils eurent d'abord droit à un long sermon. A en croire Réal, le PSHM se sentait accusé de ne pas avoir mené correctement sa mission. Mais le journaliste sut être diplomate ; il expliqua sur le ton le plus calme et le plus respectueux qui soit : « Ecoutez, lieutenant, si l'on était monté là-haut par la même voie que vous et si l'on avait réussi, en persévérant, à atteindre les débris de l'avion du côté italien, alors là, c'est vrai, on aurait pu penser que vous n'aviez pas fait votre travail correctement, mais ce n'est pas le cas, pas du tout ! Nous avons choisi une autre option en y accédant directement du côté italien, donc vous ne pouvez vous sentir mis en cause. »

Au bout d'un moment, Philippe Réal ne put s'empêcher de poser *la* question : « On dirait que vous avez quelque chose à cacher pour être si fâchés que nous soyons montés là-haut !

— Mais non, mais non, m'avait répondu Mollaret, expliquera Réal, c'est pour vous. Vous avez été inconscients et vous avez risqué votre vie bêtement. Sans parler de celle des journalistes...

— Oui, oui, répondions-nous, effectivement ça a été très difficile, mais possible. D'ailleurs, voyez, nous en sommes revenus ! »

René Desmaison insista encore une fois sur le fait qu'ils avaient trouvé des corps partout, des corps qu'on pouvait très bien redescendre. Tout le monde parut embarrassé. Pourquoi ce périmètre de sécurité interdisant tout accès à la zone déclarée dangereuse avait-il été dressé si vite ? Pourquoi les opérations de recherches, que ce soit pour descendre les corps ou pour comprendre les causes de l'accident avaient-elles été stoppées si rapidement ? En vérité ces deux questions simples, associées à la rumeur venue d'Italie, étaient bel et bien au fondement de l'opération Chabert. Philippe Réal se souvient que Desmaison lui avait dit avoir procédé à une petite enquête personnelle dans le « milieu », à Chamonix. « Il était persuadé qu'ils avaient trouvé ce qu'ils cherchaient, m'avait-il dit, sinon pourquoi auraient-ils arrêté les recherches alors qu'ils pouvaient continuer... L'un des guides qui avaient été déposés les premiers sur le lieu du crash lui avait dit qu'il était inutile d'y retourner, qu'il ne trouverait rien d'intéressant, que le plus important avait été ramené. Je me souviens très bien de ça. Nous avions même de bonnes raisons de croire que la boîte noire avait été retrouvée dès le premier jour. »

« Avez-vous fait d'autres photos que celles qui ont été saisies ? »

« On a dit non », se souvient Troksiar.

Pendant ce temps, ce mardi 1er mars 1966, les films sortaient des développeuses. Le plan se déroulait comme prévu.

Aujourd'hui, Mollaret ne se souvient pas qu'il y ait eu un interrogatoire officiel des membres de l'opération Chabert. Dans le dossier d'instruction pourtant, figurent les cinq procès-verbaux d'audition de témoin, en exécution d'une commission rogatoire. Ils sont signés par l'officier de police judiciaire Mollaret...

31

Plusieurs voix

Les dépositions des cinq hommes interrogés séparément ne concordent pas. En effet, si Philippe Réal, le seul qui ne soit pas monté, a déclaré : « Mon rôle a été d'assurer une liaison radio entre le camp de base installé au refuge Sella (3363 m) et la station de la Plagne qui se trouve être en vue directe du versant italien du mont Blanc », les cinq autres semblent s'être concertés pour apporter une version différente et ne pas évoquer Quintino Sella.

« Pendant toute la durée de l'expédition, je suis resté au refuge Gonella », affirme Philippe Biessy.

« J'assurais les vacations radio entre le refuge Gonella, La Plagne et l'équipe de pointe, déclare Jean Pontanier. Je suis resté pendant toute la durée de l'expédition au refuge Gonella. »

Le jeune journaliste Alain Frank ajoutera même quelques précisions : « Pendant toute la durée de l'expédition, je suis resté au refuge Gonella (altitude 3 071 mètres). »

C'est aussi au refuge Gonella, qui n'est absolument pas en vue directe de La Plagne, que Desmaison explique avoir été déposé : « L'hélicoptère a fait un point fixe au-dessus du refuge Gonella (altitude 3 071 mètres) en Italie, et nous avons sauté de l'appareil. »

Etant donné leur expérience d'une part, leur connaissance du massif d'autre part, et la préparation sur carte de cette opération, il est peu probable qu'il s'agisse d'une erreur de mémoire commune sur le nom du refuge. D'autant qu'aujourd'hui, que ce soit Troksiar, Réal ou Pontanier — Philippe Biessy est mort, et Desmaison refuse de parler, mais nous y reviendrons —, ils ne se souviennent que de Sella. Alors pourquoi ? La seule raison envisageable est qu'ils souhaitaient récupérer certaines pièces « intéressantes », avant que d'autres ne le fassent. Ceci reste cependant une supposition.

Quoi qu'il en soit, cette non-concordance des faits ne sera pas relevée par la suite. « Attention, les prévient-on quand même de manière insistante, si vous sortez des pièces, si l'on s'aperçoit que vous n'avez pas tout rendu, cela pourrait vous coûter très cher ! » La violation de frontière non plus, avouée par le témoignage de René Desmaison, ne fera pas l'objet de sanctions. « Vous vous expliquerez en haut lieu, nous risquons des incidents diplomatiques... »

Il était 20 heures 40 lorsque Philippe Biessy, le caméraman, passa dans le bureau de l'officier de police judiciaire Jean-Jacques Mollaret.

A la question : « Qui détient actuellement les

films des prises de vues ? », il répondit : « Les services de l'ORTF de Paris. »

Ah, anormal ! puisque tout, normalement avait, été saisi. On le priera de signer immédiatement sa déposition.

« Le lieutenant de gendarmerie, loin d'être un imbécile, avait flairé quelque chose, se souvient Philippe Réal. Il a donc alerté le juge d'instruction, qui a contacté le procureur de la République, lequel a appelé Paris. Une commission rogatoire a été donnée à la direction centrale de la police judiciaire de Paris. Ils ont fait irruption dans les locaux de l'ORTF, rue Cognacq-Jay, et les films ont été saisis. »

On trouve cependant trace, dans les archives de l'INA, de trois documents concernant cette affaire, qui, selon les « conducteurs » des journaux télévisés, auraient été diffusés. La première diffusion est datée du 1er mars 1966 à 20 heures. Les images en noir et blanc, superbes du reste, montrent des plans d'hommes dans la neige, vêtus d'anoraks et de pantalons en duvet, évoluant au milieu des débris, puis des gros plans de ces débris, sur lesquels on montre du doigt les numéros de série. Parmi les éléments exhibés, on remarque surtout celui doté de rivets extérieurs, ainsi que le morceau de tôle sur lequel figure la fameuse inscription datée. Le document dure cinquante secondes. Impossible, en revanche, de connaître le contenu du commentaire, la bande sonore a complètement disparu. Aucune trace. Ni sur ce document, ni sur les suivants. Car, toujours si l'on s'en réfère aux conducteurs, il y eut une deuxième diffusion aux « actualités » de 20 heures du lendemain, le 2 mars. Un document d'une minute dix cette fois ; il s'agit du même sujet que le précédent avec quelques plans supplémentaires. Le 3 mars, toujours à la même heure, le reportage est encore plus long. Trois minutes d'interview (aujourd'hui sans son !), probablement tournées à Entrèves ou à Chamonix. Les cinq hommes sont côte à côte, mal rasés, les traits tirés mais souriants et l'air satisfait des vrais héros. C'est Desmaison qui parle. Que dit-il ? D'après la vieille fiche qui accompagne la bobine, son discours se résume à : « Tout s'est bien passé, l'opération a été positive ».

32

. . . .

Adieu l'Emile

« L'alpinisme est un sport à haut risque. C'est une aberration de proclamer que la montagne est démystifiée. Elle le sera quand il n'y aura plus aucun mort. »

René DESMAISON, *Montagnes Magazine.*

Il était là, ce mercredi 2 mars, le vieil Emile, un peu interloqué, pas très loquace ce matin devant sa tasse de café crème. Il était descendu en ville assez tôt, impatient d'avoir les dernières nouvelles et de lire le journal. Quelqu'un, la veille au soir, lui avait vaguement rapporté qu'il y avait eu du ramdam au PSHM. Sans pouvoir donner plus de détails. Il était penché, presque couché sur la première page du *Dauphiné Libéré.*

« *Les débris que nous avons rapportés ne peuvent être ceux d'un Boeing.* » Sous la citation de Philippe Réal écrite en gras, une photo, celle de la pièce datée, mais il était bien difficile d'en lire précisément la date. « *C'est la pièce la plus importante qui a été rapportée par les membres de l'expédition, etc.* » La date de révision, les rivets extérieurs... Lire en page trois.

L'Emile tourna les pages, ahuri.

« Ben ça alors ! » Voilà qui allait occuper l'esprit du vieil Emile pour quelques jours. Et qui aurait normalement dû alimenter un certain nombre de conversations. Pourtant, curieusement, l'affaire ne déborda que moyennement dans la rue et dans les bistrots. La vraie polémique n'était pas celle que l'on croyait, elle concernait plutôt l'acte isolé et insolent de Desmaison. Collision ou pas, après tout... Le vieil Emile ne fit aucun commentaire mais sortit acheter d'autres journaux dans l'espoir d'en savoir plus. Il avait bien compris qu'il lui serait difficile d'obtenir ne serait-ce qu'un avis de ses concitoyens. Pudeur, prudence, embarras, tabous ? Il ne retourna pas au café, il préféra s'asseoir sur son banc. Essayant de retenir ses tremblements, et les yeux collés au papier, il tourna lentement les pages.

Sous une publicité pour Iberia (« *Sur Iberia, seul l'avion est mieux traité que le passager* » !), un article d'une colonne :

« *Mêlés aux débris du Boeing d'Air India, les restes d'un avion non identifié découverts sur le mont Blanc par la mission ORTF (...). Les pièces assez grossières comme finition sont d'un type ancien (...). On ne peut toutefois en aucun cas affirmer qu'il s'agit d'un appareil italien, toutes les inscriptions que nous avons retrouvées sont en langue anglaise (...). La date du 1er juin 1960 sera sans nul doute précieuse pour les experts...* »

Il enchaîna avec le *Progrès*, le vieil Emile.

« *A cette époque, peu de Boeing étaient en ligne, et Philippe Réal a de la peine à imaginer que l'un d'eux ait déjà subi en juin 1960, une révision, etc.* »

Là encore, le papier était modeste, se contentant de relater la conférence de presse de Philippe Réal. Apparemment, les journalistes n'avaient pas cherché à s'informer par ailleurs. Aucune enquête. Aucune déclaration des autorités impliquées. Rien. Il faudrait sans doute attendre le prochain mercredi et la sortie du *Canard Enchaîné*.

Tremblotant, toussotant, le vieil Emile se leva, abandonnant ses journaux. Oh, il n'y avait pas grand-chose, et puis, à quoi bon continuer de découper et de classer, il était trop vieux maintenant. Il ne pourrait plus les voir vieillir longtemps, ses archives. Quant à la petite, elle trouvait que c'était sale et encombrant tous ces vieux journaux. En remontant la rue en pente, plié en deux sur sa canne, haletant, il se dit qu'elle avait raison, la petite, c'était vraiment sale et encombrant tous ces vieux papiers et ça ne servait à rien. A rien du tout, ça n'intéressait personne. On a la mémoire courte à notre époque, forcément, tout va si vite. On a toujours un train de retard. Il s'arrêta, trop essoufflé, et s'assit sur un muret. Il resta là un bon moment, le regard posé sur ses grosses chaussures de cuir. « Elles sont bien vieilles, elles aussi, au moins vingt hivers, elles ont vu passer... » Il se sentait mal, le vieil Emile. Une petite douleur près du cœur, comme un pincement. Oh, trois fois rien. En relevant la tête, il vit le mont Blanc.

Il se dit que chaque jour de sa vie, ils s'étaient salués, tous les deux. C'était tout pour lui, ce mont Blanc. Ses yeux n'étaient guère allés plus loin. C'est pour ça qu'il aimait tant les journaux et qu'il avait beaucoup rêvé. « Pour l'ouverture, figurez-vous. Pour l'horizon, comprenez-vous ? » Pour oublier parfois le poids de cette montagne, déjouer son influence, échapper aux potins des familles d'ici. C'était pourtant son histoire, cette belle cime, celle de tous les siens, véritable mine d'or de ce petit village perdu au fond d'une vallée.

« Foutue montagne ! tant des nôtres t'ont donné leur vie, j'espère bien qu'en échange tu vas livrer tes secrets, sinon, on va encore en entendre parler longtemps de cette affaire, tant que les glaciers garderont des traces. Je n'aime pas ça, moi, tous ces mystères. Déjà avec le Malabar... Evidemment, vous ne pouvez pas comprendre, vous, les touristes, les monchus, les gens d'ailleurs. Tiens, je préfère ne pas connaître la suite, ça ne m'intéresse pas, ces polémiques, tous ces trucs. De toute façon, je n'ai jamais aimé les avions. Rien que leurs traces dans le ciel... Et j'ai bien raison ! A les écouter, ils ne savent même pas éviter les reliefs. Enfin, en attendant, ma belle, ils t'accusent, ils t'accusent comme si tu étais un aimant. Facile, hein ? »

Passèrent devant lui des Anglais, skis sur l'épaule, un groupe de Japonais, appareils photo en bandoulière, et deux enfants d'ici qui couraient dans la descente et qui lui firent un signe.

Quelques secondes plus tard, sa canne se brisa et quelqu'un accourut.

*
**

Un fait encore allait lui donner raison, au vieil Emile. Une dernière fois. Ces derniers temps, les avions ne parvenaient décidément pas à éviter les montagnes, surtout les points culminants. Trois jours plus tard, un Boeing 707 de la British Overseas Airways Corporation qui venait de quitter Tokyo à destination de Londres via Hong-Kong, percutait le Fuji-Yama, faisant cent vingt-quatre morts. La veille, un DC 8 avait raté son atterrissage à Tokyo, provoquant la mort de soixante-quatre passagers. La loi des séries, dit-on. Depuis le début de cette année 1966, alors que nous n'étions qu'aux tout premiers jours de mars, plus de sept cents personnes avaient perdu la vie dans une quinzaine de crashs un peu partout dans le monde.

33

. . . .

Intimes convictions

« Dans un double sillage blanc, un jet traverse le ciel. Je suis en avion. Je tourne autour de la planète, vers l'Inde, le Népal dont je sens l'odeur caractéristique de la terre. Dans le grondement du vent, j'entends celui des puissantes eaux de la Tamar... " Mademoiselle, s'il vous plaît je voudrais un whisky-soda. " Je veux bien mourir là, dans la lumière... »

René DESMAISON
342 heures dans les Grandes Jorasses.

Malgré la fatigue, les interrogations, les avertissements et les pressions, les héros de l'ORTF ne lâchèrent pas prise. Au lendemain de leurs retrouvailles avec la civilisation, dès leur retour à Grenoble, ils donnèrent une conférence de presse à la station, rue Hauquelin. Desmaison relata leurs péripéties d'alpinistes, mais c'est surtout Réal qui, en son nom personnel et sans ambages, fit les déclarations tant attendues : « Je peux vous garantir que les pièces que nous avons trouvées n'appartiennent pas au Boeing. » Il rappela à ses confrères qu'il avait assuré la chronique aéronautique de l'ORTF pendant sept ans, et qu'à ce titre il avait été invité à visiter les usines Boeing de Seattle. Il savait quel soin on apportait à chaque pièce. « Nous avons découvert un morceau de l'empennage avec des rivets extérieurs. Or, dans les Boeing comme dans tous les avions à réaction, rien ne doit ressortir du profilage, afin de ne pas offrir de prise au vent.

D'autre part, les pièces des Boeing sont de couleur acier presque blanc. Celles que nous avons récupérées sont kaki. » On évoqua bien sûr la pièce portant la date de révision du 1er juin 1960, etc. Réal expliqua encore que les pièces étaient désormais entre les mains des Italiens, lesquels devraient rendre prochainement un rapport d'expertise, et il conclut avec la phrase déjà entendue : « Nous n'avons pas voulu nous substituer à l'enquête officielle. »

A la suite de cette conférence, certains journalistes téléphonèrent à la compagnie Air India qui déclara qu'elle n'avait que très peu d'appareils de ce type en 1960 et qu'il serait facile de savoir si l'un de ceux-ci avait été révisé à la date indiquée. Les ateliers Boeing d'Orly, contactés eux aussi, confirmèrent les propos de Philippe Réal quant aux rivets extérieurs, mais ne voulurent pas s'avancer, faute de pouvoir localiser précisément la pièce en question.

De son côté, Philippe Réal fut très demandé à Paris. En très hauts lieux.

« Après ces déclarations, se souvient Philippe Réal, René et moi avons été immédiatement convoqués à Paris. Nous nous sommes d'abord retrouvés dans le bureau du directeur général de l'ORTF qui nous a directement conduits au ministère de l'Intérieur. Nous avons d'abord été reçus par le directeur du cabinet du ministre, puis par le ministre lui-même, Roger Frey. Celui-ci nous a fait comprendre qu'il était prêt à minimiser les choses concernant la violation de frontière, au cas où l'Italie porterait plainte. Nous n'aurions pas de poursuites, mais en échange nous étions priés de garder nos convictions pour nous seuls. Silence complet sur l'hypothèse de la collision. « C'est terminé, on ne parle plus de cette affaire, ne faites plus aucune déclaration, compris ? » On avait compris.

« On s'est un peu calmé. Aujourd'hui, mes convictions personnelles n'ont pas changé. Pour moi il n'y a aucun doute, il y a bien eu collision. Ces avertissements en hauts lieux, d'une certaine manière, le confirmaient. Mais pour des raisons d'Etat, d'états au pluriel (en l'occurrence l'OTAN), l'affaire a été étouffée. De Gaulle venait à peine de retirer la France du système des forces intégrées de l'OTAN, et les Américains avaient déjà de sérieux problèmes avec leur bombe perdue quelque part en Espagne, à la suite, là aussi, d'une collision entre un B52 et son ravitailleur en vol... une autre affaire de sécurité aérienne était mal venue. Il y a eu pression entre gouvernements pour que la vérité n'éclate pas au grand jour. Ceci étant, on s'est aussi posé d'autres questions... collision accidentelle, attentat contre Bhabha ? »

L'hypothèse de l'attentat avait été écartée presque immédiatement. La « rumeur » de la collision sera rapidement démentie, avant même d'ailleurs, que les experts se soient prononcés quant aux pièces douteuses. Après le 3 mars, on ne trouvera plus un mot dans la presse sur l'opération Chabert ni sur l'hypothèse de la collision. L'affaire ne sembla pas intéresser le *Canard Enchaîné,* qui trouva pourtant l'occasion de publier un article sur le dernier *Interneige* opposant la station suisse de Crans à La Plagne, où s'était caché Philippe Réal. Dans *Le Lux et l'élégance*, les journalistes du *Canard* se paient la tête de la presse helvétique, laquelle avait accusé l'animateur vedette d'avoir manqué de classe avec l'animatrice suisse. Elle s'était gelée toute la journée, n'avait pas eu droit aux boissons chaudes, etc. Elle était rentrée au pays très en colère !

34

Dossier classé

« Même mort, l'avion n'était pas chez lui dans la montagne. Tombé du ciel dans une contrée de solitude vierge, il choquait la pensée comme une erreur dans le calcul de siècles. Au lieu d'avancer dans l'espace, il avait reculé dans le temps... »

Henri TROYAT, *La neige en deuil.*

Etouffée, l'affaire. Oubliée, l'opération Chabert. Certes. Mais puisqu'il y avait enquête, il fallait bien qu'elle se poursuive. Curieusement, alors que les recherches étaient abandonnées depuis la fin janvier, elles reprenaient soudain le 3 mars, au lendemain du retour de l'équipe ORTF. Il faut préciser que les conditions météo étaient favorables. Quatre gendarmes du PSHM furent déposés au sommet même du mont Blanc. Ils restèrent en face nord, du côté français, mais là déjà, sur l'arête entre le sommet et le col du Dôme, à l'altitude de 4 740 mètres, ils trouvèrent des tas de débris numérotés sûrement utiles à l'enquête, ainsi qu'un cadavre intact. Il s'agissait d'une femme indienne, gisant nue dans la neige, couverte de bijoux. « *Quatre bracelets dorés à son poignet droit, une bague argent au deuxième orteil droit, une autre au deuxième orteil gauche. A l'annulaire gauche, une grosse bague avec trois gros brillants verts. Un gros collier doré au cou. Une boucle d'oreille avec quatre brillants et une perle blanche sur sa narine droite* », précise le procès-verbal. Redescendue quelques jours plus tard, l'Indienne fut identifiée. Elle avait trente-neuf ans. Les bijoux furent remis à son mari venu des Indes.

On pouvait imaginer ce que les cent seize autres passagers jamais redescendus pouvaient transporter avec eux... Cette fois, ce ne serait pas la cassette du trésor de la princesse indienne qui ferait rêver dans les vallées. Cette fois, il n'était pas besoin de légende. Mais quelque part sous la neige, peut-être déjà pris par les glaces, dérivait un colis plein d'émeraudes, avec une adresse : Monsieur Issacharov, Londres. C'est les agents d'assurances mandatés par les Lloyd's qui le firent savoir, espérant en avoir des nouvelles au plus vite. En fait, il n'était nul besoin de tous ces détails pour comprendre quelle fortune était tombée du ciel.

« A cette époque-là, il fallait être riche pour prendre l'avion », souligne l'avide Marcellin dans le roman *La neige en deuil.* On apprendra également que l'avion transportait « cinquante-six colis diplomatiques expédiés par le gouvernement de l'Inde à ses missions en Turquie, en Asie et aux Etats-Unis ». Jusque-là, deux seulement avaient été retrouvés.

La découverte du corps de cette Indienne, annoncé dans la presse, semble avoir provoqué différentes réactions. Ainsi, madame Slator, fille de monsieur et madame Bruce, qui ayant appris la nouvelle dans la presse indienne, écrivit une lettre au juge d'instruction du tribunal de Bonneville pour lui dire simplement : « Monsieur, au cas où les corps de mes parents seraient retrouvés, je souhaite qu'ils soient incinérés. Je vous donne l'autorisation de procéder aux démarches nécessaires. » Mais la malheureuse enverra presque aussitôt une autre lettre : « Monsieur, en fait, puisqu'on dit que la glace... je souhaiterais les voir. » L'espoir, encore. L'humble espoir d'avoir une preuve ou un signe, quelque chose des défunts. D'ailleurs, pour l'heure, à l'exception de Giovanni Bertoli, il était toujours question de disparus et non de décédés. La loi est ainsi faite. Elle aussi veut des preuves. On ne quitte pas comme ça le monde des vivants.

*
**

La découverte provoqua donc l'envoi d'un important courrier venu des quatre coins du monde jusque sur le bureau du juge d'instruction. Ecrites directement de la main d'un parent ou de celle de l'avocat représentant la famille, elles contenaient toutes la même émotion. Elles retenaient toutes la même amertume. Toutes traduisaient, entre les lignes, l'étrange sensation que tout n'avait pas été fait. Que quelque chose avait été caché aux familles. Au printemps, cette belle saison dont on leur avait tant promis, les lettres redoublèrent d'affluence et de fréquence. « On nous avait pourtant dit que lorsque la neige fondrait... » Beaucoup envoyèrent alors des photos, des dossiers de dentiste avec des radios, des empreintes digitales, des listes détaillées de la tenue du disparu, du contenu de ses bagages. D'autres montraient clairement leur inquiétude quant au sérieux de l'enquête. D'autres encore s'offusquaient du fait que personne, ni la compagnie, ni les enquêteurs, ni la gendarmerie n'ait daigné leur transmettre des informations. Ils s'indignaient que la presse en sût plus qu'eux. Si, contre toute attente, aucune lettre n'évoquait l'hypothèse de la collision, ou de l'attentat, on sentait néanmoins dans chacune l'impatience de voir tomber le verdict. Que la responsabilité fût enfin attribuée. Le chagrin prenait un arrière-goût de révolte et de dégoût.

Le fils du passager Malherbe, avocat en Belgique comme son père, s'étonnait qu'aucune recherche du PSHM n'ait été organisée en territoire italien alors qu'on avait désormais les preuves que bon nombre de corps et de débris se trouvaient sur ce versant-là. Il priait le procureur de la République d'adresser une demande officielle aux autorités italiennes et, pour appuyer sa requête, il joignait une lettre du conseiller de l'ambassade de Belgique à Rome qui s'était mis lui-même en rapport avec le ministère italien des Affaires étrangères. Ce courrier précisait qu'aucune objection ne serait faite par les Italiens, mais il n'y eut aucune suite. Madame Borovsky se plaignait que ses différentes lettres fussent restées sans réponse. Elle s'offusquait surtout d'avoir appris par la presse la découverte du portefeuille de son mari, monsieur Znosko Borovsky. Elle demandait qu'il lui soit rendu au plus vite. On peut d'ailleurs se demander pourquoi monsieur Borovsky ne fut jamais compté parmi les victimes françaises...

La fille de Mme Verhoeven, membre de la délégation culturelle belge, voulait être reçue afin d'examiner tous les objets redescendus et saisis depuis le début de l'enquête. Cela lui fut refusé. Même histoire pour monsieur Robert Engelhard, fils de madame Engelhard, cette Française également membre de la délégation belge.

« L'enquête suit son cours, leur dit-on... Vous

serez avertis à temps des résultats et pourrez agir en conséquence... »

⁂

Seuls les corps de Bertoli et de l'Indienne, respectivement redescendus le 24 janvier et le 6 mars 1966, furent reconnus et rapatriés. Cinq autres corps ne purent être identifiés et furent inhumés dans la fosse commune de Chamonix. Les cent dix passagers restants, dont les dépouilles ne furent jamais retrouvées ou identifiées, furent judiciairement déclarés décédés par jugements du tribunal de grande instance de Bonneville en dates du 15 juin et du 26 octobre 1966.

Le rapport final d'enquête technique sera signé le 9 mars 1967 par le président de la commission d'enquête, l'ingénieur général de l'Air Bonte, et par les experts de l'Aviation civile, Grenier, Guillevic, Auffray, Daudon (pilote inspecteur, contrôleur en vol) et Bontrond (ingénieur de la météorologie). Ce rapport sera publié au *Journal officiel* le 8 mars 1968 :

« *Le point d'impact se situe exactement sur l'arête terminale de neige glacée aboutissant au sommet du mont Blanc à environ 4 750 mètres d'altitude et au cap probable de 330°. La forme du terrain et la répartition des débris sont apparus compatibles avec un accident causé par l'impact de l'avion sur la montagne. Au total, quatre-vingts heures de recherches et d'investigations ont été effectuées par le PSHM, et, au cours de trois missions, les enquêteurs techniques sont restés quinze heures sur les lieux de l'accident dans des conditions difficiles, voire dangereuses. Enfin l'ensemble de ces travaux a directement nécessité l'accomplissement de dix-huit heures de vol d'hélicoptère. (...) L'enregistreur n'a pu être retrouvé malgré les recherches. Enfin les morceaux ramassés sur les lieux de l'accident par les journalistes et ayant donné lieu au développement dans la presse d'une hypothèse de collision entre le B 707 d'Air India et un avion de chasse italien à la verticale du mont Blanc ont été tous identifiés par les enquêteurs techniques le 9 mars comme appartenant au B 707 accidenté. (...) A l'époque la plus favorable, c'est-à-dire mi-septembre 1966, l'examen effectué par les enquêteurs techniques a permis de constater que du côté français la plupart des débris avaient disparu dans la neige. Les débris restés accrochés sur le versant italien (versant très raide et presque impossible d'accès) sont apparus plus visibles qu'au cours des missions précédentes mais n'ont pu être approchés. En définitive les treize missions effectuées sur place par les gendarmes du peloton spécialisé de haute montagne et les trois expéditions réalisées par les enquêteurs techniques ont permis d'examiner un certain nombre de débris et d'établir une carte très incomplète de ces débris...* »

Après un développement sur une page et demie du phénomène « White Out » sous trois angles (caractères physiques : absence d'ombres et illumination diffuse, caractères physiologiques : éclairement de la rétine, aspects psychologiques : perte du sens de la verticale), la commission estime, « d'après les faits qui sont connus d'elle », que l'hypothèse la plus vraisemblable est la suivante :

« ... *Le commandant de bord du VT-DMN, qui savait au départ de Beyrouth qu'un de ses deux VOR était hors de service, s'est incorrectement situé par rapport au mont Blanc et a donné connaissance au contrôle de son estimation; le contrôleur radar a constaté cette erreur, a évalué correctement la position du VT-DMN et a fourni à l'avion une information qui devait, dans son esprit, permettre de la rectifier;*

« *Faute d'une phraséologie suffisamment précise, la rectification n'a pas été comprise par le pilote qui, croyant à tort avoir passé la ligne de crête et se trouver encore à un niveau de vol assurant une marge de sécurité suffisante par rapport au sommet du mont Blanc, a poursuivi sa descente.* »

Le réquisitoire définitif de l'information judiciaire sera, quant à lui, prononcé le 5 juin 1968 : non-lieu, basé sur les constatations suivantes :

« *Il ressort de l'enregistrement des communications échangées en anglais entre l'avion et Genève, qu'après avoir énoncé qu'il allait atteindre le niveau 190 (19 000 pieds ou 5 700 mètres), le pilote a reçu du contrôleur radar l'instruction de maintenir à ce niveau à moins qu'il puisse descendre en condition de vol à vue jusqu'à 1 000 pieds (300 mètres) au-dessus du sommet de la couche nuageuse, suggestion qui a été acceptée par le commandant de bord. C'est à ce moment-là, 7 heures 0 minute 43 secondes, que se place l'élément essentiel de cette affaire : le pilote déclarait en effet : " ... et je pense que nous passons par travers du mont Blanc maintenant ". Ce à quoi le contrôleur radar répondait : " You have five miles to the mont Blanc ", ce qui a été traduit par : " Vous êtes à 5 miles du mont Blanc ", mais cette phrase anglaise, émise par un Suisse peut littéralement se traduire par : " Vous avez 5 miles vers le mont Blanc ", selon son auteur, elle équivalait à : " Il vous reste encore 5 miles pour atteindre le mont Blanc ".*

« *Le commandant de bord répondait immédiatement : " Bien compris " sans qu'il soit possible de savoir s'il entendait par là accuser réception d'une rectification de sa position ou d'une précision quant à la distance de son " travers ".* »

Cent dix-sept personnes seraient donc mortes parce qu'un Suisse et un Indien parlant l'anglais, leur langage professionnel, se seraient mal compris... On est bien peu de chose. Mais qui condamner alors ? Léo Schegg ou le pilote défunt ?

« *Il apparaît que l'indication de position donnée par le contrôleur radar de Genève a été mal comprise par le pilote de l'avion et, avec les experts, on peut regretter que les procédures de télécommunications adoptées par les Etats membres de l'OACI ne contiennent pas une phraséologie d'application universelle évitant de telles erreurs d'interprétation. On peut également regretter que le contrôleur de Genève n'ait pas attiré l'attention du commandant de bord sur le danger qu'il courait lorsqu'il fut avisé du début de la manœuvre de descente au-dessous du niveau 190. Mais au terme des conventions internationales sur l'Aviation civile, c'est au commandant qu'incombe la responsabilité d'éviter les collisions avec les obstacles au sol d'une part, et d'autre part le manuel de route pour l'avion d'Air India fixait, dans le secteur du mont Blanc, sa hauteur de sécurité à 18 000 pieds (5 400 mètres).*

Dans ces conditions, il n'est pas possible de retenir une faute quelconque, constitutive du délit d'homicides involontaires, à la charge du contrôleur radar Schegg qui, de bonne foi, a cru que la rectification de position qu'il avait adressée au commandant de bord de l'avion avait été comprise par celui-ci, étant précisé, en outre, qu'entre cette rectification et la dernière communication avec l'avion, il ne s'est pas écoulé plus de sept secondes.

Attendu, en conséquence, qu'il ne résulte pas de l'information charges suffisantes contre quiconque, d'avoir commis le délit ci-dessus visé, requiert qu'il plaise à monsieur le juge d'instruction de déclarer qu'il n'y a pas lieu à suivre en l'état et ordonner le dépôt de la procédure au greffe, pour y être reprise en cas de survenance de charges nouvelles.

Fait au parquet le 5 juin 1968. »

35

Montagnards au cœur pur

« Nous sommes quatre milliards à avoir les yeux grands ouverts sans y comprendre grand-chose. Il me semble que notre sort est excessivement commun et vulgaire. »

Olivier de KERSAUSON

Ainsi s'achevait la triste histoire de « l'Air India ». Une affaire classée. Non lieu. Un dossier pas si épais que ça, rangé dans une armoire métallique du tribunal de grande instance de Bonneville. Deux ans seulement après le drame inexpliqué. Un classeur ficelé susceptible d'être réouvert au cas où... Qui sait ? Puisque l'enregistreur de vol n'a jamais été retrouvé, il doit forcément se trouver encore quelque part, dans un repli secret de la montagne, coincé sous un rocher du côté de l'Italie ou bien enfoui profond sous la glace. Mais la montagne bouge et elle est de plus en plus parcourue... Il finira bien par réapparaître, ce mouchard détenteur du grand secret. D'autant qu'à la vue de sa photo, envoyée par Air India aux enquêteurs, il est impossible de passer à côté sans le voir. C'est une boule, plus grosse qu'un ballon de football, de couleur jaune-orange très vif. Cela devait être la pièce la plus voyante de l'avion. Mais vingt-six années ont passé et l'on n'a toujours rien retrouvé. La dernière pièce jointe à la procédure date du 15 septembre 1981. Il s'agit de deux lettres, postées le 23 janvier à Bombay. Ironie du sort, les timbres représentent un avion en vol. A l'intérieur de l'une des enveloppes, la photo d'une très jolie fille de type oriental. Une certaine Mayunde qui écrivait à Mallika, de Toronto.

Alors que le papier jaunit, le glacier continue quant à lui son inexorable descente. Comme pour le Malabar Princess, on dit qu'il faudra quarante ans pour que les débris pris par la glace du côté français émergent au pied des Bossons. Du Constellation, il paraît que presque tout est ressorti. Ça a commencé en 1986, date où l'un des trains d'atterrissage est remonté à la surface du fleuve de glace. Depuis, il n'est pas un guide, pas un alpiniste habitué du glacier des Bossons qui ne se vante d'avoir croisé un morceau de cadavre parcheminé, ramassé des morceaux de ferraille numérotés, du courrier ou des titres de banque... « Mais jamais rien d'intéressant » disent-ils. Rien qui mérite, tant à leurs yeux qu'à ceux des services de gendarmerie, la rédaction d'un procès-verbal. « Vous avez trouvé une main ? Que voulez-vous qu'on en fasse ? Jetez-moi ça dans l'Arve ! » En revanche, personne n'a jamais déclaré avoir trouvé des bijoux ou des objets de valeur ! Ils ont dû fondre...

Si l'on en croit les spécialistes et les observateurs privilégiés, il faudrait encore attendre une petite quinzaine d'années avant que le puzzle du Boeing apparaisse au bas de la « plus grande cascade de glace d'Europe », du côté français. Mais qu'en est-il sur le versant abrupt de l'Italie ? Il est bien difficile de croire que personne n'a eu envie, ne serait-ce que par curiosité, de s'aventurer sous l'éperon de la Tournette où, trois ans après le drame, attendaient toujours, assis dans leurs fauteuils, des passagers endormis pour l'éternité.

Que raconte-t-on aujourd'hui, dans les vallées, sur cette affaire ? Où en sont les convictions de chacun ? Comment le fait divers a-t-il traversé le temps ? De quoi se souvient-on exactement ? A-t-on jamais élucidé les mystères d'une enquête trop rapidement bouclée ? Que s'est-il passé dans l'esprit des Chamoniards ? Un avion qui s'écrase au-dessus de sa tête, on s'en souvient, quand même ! Et les ragots, les rumeurs, les histoires d'or et de chercheurs de trésor ? Il est bien difficile d'y échapper, non ? Vous qui faites circuler des souvenirs de membres, de chevelures brunes ou de bustes d'enfants coincés dans la glace, comment se fait-il que vous n'ayez jamais aperçu autre chose, un bracelet d'émeraude, un diamant sur une bague, une montre ou une dent en or ? Ou l'agenda Hermès du professeur Bhabha ? Et le colis avec les saphirs ? Et pourquoi pas la boîte noire ? Dites, que pensez-vous du roman *La neige en deuil ?* Et du film ? Il n'est pas joli-joli le personnage de Marcellin Christophe qui pille les cadavres. Croyez-vous que Troyat se soit inspiré d'une histoire vraie ? Etes-vous tous des Isaïe, montagnards au cœur pur ? Et que dites-vous de cette fabuleuse coïncidence entre les deux crashs ? Et comment vont les rapports entre Chamonix et Saint-Gervais aujourd'hui ? Pourquoi parlez-vous toujours de Vincendon et Henry lorsqu'on prononce les mots crash et secours ? Jamais je n'aurais pensé vous poser de telles questions lorsque m'est venue l'idée simple d'écrire le récit du crash d'Air India. Je dis bien du et fait, bizarrement, on ne se souvient que du Malabar Princess.

Pour l'autre, il faut insister. Il y a les « Ah oui ! Le Malabar Princess... » et les « Ah bon ? Le Boeing d'Air India ? Oui, peut-être... »

Deuxième partie

36

L'exotisme et la mort sur le toit de l'Europe

Je n'avais jamais mis les pieds en haute montagne. Je ne savais pas vraiment ce qu'est un glacier. Et puis, c'est toujours la même histoire, un jour vous vous surprenez à vouloir suivre quelqu'un n'importe où, et tout particulièrement au milieu de sa passion.

Il est guide de haute montagne. C'était l'été 87, il m'a fait chausser grosses chaussures et crampons, il m'a mis un piolet dans la main et m'a attachée à sa corde. Comme tous les novices, j'ai fait mes premiers pas en glace aux Bossons. Il y a un monde fou, en été, sur la langue frontale. Débutants maladroits accrochés à leur guide sur les bosses du glacier, ou grimpeurs confirmés à l'entraînement dans les séracs. Une « école de glace », comme ils disent. Un véritable stade vers lequel on se replie volontiers les jours de mauvais temps à Chamonix. Une ambiance assez gaie du reste, un tableau de Bruegel où chaque scène vaut d'être longuement observée. Eventail des genres en matière de look et de comportements. On y voit de tout.

Nous remontions donc les Bossons, et François me fit remarquer des morceaux de ferraille coincés un peu partout dans les replis du glacier... puis il évoqua l'histoire du Malabar Princess. Un avion venu des Indes, aucun rescapé, le trésor, les corps, les débris pris par la glace et leur invisible descente du toit de l'Europe jusque dans la vallée, qui durerait quarante ans. Il précisa que justement cette année, ça commençait à ressortir. On avait trouvé l'un des trains d'atterrissage. Il me parla aussi du Sikorsky de Vincendon et Henry. Il devait également y avoir encore pas mal de débris de cet hélicoptère. Une vieille histoire qui remonte à 1956, mais dont tout le monde se souvient dans la vallée, comme si c'était hier... Moi, derrière, j'écoutais, les yeux posés sur mes chaussures, prenant soin d'écarter suffisamment les pieds pour ne pas accrocher mes crampons à un pantalon peu adéquat. De sa voix la plus normale, François me dit qu'un jour il avait vu un pied. Je fis une grimace. Il se moqua de mon style peu élégant. Mais il ne soupçonna pas un seul instant ce que tout ça avait provoqué en moi. Le mont Blanc, l'exotisme et la mort, réunis par le hasard. Et puis le temps qui passe et qui s'en mêle.

Dès lors, j'ai eu envie d'en savoir un peu plus. Malabar Princess ! Quel nom ! J'appris ensuite qu'un second crash avait eu lieu au même endroit, seize ans plus tard, touchant la même compagnie... Pourquoi n'entendait-on jamais parler du Kangchenjunga comme on évoque le Malabar ? C'est pourtant un sommet célèbre dans le milieu montagnard...

Trois ans plus tard, un peu plus aguerrie en alpinisme, je m'installai à Chamonix pour les deux mois d'été, décidée à reconstruire la longue histoire du Malabar, à écouter les Chamoniards, à recueillir des témoignages. Mais je ne connaissais rien de cette vallée. Ni ses mœurs, ni ses règles, et je m'aperçus bien vite qu'on n'y a pas la parole facile. Surtout avec une étrangère. « Tout ça est bien loin, vous savez... Ce n'est pas moi qui sais, c'est l'autre... » Le Malabar, on voulait bien s'en souvenir. Les jeunes autant que les vieux, d'ailleurs. Pour certains, à cause de la mort de René Payot, parce que c'était un copain ou tout simplement parce que c'était le père de Georges. Or Georges, c'est un personnage. Un prof célèbre de l'ENSA. Pour d'autres, le Malabar, c'est des rumeurs, des histoires bizarres de lingots d'or...

Chacun a sa vision, sa version, ses projections, une certaine manière d'aménager et d'orienter ses souvenirs.

37

Des Bossons du mont Blanc

Chamonix, été 90.

Du côté chamoniard, qui dit Malabar Princess dit glacier des Bossons, et qui dit glacier des Bossons dit James Couttet. L'ancien champion de ski, médaillé d'or en descente en 1938 au championnat du monde d'Engelberg, alors qu'il n'avait même pas dix-sept ans, détenteur de dix-sept titres de champion de France, est né au pied du glacier, il a appris à skier au bord du glacier, il est toujours resté à regarder ce glacier. « James, viens voir le glacier, viens voir comme il est beau ce soir », lui disait toujours sa mère. « On observait son œil, vous savez ce rayon de soleil qui forme un cercle rose le soir alors que tout le reste est dans l'ombre », se souvient-il, le nez en l'air, assis sur la terrasse du modeste télésiège multicolore qu'il a créé et dont il possède la concession. Le télésiège des Bossons, bien sûr. Depuis soixante-dix ans, James Couttet ne s'en lasse pas. Ce glacier est sa vie, sa passion, l'objet de ses combats d'aujourd'hui.

« C'est comme la mer. Ceux qui vivent à côté et qui savent regarder la voient sans cesse différemment. La couleur de l'eau, la grosseur des vagues... Pour un glacier, c'est encore plus flagrant. Il y a des secousses et des bruits secs. Ça vit, ça casse. Mais vous savez, il y a des gens qui ne remarquent rien... » Alors, pour le mettre en valeur même la nuit, son glacier, il l'a d'abord éclairé. Au départ, il fut obligé d'installer deux gros groupes électrogènes qui alimentaient chacun un projecteur de 2 000 watts installé sur ses flancs. Il engagea à ses frais des gens pour monter chaque soir faire les branchements et remonter les arrêter. L'idée plut, la mairie l'aida à « monter » le courant là-haut, si bien la langue bleue des Bossons fait désormais partie du décor de la vallée. Fort de sa première réussite, James Couttet tente aujourd'hui de faire débaptiser le glacier des Bossons pour qu'il devienne celui du mont Blanc. « Il est directement issu des neiges du sommet du mont Blanc, à 4 807 mètres. C'est le plus long glacier d'Europe puisqu'il descend jusqu'à moins de 1 200 mètres suivant les années. Il y a un siècle d'ailleurs, la grotte de glace qu'on creusait pour faire venir les touristes s'appelait bien la grotte du mont Blanc, et c'est les anciens qui l'avaient nommée ainsi. Tout comme l'on voit le mont Blanc de partout, on remarque la longue langue de ce glacier d'où que l'on soit, alors ce serait bien normal qu'il porte le nom du mont Blanc, non ? Moi, je serais très fier ! »

James Couttet saura-t-il jouer de son charisme et de sa passion jusqu'au bout ? Peu probable... de l'autre côté, en Italie, existe déjà le glacier du mont Blanc. Celui, justement, où sont retenus les vestiges des deux avions. « Oui, j'ai des souvenirs de ces accidents... J'ai dû faire le mont Blanc deux ou trois jours après celui du Malabar. Il y avait des tas de débris dispersés un peu partout, la voie normale ne faisait pas très propre, mais on n'a rien vu de spécial... Ça n'empêche pas les gens de parler, vous savez, on a même dit quelque temps après que certains auraient trouvé des lingots d'or vers le refuge Vallot. On en dit tellement ! Remarquez, c'est légitime d'aller voir, après tout, mais ce n'est pas la misère ici, on n'a pas besoin d'aller voler des trucs s'il y en a. C'est moi qui ai fait redescendre la roue du Malabar, il y a quelques années. J'ai demandé à l'hélico de débardage du bois de la déposer sur la terrasse de la buvette des Bossons, parce que, voyez-vous, je trouve ça intéressant pour les gens. C'est éducatif. On a mis un petit panneau expliquant l'accident, la date et le lieu où cette roue a été retrouvée. Les touristes se rendent ainsi mieux compte qu'un glacier n'est pas inerte, qu'il avance. Mais vous savez, les touristes d'aujourd'hui ne sont pas comme ceux d'hier. Ils n'ont pas beaucoup d'éducation. Ils confondent même la neige et la glace, ça me rend furieux !

« Mais pour en revenir à ces histoires d'avions, là encore il y a des trucs qui me dépassent dans le comportement des gens. Il y a deux ans, un gars m'a redescendu un sac plastique avec une petite main d'Indienne dedans. Toute parcheminée, parfaite. C'est macabre ! Je ne comprends pas qu'on s'acharne. Il y a des types qui parcourent le glacier dans le seul but de trouver des choses " intéressantes ", paraît-il. Allez savoir quoi ? L'année dernière, un moteur a été retrouvé, une pièce qui devait peser plus de 200 kilos. Il a été déposé sur la DZ, eh bien le soir même, quelqu'un l'a volé ! Il est impossible que ce soit un type tout seul, c'est une organisation ! Et ne me dites pas que c'est des collectionneurs, on peut pas mettre ça sur une cheminée ! Ce serait " G. " qui aurait fait le coup, il paraît qu'il vendrait certaines pièces qu'il trouve sur le glacier. Le client serait italien, il se ferait pas mal d'argent avec ça... Mais enfin, allez savoir, on ne peut pas accuser les gens comme ça. Il y a aussi une dame qui se balade très souvent sur le glacier, elle cramponne, et elle en profite pour mettre de côté dans un filet tous les bouts de ferraille tordus qu'elle trouve. Ensuite, un hélicoptère de la protection civile vient le chercher... Je lui ai demandé ce qu'elle faisait de ça, il semble qu'elle prépare une exposition artistique, en tout cas, c'est ce qu'elle dit, mais ça me fait rire... Là, quelqu'un m'a redescendu un bout de moteur, un cylindre, je veux le sceller sur la terrasse avec une plaque explicative. Je dis bien sceller, parce que sinon, je ne suis pas sûr qu'on ne me le vole pas aussitôt. En attendant je le cache à la cave, venez voir ! Vous savez, ça ne sert à rien de prévenir la gendarmerie quand vous trouvez quelque chose, ils préfèrent qu'on ne parle pas de ces histoires. A ce qu'il paraît, ça leur fait une paperasse terrible et des démarches à n'en plus finir... Mais vous devriez aller voir Christian Mollier, il a dû récupérer des tas de lettres, des titres de banque, etc., c'est lui qui a la grotte et la buvette, là-haut, il est aux premières loges... »

38

. . . .

Le gérant de la buvette

Textes et photos, dans le petit fascicule touristique du glacier des Bossons, Christian Mollier a tout réalisé lui-même ! Les Bossons, c'est son affaire et il regrette, avec raison, que le touriste chamoniard se précipite sans réfléchir dans le train bondé du Montenvers pour aller voir la Mer de Glace, plutôt que de monter visiter la grotte de glace qu'il creuse chaque année avec amour, et d'en profiter pour aller prendre un rafraîchissement dans la buvette que tient sa charmante femme, un peu en dessous, sur la moraine. Chez eux, ce n'est pas la foule, mais contrairement à ailleurs, l'accueil est chaleureux. Même si les prix restent proportionnels à l'altitude, le touriste n'y est pas seulement considéré comme un porte-monnaie béant. On discute, on sourit et la vue y est vraiment magnifique. C'est là qu'est exposée la fameuse roue du Malabar Princess, avec sa petite plaque « éducative » pyrogravée. Et à ceux que cela intéresse, madame Mollier dévoile d'autres « souvenirs » du Malabar, conservés dans une boîte de chaussures : de nombreuses feuilles du livre d'altitude, une partie de la manche d'un uniforme (celui du pilote, vous dira-t-on) avec des boutons Air India, des titres de banque et du courrier en tout genre.

« Tout cela appartient au Malabar, explique-t-elle, mais nous avons encore beaucoup d'autres pièces en bas. De ce belvédère, nous sommes bien placés pour surveiller ce que rend le glacier, et mon mari qui entretient la grotte chaque soir en récupère énormément. Ces dernières années, avec la sécheresse, les glaces ont beaucoup rendu... Depuis quelque temps, c'est curieux, toutes les pièces intéressantes sont ramassées au fur et à mesure. Nous ne sommes pas les seuls à nous intéresser, oh non, il y en a qui passent leur temps à ça ! Il paraît qu'ils vendent certaines pièces à un client. Qui ? Pourquoi ? Allez savoir... Il y a aussi un jeune couple qui financerait ses expéditions avec. Mais on raconte tellement d'histoires ! En revanche, le moteur volé l'année dernière, ce n'est pas une rumeur. On ne sait pas exactement pourquoi, on s'en doute seulement, mais en revanche, on sait bien qui c'est ! Vous voyez qui je veux dire ? Ce qui est certain, c'est qu'à l'époque, certaines personnes se sont enrichies avec ça, pas forcément des gens d'ici, d'ailleurs. On parle notamment d'une famille d'Annemasse. Il y avait de l'or, même dans le deuxième avion, on le sait ! Un type qui travaillait à l'aéroport de Genève savait que l'avion était attendu par un camion convoyeur de fonds. Dans les prochaines années, j'ai l'impression qu'on va voir du monde circuler sur le glacier, car si le Malabar est déjà bien ressorti, pour le “ deuxième ”, il faudra encore attendre. »

« Des gens, c'est vrai, parcourent le glacier dans le seul but de récupérer, si ce n'est le fameux « trésor », tout au moins des bijoux, explique à son tour Christian Mollier. Il y a deux ans, par exemple, un alpiniste suisse a trouvé une main de femme avec une bague dessus. Un autre a découvert un saphir juste en bas des Bossons, alors forcément, tout ça entretient l'envie des " chercheurs d'or ". Il y a aussi le fait que les gendarmes font des patrouilles en hélico, ils ne disent rien mais cela laisse penser que quelque chose traîne encore là-haut. On n'a jamais eu la preuve que les lingots d'or existaient vraiment... On entend tellement de drôles d'histoires ! Un Indien qui est resté là quelque temps m'a dit qu'il y avait une personnalité de l'Indépendance indienne à bord du Malabar Princess, quelqu'un qui gênait beaucoup... Moi, c'est la marche du glacier qui me passionne. Les restes d'avions m'intéressent aussi bien sûr, comme tout le monde, j'aimerais bien tomber sur un petit truc de valeur, mais il y a peu de chance. A ma connaissance, il n'y a guère que le saphir qui ait été retrouvé... Quant à moi, chaque fois que je trouve un élément, je note avec précision l'altitude et l'endroit. Connaissant la date de l'accident, ça me donne une idée de la vitesse de progression du glacier. Les théories des glaciologues ne me satisfont pas. Les débris ressortent depuis dix ans et continuent d'arriver. Il y a donc un laps de temps énorme entre les premiers débris et les derniers. Bien sûr, certains ont été entraînés par les avalanches, etc., mais quand même... Sur les Bossons, j'ai déjà retrouvé deux éléments du deuxième avion, des bouts de carlingue avec des dates postérieures à 1950, mais je sais qu'il y a beaucoup plus de choses du côté italien. L'année dernière, à la suite d'un article paru dans un journal italien, j'y suis parti immédiatement avec mon fils. Pour voir. C'était la première fois que nous y allions pour ça. Nous nous sommes aperçus que les Italiens ramassaient des débris depuis plus de dix ans ! Du premier avion comme du second. C'est incroyable, ça fait des années qu'ils ressortent, là-bas. Les débris traînent sur plus d'un kilomètre à la surface, au bas du glacier de Miage. J'ai vu plein de pantalons les poches retournées. Les Italiens n'avaient jamais rien dit. Ils aiment tout ce qui est marqué Air India, les fourchettes, etc. Du côté français, ceux qui trouvent des vestiges les conservent. Ils ne rapportent rien à la gendarmerie, les gendarmes le savent bien. Beaucoup de choses ressurgissent au niveau de la grotte en ce moment. Il y a une colonne vertébrale, des bouts de crâne, c'est tout un homme ; on ne trouve pas de corps entier. D'abord parce qu'ils ont été déchiquetés au moment de l'explosion, mais aussi parce qu'ils ont été longtemps transportés par le glacier. Ça ne les broie pas, ça les coupe. J'ai moi-même trouvé plusieurs mains. Elles étaient parfaites, comme si elles venaient d'être tranchées au niveau de l'avant-bras. Une fois à l'air libre, la chair se désintègre rapidement. En un jour ou deux, c'est fini, ça part en lambeaux. Mais vous savez, les gens sont bizarres, cet été, j'ai justement déposé des pièces mécaniques du Malabar devant l'entrée de la grotte, j'y ai laissé également un pied que j'avais trouvé dans une chaussure, eh bien, le pied m'a été volé le jour même. Ça n'était d'ailleurs pas celui d'un passager, c'était celui d'un alpiniste ! J'ai loupé le tableau de bord, je l'avais repéré mais quelqu'un est passé avant moi, dommage, avec tous les cadrans, c'était une très belle pièce. Il y en a qui vont vite ! »

Christian Mollier est également guide. En 1966, il était déjà membre de la compagnie de Chamonix. Il dit ne pas vraiment se souvenir de l'opération Chabert. « Ça avait fait beaucoup de bruit dans la vallée. L'affaire avait été mal ressentie, c'était trouble. D'une certaine façon, on sentait que Desmaison voulait aller chercher le magot... Le reste, c'était des histoires. Il serait monté pour prouver qu'il y avait eu collision, mais on n'en avait jamais entendu parler avant. J'ai l'impression que c'est eux qui ont lancé cette rumeur. J'ai le sentiment que c'était un prétexte pour monter une opération publicitaire. Il aimait ça, Desmaison. Il n'en était pas à son premier coup dans le genre, il a même fait pire, il n'a jamais été franc joueur. Il n'était pas du tout appuyé par les guides d'ici, on le connaissait trop. Les journalistes qui étaient avec lui pouvaient très bien être dans le coup eux aussi, il en connaissait tellement ! Remarquez, peut-être qu'il voulait simplement aller récupérer des choses. En tout cas, cette rumeur de collision n'a eu aucun crédit à Chamonix, et lui non plus n'a rien prouvé. C'est déjà dur de distinguer les pièces du Boeing de celles de Constellation, elles peuvent être de toutes les couleurs... c'est dommage, j'aurais bien des pièces à vous montrer, mais elles ne sont pas là... Mais vous devriez aller voir cette dame qui prépare une exposition, elle m'a demandé des pièces. Allez savoir ce qui se passe dans la tête des gens ! Allez voir aussi Gabarrou, il a trouvé un bout de la carlingue, avec une princesse indienne peinte dessus ; il a fait un grand article dans *VSD* : *Le cimetière indien du mont Blanc...* ça a relancé les légendes. Je crois quand même que vous aurez du mal à interviewer ceux qui s'intéressent à ces avions. Les gens ne parlent pas. Je me suis un jour trouvé à deux mètres d'alpinistes suisses qui, de toute évidence, faisaient des fouilles, grattant la glace avec leurs piolets ; j'ai voulu discuter mais... ils ont changé de sujet. »

39

La ferrailleuse des Bossons

Une belle femme d'une quarantaine d'années, pleine de vie, le sourire généreux et l'œil pétillant dès qu'on prononce le mot Bossons. Un nom trop beau pour être vrai : José de Vérité. Elle n'est pas d'ici, mais voilà maintenant plus de vingt ans qu'elle vit à Chamonix. Un coup de foudre. Sportive et artiste à la fois, depuis des années elle arpente les glaciers mais tout particulièrement celui des Bossons... Technique des piolets crampons à parfaire, certes, mais dans la tête, les souvenirs rapportés par ceux d'ici qui se mélangent et qui s'affrontent. Les interrogations, les divagations, chaque fois qu'elle range l'une de ces vieilles pièces de métal dans son sac à dos.

« J'ai sculpté, j'ai peint, j'ai travaillé le modelage, et puis un jour, alors que je " faisais de la glace ", je suis tombée sur un morceau de ferraille et ça a déclenché autre chose. Cette pièce n'était pas grande, pas plus de vingt centimètres. Une fois redescendue chez moi, je l'ai posée bêtement sur un radiateur et je l'ai regardée, sortie de son contexte. J'ai trouvé ça merveilleux, c'était comme une flamme. Puis j'ai essayé avec d'autres éclairages, c'était encore une autre évocation... C'est à partir de ce moment-là que j'ai voulu collectionner les pièces... Des crashs... J'aime ce hasard qui te fait tomber sur un vulgaire morceau de ferraille dans un coin où il n'a rien à faire et qui te raconte une histoire. Va savoir pourquoi ces avions se sont écrasés ? Pendant longtemps, j'ai gardé ça pour moi. Seul un de mes amis avec qui je faisais de la montagne était au courant, et il me poussait à faire quelque chose avec mes pièces. Je n'ai jamais voulu, jusqu'au jour où il est mort, en montagne, au bout de ma corde. J'ai alors décidé, en sa mémoire, d'organiser une exposition avec les pièces montées sur des socles, éclairées, etc. C'est avant tout une démarche artistique, mais inévitablement tout évoque les accidents, les secours en montagne.

« Pour récupérer d'autres pièces, je vais voir les gens du pays, les vieux. Il ne faut pas les brusquer, alors je bois un verre de rouge avec eux, mais j'ai beaucoup de mal à les faire parler de ces histoires. C'est à la limite du sujet tabou. Un avion qui se crashe sur leur sommet, venu des Indes en plus, tu imagines... c'était quelque chose, pour eux ! J'en connais qui possèdent des trucs incroyables qu'ils ont trouvés au moment du crash et dont ils n'ont jamais parlé. Même ceux qui m'ont prêté des pièces veulent rester anonymes. Tout le monde sait ici que certains, quelque temps après l'accident, ont ouvert des boutiques ou des hôtels, d'autres se sont fait construire un chalet alors qu'ils n'en avaient théoriquement pas les moyens. Ils n'ont pas changé de train de vie tout de suite, non, ils ont attendu deux ou trois années mais rien d'autre ne semblait pouvoir expliquer cet enrichissement. C'est aujourd'hui perdu dans les mémoires et il est très difficile d'en parler. Il y a quelque chose de mystique qui s'est installé autour de ça. Dans la vallée, on parle encore beaucoup de cette affaire, très discrètement mais on en parle. Il y a cette fameuse histoire de cassette de diamants, de bijoux. Je n'en suis pas persuadée, mais c'est peut-être une rumeur qui a été lancée pour camoufler autre chose : pendant que les gens cherchaient la cassette de diamants, ils ne cherchaient pas autre chose... S'il y avait une pièce importante à récupérer, c'était ça, et pas une bombe.

« C'est vrai qu'on peut se poser des questions. Moi, j'ai fini par m'en poser, en tout cas, surtout depuis deux ans, lorsqu'un gars qui venait d'Inde a passé un certain temps ici, questionnant discrètement les gens. Je ne l'ai pas vu personnellement mais il disait qu'il y aurait eu dans l'avion un futur président, et donc une possibilité d'attentat... C'est tout ce que j'ai réussi à savoir. Cet Indien voulait rencontrer ceux qui avaient participé aux secours ou qui avaient récupéré des pièces sur le glacier — c'est quand même bizarre qu'aucune boîte noire n'ait été retrouvée. Il enquêtait probablement sur les deux accidents. Ce qui est étrange, c'est que les deux avions aient vraiment explosé. J'en ai parlé avec des copains pilotes, d'après eux, lors d'un crash en montagne, les débris ne sont pas éparpillés de cette façon. L'avion peut exploser, mais là, il ne reste vraiment aucune grosse pièce... Exactement au même endroit ! Mes copains pilotes sont unanimes, c'est louche. J'avoue que j'aimerais que mes recherches m'amènent à trouver une pièce à conviction qui expliquerait de manière rationnelle ces deux catastrophes. Ce n'est quand même pas possible, dans les deux cas, aucun survivant ! Et il y a cette histoire du moteur qui a été volé sur la DZ des Praz. On ne sait pas exactement qui c'est, mais on sait que ça se monnaye, ces choses-là. Avec qui ? Les militaires italiens ? La compagnie Air India ? Il y a encore plein de gens qui ont trouvé des trucs importants, bijoux ou autres, et qui ne le diront jamais. L'autre jour j'ai repéré aux jumelles une tête prise dans la glace, on voyait bien les cheveux. Lorsque j'y suis retournée dix jours plus tard, il n'y avait plus rien, le glacier l'avait reprise. Elle ressortira dans dix ans ! J'ai trouvé beaucoup de pieds, jamais de mains, mais je ne voudrais pas que l'on croie que j'entretiens un côté macabre... Tout ce qui tourne autour de ces crashs m'intrigue et me trouble, c'est tout. Et j'aime les histoires que ça engendre. J'ai entendu parler d'une légende, à Courmayeur, une Indienne qui hanterait un glacier à certaines périodes... J'en saurai plus dans quelques semaines, j'ai enfin obtenu un rendez-vous avec des Italiens bien placés ; ça fait trois ans que j'attends ce moment ! »

Le soleil déclinait. Elle enfilait une robe lorsque le téléphone sonna. Au bout du fil, un réalisateur de cinéma. *La ferrailleuse des Bossons,* voilà un beau sujet pour un film !

40

. . . .

La neige en deuil

Un beau sujet de film... ou de roman. Qui ne connaît *La neige en deuil,* le best-seller d'Henri Troyat, publié en 1952, drame psychologique articulé autour d'une catastrophe aérienne ?

Deux personnalités s'affrontent entre le bien et le mal. Isaïe, vieux guide persuadé que la montagne ne veut plus de lui. Isaïe, simple de mœurs et d'esprit, responsable de ses moutons et de son jeune frère. Isaïe et Marcellin. Marcellin avide d'argent — « Il n'est pas mauvais garçon, simplement sa conscience est en sommeil » — Marcellin aimerait vendre la ferme familiale à des Parisiens, mais Isaïe ne veut pas. Marcellin rêve d'une autre vie et la chance lui arrive du ciel. Ce jour-là, dans l'almanach où il consigne tous les événements importants, Isaïe notera tout simplement : « Les moutons sont rentrés. Un avion est tombé. »

On sait qu'il n'y a pas de survivant. Après la mort

du guide Servoz, responsable de la cordée de secours, les recherches sont abandonnées. L'avion venait des Indes. Alors Isaïe se met à rêver sur les illustrations du dictionnaire. « Temples gainés de sculptures grimaçantes, colonnades à ciel ouvert, dieux dansants aux bras mutiples, dieux accroupis au sourire songeur, éléphants sacrés, charmeurs de serpents, palais en ruines... Toute cette féerie entra dans les yeux d'Isaïe comme une poignée d'étincelles. » Dans les yeux de Marcellin, c'est d'autres paillettes qui brillent. Il s'enivre à l'idée que là-haut l'attendent des montres, des bagues, des portefeuilles pleins de billets, des appareils photo. Il sait que seuls les riches voyagent. « Les morts n'ont pas besoin d'argent. Pour acheter quoi ? Pour payer quoi ? Leurs billets de banque, c'est la neige qui les mouille, qui les avale, qui les détruit. Et nous laissons périr cette fortune ! (...) Si nous trouvons cet argent, nous ne vendrons pas la maison. J'achèterai un magasin pour moi seul, en ville. Un beau magasin... »

Aucun des arguments de cet ordre ne parviendra à convaincre le bon Isaïe. « Un mort n'a plus de défense. On n'a le droit de le toucher que pour le laver et le porter en terre... » Cependant, inquiet pour la vie de son frère qu'il sent fermement décidé à s'engager seul dans la montagne, il partira. Au fil de leur ascension, Isaïe en oubliera le but, tellement il est heureux de partager cette première avec Marcellin. Un Marcellin, qui, lui, n'a rien oublié de la raison de leurs efforts : le pillage. Devant l'épave et les corps gisants des passagers, leurs deux personnalités s'affronteront, totalement exacerbées.

Le spectacle de la haute montagne, si bien décrit par Troyat, souligne parfaitement ce combat plein de suspense sur le thème de la rivalité entre Abel et Caïn.

Dans sa biographie intitulée *Un si long chemin*, l'académicien dévoile la genèse de ce roman. « Ce qui compte, c'est l'affrontement des deux frères : Isaïe, l'ancien guide, naïf et rude, et Marcellin, le dévoyé, le retors. Cette brusque flambée de haine d'un être bon et humble contre un frère qui l'écrasait jusque-là par son intelligence, j'avais depuis longtemps envie d'en faire l'épisode central d'un roman. Mais l'intrigue me manquait. Où situer le drame ? Dans quel milieu ? Dans quel pays ? A quelle époque ? D'autre part, j'avais été frappé par l'accident d'un avion, le Malabar Princess, qui, venant des Indes, était tombé, en novembre 1950, sur les pentes du mont Blanc. Aucun rapport, dans mon esprit, entre cette catastrophe aérienne et les deux frères, si dissemblables, vivant sous un même toit. Et puis, une nuit, les thèmes se rencontrèrent. Je dis bien " une nuit ", car ce fut dans un état intermédiaire entre la veille et le rêve que je construisis, de bout en bout, l'histoire de *La neige en deuil.* Saisi d'une espèce d'hallucination, que je n'ai jamais connue depuis, je vécus les chapitres l'un après l'autre, dans leur enchaînement, jusqu'à la fin. Tout m'était donné d'un seul coup, les visages et les paysages, les caractères et les péripéties. Avant même d'avoir écrit une ligne, j'avais la vision d'un revenant à la figure gelée, aux vêtements croûteux, perdu dans les bourrasques de neige. (...) Qu'on ne s'avise surtout pas de considérer La *neige en deuil* comme un roman inspiré par l'alpinisme et destiné à glorifier la technique d'un guide (...) L'essentiel, ce n'est pas la neige, c'est le deuil. »

Il n'empêche, pour mettre en scène ses personnages, décrire leur maison, raconter l'ascension, il a bien fallu que l'écrivain séjourne en montagne. Ce fut

Chamonix. Sa femme, Guite, était de la région. « Elle y avait vécu longtemps, connaissait bien le pays et en parlait avec une grave tendresse. Par elle, j'entrai en relation avec un ancien guide, Luc Tournier, à qui j'exposai l'aventure de mes personnages. Ensemble, nous étudiâmes, étape par étape, prise par prise, l'ascension dans ses moindres détails. (...) Il ne me fallut que quelques jours pour être saisi de passion, moi qui n'étais pas alpiniste, pour ce pays de grandeur, de dureté, de mystère. J'aimais tout ici, la fière découpe des rocs et le silencieux courage des habitants, les neiges éternelles et les villages perdus. (...) Subitement, l'existence bruyante et saccadée de la ville me parut absurde en comparaison de ce calme tableau. Je revins à Paris avec la montagne dans le sang et aussitôt je me mis à écrire. Le livre achevé, je le soumis encore à l'examen d'un alpiniste confirmé, Pierre Allain, pour m'assurer de son exactitude technique. »

Henri Troyat ne dit pas quelles histoires lui ont été rapportées par Pépé Luc, quels personnages lui ont inspiré Marcellin. Il ne raconte pas comment ce livre fut accueilli à Chamonix. Mais il est vrai que rien ne situe l'action avec précision. C'est pourtant à Chamonix que viendra s'installer, deux ans plus tard, une équipe d'Américains venus tout droit d'Hollywood pour le tournage de *The Mountain*.

41

. . . .

The mountain. V.O.

Ça ne traîna pas. Sorti en 1952 avec un succès incontestable, *La neige en deuil* intéressa immédiatement les studios américains, la Paramount plus particulièrement. Henri Troyat se laissa convaincre, « impressionné par le nom du metteur en scène, Dmytryk, et par celui de la principale vedette, Spencer Tracy. » Les droits furent achetés en 1953 et le tournage commença à l'automne 1954.

« Selon l'usage, écrit encore Henri Troyat, j'avais été tenu à l'écart du travail du scénario. Mais lorsque l'équipe se fixa à Chamonix pour les prises de vues en extérieur, je me précipitai sur les lieux. Ce que je vis me consterna. Spencer Tracy, malgré son immense talent, n'avait décidément rien d'un vieux guide chamoniard. Je ne reconnaissais pas mon Isaïe dans ce robuste Américain à la chemise rouge et au béret tiré sur l'oreille. Mon Marcellin était devenu un jeune premier au sourire éclatant : Robert Wagner. La voisine des deux frères, Marie Lavalloud, était une promeneuse de la Cinquième Avenue déguisée en paysanne française. »

Il y avait aussi Claire Trevor et Ann Kashfi, la belle Indienne, future épouse de Marlon Brando. Du beau monde ! Une belle équipe composée de neuf acteurs, vingt techniciens, réalisateur et producteurs qui débarquèrent au milieu d'énormes malles, les yeux écarquillés vers les cimes. Ils ne savaient même pas que le petit groom qui les avait reçus à l'hôtel des Alpes n'était autre que Georges Payot, le fils de René, l'homme qui avait inspiré à Troyat le personnage de Servoz.

Il a quinze ans, Georges. Depuis la mort de son père, il est obligé de travailler. Il est déjà passé dans tous les grands hôtels de Chamonix, voyant défiler les plus riches personnalités. Il regarde ces Américains d'Hollywood avec amusement, il se régale de leurs pourboires généreux mais jamais il ne leur racontera son histoire. Drôle de vie quand on y pense. Si son père n'était pas mort sur les secours, les journaux n'auraient jamais tant parlé du Malabar. Troyat n'aurait pas fait ce rêve, il n'aurait pas écrit *La neige en deuil* et il n'y aurait pas eu ce tournage où l'on s'amuse tant. « Je me souviens, raconte Georges, quand on arrivait pour bosser tôt le matin, ils étaient encore en pleine bringue dans les salons du bar, des bouteilles vides traînaient partout... » Le petit Georges n'éprouve aucune nostalgie, aucune tristesse à constater l'euphorie de cette équipe qui ignore jusqu'au nom de son père. Savent-ils même que Troyat s'est inspiré d'un fait divers ?

Les Grands Mulets, l'aiguille du Midi, la Vallée Blanche, les grandes crevasses de la Mer de Glace...

Ils tournent partout. En Vistavision s'il vous plaît. Quarante porteurs, des guides pour la plupart, sont engagés, deux doublures également, Camille Tournier, le frère de Pépé Luc, pour Spencer Tracy, et Georges Balmat pour le jeune Robert Wagner. Sans oublier le très écouté conseiller technique, Charles Balmat, le père de Georges, qui a l'avantage de « parler l'anglais ». C'est sa mère, une pauvre paysanne, qui l'avait forcé à parler la langue des étrangers, il n'était pas si difficile de prendre des cours à Chamonix. Sur le tournage, il est sans cesse sollicité. On l'appelle Charlie. « Charlie, comment porte-t-on un piolet? Charlie, comment prend-on la prise? Charlie comment doit-on s'organiser pour amener l'équipe sur ce glacier? » Et surtout, la sempiternelle, l'obsédante question du producteur : « Charlie, what about the weather for tomorrow, and after tomorrow, and next week? »

« Il voulait que je sois comme Albert Simond, parce qu'un jour j'avais su les prévenir d'un orage auquel ils n'avaient pas voulu croire... Ça c'était mis à tomber! Fallait voir ça. Ces vedettes qui étaient incapables de marcher sur un sentier sans qu'on leur donne le bras, eh bien là, je vous garantis qu'elles cavalaient! Ils étaient tout pomponnés, mais ça coulait la sueur, ça faisait des ruisseaux sur leurs joues! »

Pendant le tournage, Chamonix est à nouveau envahie par une horde de curieux et de journalistes. D'un autre genre cette fois. Des *Cahiers du Cinéma,* à *Ecrans de France,* en passant par *Ciné-Revue,* tout le monde s'extasie du courage et des prouesses techniques de l'équipe. « *Ann Kashfi, la jeune vedette indienne, est la seule qui semble familiarisée avec l'alpinisme, écrit* Ciné Révélation. *Dans la ville de Darjeeling (au pied du Kanchenjunga) où elle a été élevée, l'escalade est le sport favori. Au sommet de l'aiguille du Midi, elle a rencontré Lachenal, qui a participé à l'ascension de l'Annapurna. Non seulement ils ont pu échanger leurs impressions en anglais, mais encore compléter leur conversation en hindou !*

Le petit village du Tour, situé à quelques kilomètres de Chamonix, a été intégralement loué par la production : maisons et habitants, corps et biens. Personne ne s'en plaint, le prix de la location servira à améliorer l'école et à secourir les malades. Les gosses sont ravis, ce n'est pas tous les jours qu'on a l'occasion de voir en chair et en os des vedettes de l'écran. Une seule servitude : quand le haut-parleur clame la phrase sacramentelle " Silence, on tourne ", tout le village doit se figer dans le silence et l'immobilité, et chaque maison se transforme instantanément en château de la Belle au Bois Dormant ! »

Mais le cinéma ne se contente pas de la réalité, même si celle-ci est parfaite. Les raccords des scènes de l'ascension devront par sécurité être tournés en studio, de même que tous les intérieurs... La production décide d'embarquer avec elle, à Hollywood, son conseiller technique, Charlie Balmat.

« Au début, je voulais pas, il y avait les pommes de terre à arracher, les vaches étaient redescendues de l'alpage, j'avais du travail à la maison, mais ce sont mes fils qui m'ont dit : « Vas-y seulement ! » Ça n'a pas traîné. Les Américains m'ont dit : « Départ demain 5 heures ! » Fallait être vacciné contre la variole, fallait une photo pour faire le laisser-passer pour l'Amérique. On est allé en taxi jusqu'au Fayet, et puis à Lyon par la micheline. Là, l'ambassade voulait tout savoir : si j'étais catholique, si j'étais communiste, etc. Quand je leur ai dit que je partais à Hollywood pour faire du cinéma, ils n'ont pas voulu me croire. Et puis encore le train et le taxi jusqu'à Genève, et enfin, pour la première fois, je mettais les pieds dans un avion. Il y avait quatre ou cinq étages ! Je suis arrivé à Los Angeles, complètement groggy. Et il y avait un trafic inouï. Ils m'ont dit : « Feu rouge, on ne traverse pas, feu vert, on traverse ». Les autos arrivaient à toute vitesse, elles s'arrêtaient à ras le feu, je n'étais pas tranquille. Après ça, je me suis fait des amis dans le studio, j'ai même trouvé une cliente, madame Miller, je me souviens : 1020, Hollywood Boulevard. Il y avait partout des grands halls en marbre, des piscines... Incroyable ! Ça changeait la vie d'être avec ces vedettes. Un soir, dans un grand souper de six cents personnes, il y en a un qui a pris un micro et qui a dit : « Nous avons parmi nous un des plus grands guides du monde. » Il avait fallu que je monte sur le podium, vous vous rendez compte ! Mais c'était intéressant. Dans les studios, ils refaisaient complètement les ascensions. Je montrais les gestes à Spencer et lui, il était acteur, il refaisait tout bien tout de suite. Ils avaient refait entièrement la Vallée Blanche sur 1500 mètres carrés. Il y avait des échafaudages partout comme pour le chantier d'une maison, mais à plat. Ils fabriquaient la glace dans une usine électrique, à 150 mètres du studio et le jour où l'on tournait, ils la pulvérisaient. Ils vous faisaient la neige que vous vouliez, dure, molle. Ils avaient des combines incroyables. Et pour faire croire qu'on enfonçait, ils mettaient des plaques de caoutchouc dessous. Oh, c'était bien ! mais j'ai quand même été un imbécile, je n'ai pas pris mes précautions et ils m'ont juste payé à la journée de guide... »

« Dites, La Barlette, lui demande le journaliste de cette interview qui date de 1976 (car Charlie est mort), vous croyez que c'est possible, cette histoire de *La neige en deuil ?* »

« Oh, si, si il était fort Henri Troyat. Mais ils ont un peu exagéré sur le pillage, pour le film. On a l'esprit montagnard. Naturel. Je me souviens, pour Vincendon et Henry, les journalistes de *Paris-Match* avaient proposé un million pour avoir des photos... eh bien, non. Voyez-vous, on a l'esprit sain. Ah, Vincendon et Henry... ! »

42

Vincendon et Henry

La mémoire fonctionne de manière bien étrange. Si personne ne se souvient de l'opération Chabert qui ne remonte pourtant qu'à 1966, si l'on a du mal à se remémorer l'accident du Boeing d'Air India, tout le monde en revanche peut faire le récit détaillé d'un fait divers datant de 1956. Interrogez n'importe quel Chamoniard — et lorsque je dis Chamoniard, que je sois pardonnée, je pense aussi aux gens des Houches et d'Argentière, à tous les habitants de la vallée — interrogez n'importe qui, jeune ou vieux, sur les accidents aériens, deux noms viendront automatiquement à leur bouche : Vincendon et Henry. Une sale affaire. Une véritable obsession, un mauvais souvenir. Un traumatisme, une très longue histoire tellement ancrée dans leur mémoire qu'elle mérite d'être résumée.

Tout commence le 22 décembre 1956. Il fait grand beau, les conditions sont optimales, Jean Vincendon, vingt-trois ans, étudiant en physique à Paris, et le Belge François Henry, vingt-deux ans, étudiant en géologie à Bruxelles, peuvent s'engager dans leur course hivernale : le mont Blanc par l'éperon de la Brenva. Mais le temps tourne. Parvenus au refuge-bivouac du col de la Fourche, à 3680 mètres d'altitude, ils devront attendre deux jours avant de prendre la décision d'attaquer l'éperon. Au bivouac se trouve également le célèbre guide italien, Walter Bonatti, accompagné d'un ami. L'alpiniste constate lui-même que les deux jeunes garçons sont très bien équipés. Parties ensemble au matin du 25 décembre vers 4 heures, les deux cordées se séparent, chacune allant vers son objectif. Celle de Bonatti part pour accomplir une première dans l'éperon de la Poire, celle de Vincendon pour l'éperon de la Brenva. Constatant un retard trop important sur son horaire, Bonatti décide de se rabattre sur l'éperon. Il dépasse Vincendon et Henry qui progressent lentement mais ne semblent pas en difficulté... Puis, en quelques minutes, c'est la tempête, et, à quelque cent mètres de distance, les deux cordées sont obligées de bivouaquer. Nuit difficile après laquelle, excepté Bonatti, tous les hommes souffrent d'un commencement de gelure aux pieds. Les deux cordées se retrouvent, continuent ensemble, persuadées désormais qu'elles doivent faire au plus vite, au plus sûr, c'est-à-dire passer le sommet du mont Blanc pour redescendre par la voie de crête jusqu'au refuge Vallot. Les deux cordées reprennent leur autonomie, chacune à son rythme. Celle de Bonatti atteint le sommet à la tombée de la nuit, les pieds de Gheser, le compagnon de Bonatti, sont gravement gelés. Mais il faut continuer. Arrivé au refuge Vallot, Bonatti devra veiller son compagnon de très près. Ils ne verront jamais arriver Vincendon et

Henry. On ne sait pourquoi, les deux étudiants ont bivouaqué avant d'atteindre le sommet, préférant descendre directement dans les pentes de la face nord le lendemain.

Ici débute la tragédie. Très inquiet mais ne pouvant abandonner son ami, Bonatti continue sa descente. Examinant les risques d'avalanche, il change encore de plan et choisit la voie normale italienne, vers le refuge Gonella. En bas, les amis de Vincendon et Henry s'inquiètent. Le mercredi 26 décembre, ils avertissent la brigade de gendarmerie, qui les renvoie sur la société chamoniarde de secours en montagne, laquelle, n'ayant aucun moyen si ce n'est de coordination, les dirige vers la compagnie des guides de Chamonix. Ils demandent l'organisation d'une cordée de secours. Qui leur est refusée... Les guides n'ont pas oublié la mort de Payot. A cette époque, il n'est toujours pas admis qu'on puisse aller en montagne l'hiver pour le plaisir. Si Payot et tant d'autres étaient partis, six ans auparavant, c'était pour tenter d'atteindre des innocents tombés là par hasard, mais le contexte était cette fois bien différent : les fous suicidaires qui avaient voulu réaliser une belle hivernale n'avaient à compter que sur eux-mêmes. D'autant que c'était des jeunes des villes, des amateurs.

Là commence l'histoire folle d'une agonie qui durera jusqu'au jeudi 3 janvier, simplement parce qu'en bas, dans les bureaux chauffés de la vallée, on ne sait pas comment s'y prendre. Ne pas y aller du tout ? Ne pas y aller à pied ? Utiliser l'hélicoptère ? Il faut l'autorisation de la préfecture. Elle arrive enfin. Deux Sikorsky atterrissent à Chamonix. Ce n'est pas les appareils les plus adéquats, mais bon...

Hélas, un Sikorsky 58 (3 600 kilos à vide, capacité de douze places, plafond pratique : 4 000 mètres) rate son coup et s'abat sur la pente, à quelques mètres seulement des hommes à secourir. Il faut maintenant sauver les sauveteurs et le pilote. Les mêmes questions se posent à nouveau. Y aller à pied ? En hélico ? Il n'en reste plus qu'un, le Sikorsky 55. Il est encore moins adapté : plafond pratique 3 000 mètres. Non, seules des Alouettes II feraient l'affaire. Malheureusement les deux seules Alouettes disponibles sont à Mont-de-Marsan, à l'autre bout de la France. Qui prendra la décision de les faire venir ? Ça coûte cher ! Pendant ce temps, certains, des guides notamment, ne supportent pas cet attentisme et se décident à agir. Envers et contre tous, Lionel Terray organise une caravane terrestre. L'alpiniste Claude Jaccoux met sur pied une équipe de reconnaissance avec les amis des deux jeunes en difficulté... La société de secours en montagne de Saint-Gervais s'y met. Et les journalistes en grand nombre ont du mal à comprendre pourquoi tout se déroule si lentement. L'envoyé spécial du *Monde*, qui avait porté les guides au pinacle pendant l'affaire du Malabar Princess, écrira, amer : « *Il y a surtout, autour du clocher chamoniard, les sourdes querelles de la république des médiocres : les montagnards contre les citadins, les civils contre les militaires, les terriens contre les aviateurs, Chamonix contre Saint-Gervais, les guides renfermés contre Terray...* »

Beaucoup d'énergie, de stress, une sale ambiance, des calculs dans chaque instance concernée, et la raison de tout ce remue-ménage oubliée... l'agonie de deux hommes qui espèrent. Après plus d'une semaine passée en altitude et huit bivouacs, pieds et mains gelés, atteints de cécité, incapables de monter la tente qui leur a été parachutée, incapables de se nourrir, après avoir parlé avec leurs sauveteurs, après avoir entendu tourner les hélicos, après s'être accrochés à la vie de toutes leurs forces, les deux gars se sont éteints, seuls, dans la carlingue du Sikorsky où on les avait « mis à l'abri ». En effet, seuls quatre secouristes étaient enfin parvenus sur le lieu du drame. Quatre sauveteurs pour quatre blessés dont deux intransportables. Il avait fallu raisonner serré. Trouver les priorités en examinant les chances de chacun. Les sauveteurs furent sauvés... Les corps de Vincendon et Henry seront redescendus trois mois plus tard.

Lionel Terray avait déjà démissionné de la compagnie et en très haut lieu, dans la honte, on analysait ce ratage complet. On écrivait le projet d'une véritable organisation de secours. Le PSHM, peloton spécialisé de haute montagne, fut officiellement instauré le 21 août 1958, mais aujourd'hui encore, trente-cinq ans plus tard, chaque Chamoniard, chaque Saint-Gervelin porte en lui cette même cicatrice. Et le récit de la tragédie se transmet de génération en génération. Le pire, sans doute, c'est que le fameux Sikorsky, délivrance mirage puis cercueil fantôme de Jean Vincendon et de François Henry, a lui aussi pris la longue route du glacier des Bossons. Depuis quelques années, comme le Constellation, comme le Boeing, il revient.

Pauvre Jean, pauvre François, on a beau vous avoir accusés d'avoir été téméraires, imprudents, inconscients, vous êtes maintenant inscrits au chapitre de l'histoire de la montagne. Vous êtes un peu les enfants martyrs du mont Blanc. Ici, savez-vous, on dit Vincendon et Henry et, aussitôt, à vos deux noms associés dans la mort, les visages se ferment. Le temps qui passe n'est pas prêt de vous faire oublier. Aucune catastrophe n'a été pire, aucun secours n'a été plus sujet à polémique, aucune tragédie n'a marqué plus que la vôtre. Pas même celle d'Air India et de ses cent dix-sept cadavres. Curieusement, je n'ai d'ailleurs toujours pas compris pourquoi cette affaire-là, relativement récente, ne revient jamais seule à la mémoire de ceux qu'on interroge. Parfois, elle n'y est pas du tout. Parfois, il faut provoquer le souvenir.

« Mais il y a eu un autre accident en 1966, non ?

— Ah oui, mais je ne me souviens pas bien... »

« Le deuxième accident d'Air India ? lance Alfred Payot, septuagénaire, ancien président de la Caisse de secours de la compagnie des guides, cela a été tenu en secret ! On n'a rien su. Je sais qu'il s'est planté dans la Tournette, on voyait sortir l'arrière de l'avion quand on faisait le mont Blanc avec nos clients. Ils disaient qu'ils y avaient trouvé des singes vivants dedans. On a beaucoup brodé dessus, il me semble, mais jamais rien de sérieux. J'ai l'impression qu'on nous l'a un peu caché, ce truc-là et on n'avait pas le droit d'y aller. »

« Non, on n'en a vraiment pas beaucoup entendu parler de ce deuxième avion. Sans doute parce qu'il n'y avait pas de type important à bord. Ce n'est pas comme dans le premier, ajoute son beau-frère, un Alfred Payot lui aussi. Dans le Malabar, c'est sûr qu'il y avait des gens importants. Ça s'est su. D'ailleurs, pourquoi ils auraient tant insisté pour monter sur l'épave puisqu'ils savaient qu'ils étaient tous morts là-haut ? »

« Et pourquoi est-ce l'EMHM, l'Ecole militaire, qui s'est tout de suite chargée des secours, alors que ça aurait dû être les guides ? On raconte tellement de trucs, soupire Roger Bozon, guide et dernier agriculteur de Chamonix. Chaque fois qu'il se passe quelque chose en montagne, ça travaille, là-dedans. Paul Desmarquis, par exemple, il est mort dans la Vallée Blanche, eh bien ils l'ont fait déterrer parce que certains croyaient qu'il avait été empoisonné avec des biscuits ! Moi, je ne suis allé sur le site de l'accident qu'après, au printemps. J'ai vu un bout de la carlingue planté là, on aurait dit que le reste était passé à travers une passoire. Il y avait partout des types assis dans leurs fauteuils, tout givrés. Ce n'était que des noirs, là-dedans. Je ne sais plus ce qu'ils ont fait des corps, mais allez voir Louis Viallet, à Saint-Gervais. »

Louis Viallet a aujourd'hui soixante-quinze ans. Il est le seul survivant des « cinq » de Saint-Gervais. Il habite toujours le chalet où *Paris-Match* l'avait photographié avec femme et enfants à son retour du Malabar Princess. Lorsque je suis arrivée chez lui, il avait ressorti de son grenier une vieille boîte à chaussures pleine de coupures de journaux et de photos, tous ses souvenirs de l'époque où il fut un héros. Il me dit de prendre ce que je voulais, que cela ne lui servait à rien, que ça traînait là depuis quarante ans. Je n'ai pris que *Sois un homme !*, le livre pour enfant tiré de leur histoire, et quelques coupures de presse. Une semaine plus tard, il me priait de les lui rendre d'urgence. Quelqu'un en avait besoin...

« Pendant des années, on a fait tous les dimanches des conférences avec ça, jusqu'en Belgique, loin en Europe, partout en France. C'était nos clients qui nous invitaient. A ce moment-là, c'était encore frais dans nos mémoires, mais maintenant... Je me souviens que l'on a été interrogé peut-être pendant vingt-quatre heures à notre descente du Malabar. Il y avait Bellonte qui voulait absolument savoir si on avait trouvé la boîte noire. Nous on n'y connaissait rien. Ensuite, on est remonté tous les cinq au printemps. On a tout balancé ce qui restait sur l'Italie. Il paraît que la ferraille qui brillait au soleil impressionnait les passagers des avions qui passaient. Les corps ? On a tout laissé là-haut. Les autorités ne voulaient pas qu'on les redescende. Un peu parce que c'était difficile, mais aussi parce qu'il y avait une moitié d'Hindous et une autre de Pakistanais. Il aurait fallu brûler les uns et enterrer les autres. Allez vous y reconnaître là-dedans. C'était tout calciné. Alors on les a laissés dans les crevasses. On était monté avec des guides de Chamonix qui nous ont donné un coup de main. On a dit des trucs incroyables sur les histoires entre Chamonix et Saint-Gervais, mais ce n'était pas vrai. Oh, je ne me souviens pas bien. Pourquoi on était parti sur le Malabar ? Dès qu'on a vu la photo de l'épave faite par Guiron et surtout dès qu'on a su que Chamonix était sur le coup... Le maire m'avait téléphoné en me disant qu'il fallait faire quelque chose, que ceux de Chamonix étaient déjà partis... »

« Moi, je me suis fait engueuler par les Chamoniards, raconte Louis Piraly, ancien responsable des secours de Saint-Gervais, chef de la caravane de soutien aux “ cinq ”. Ils m'ont dit que je n'avais rien à faire là. Ils étaient jaloux. Eux, ils n'avaient pas réussi, le pauvre Payot était mort... ils avaient l'air de dire que l'avion était tombé du côté des Houches. Quant aux “ cinq ”, d'après les Chamoniards, ils n'avaient pas l'autorisation du tout. Or, il faut quand même savoir que la commune de Saint-Gervais monte jusqu'au-dessus du refuge Vallot et que l'avion a percuté du côté de Saint-Gervais. De toute manière, il n'y avait que des corps gelés et des débris partout, c'était comme si une bombe avait explosé. Je ne comprends toujours pas pourquoi ils sont montés... Le deuxième avion ? Ah bon, un deuxième accident ? Ça ne me dit pas grand-chose, mais vous savez, à quatre-vingts ans, on a la mémoire qui flanche... »

Louis Piraly est âgé, certes, mais il a le physique solide, le teint hâlé et l'écriture sûre. Comme beaucoup de guides, il possède depuis toujours cahiers et carnets où il note et commente toutes ses courses, ses sauvetages, les événements particuliers. Ainsi, en se relisant, venait-il de découvrir qu'il a gravi soixante-seize fois le mont Blanc... Le cahier d'écolier bleu qu'il avait laissé traîner sur la table en formica portait un titre : *Mémoires d'un guide ;* Louis Piraly craint de ne pas avoir le temps de finir son livre. Sur la porte de son garage est clouée une petite plaque de bois pyrogravée : « Musée du guide ». Personne ne vient jamais, il avoue qu'il n'a pas bien organisé son « affaire ». Y sont déposés, en vrac, des pièces du Malabar, des éléments du Sikorsky de Vincendon et Henry, de vieilles paires de crampons, de vieux fusils de la bataille de la Vallée Blanche, des casques de la dernière guerre, la gourde de son père mort à Verdun et des dizaines de bouts de tôle tordus trouvés sur les glaciers et dont il ne sait plus la provenance.

« Vous savez, à quatre-vingts ans, la mémoire... »

43

. . . .

Quarante ans déjà

Un article intitulé *Quarante ans déjà* paraissait en août 1990 dans le magazine *Vertical*. L'histoire relate l'épopée des « cinq » de Saint-Gervais autour du Malabar Princess. Sous le titre, on peut lire la phrase suivante : « La rivalité avec Chamonix est toujours source d'exploit ». A y regarder de plus près, il s'agit d'un publirédactionnel, c'est-à-dire d'une page achetée par un « annonceur », lequel n'est autre que l'office du tourisme de Saint-Gervais. D'ailleurs, sur la page d'à côté, s'étale une publicité pour la station. Le papier sur les « cinq » est signé J. P. Gay. Monsieur Gay est conseiller municipal et s'occupe de *En Coutère*, une revue d'histoire locale. « Il fallait vite trouver une idée pour remplir cette page de pub... On s'est creusé la tête et on a ressorti la vieille histoire. Cela ressemblait à de la pub comparative ! L'office m'a demandé l'autorisation de raccourcir un article que j'avais publié dans *En Coutère*. Dans l'esprit des

Saint-Gervelins, l'histoire est fraîche, vous savez. Sans qu'elles soient clairement énoncées, des tas de rumeurs courent encore. On ne sait pas très bien pourquoi les “ cinq ” de Saint-Gervais sont partis, pourquoi ils ont continué malgré l'annonce de la mort de Payot, malgré l'interdiction de la préfecture. Ça ne s'explique pas puisqu'il n'y avait rien à sauver... Il y a cette fameuse question de l'or que l'avion aurait convoyé. On peut trouver des trucs en montagne, et les garder entreposés là-haut pendant des années. De toute façon, la vérité n'éclatera jamais. Il reste que l'exploit des “ cinq ”, l'exploit sportif, a été complètement récupéré par la commune et par la mémoire collective. »

« On ne se souvient que de ce dont on veut bien se souvenir », m'a dit Georges Payot. Pourtant, qui, plus que lui, devrait avoir été marqué par ces deux crashs d'Air India ? La mort de son père, sa photo en grand dans *Match,* la pension prétenduiment accordée à sa mère par le gouvernement indien, et sa propre intervention, la première, sur l'épave du Kanchenjunga, quelques heures seulement après le drame. Mais non, il ne sait plus très bien... « Je ne devais pas skier ce jour-là... Il faisait très beau... » Les singes, les odeurs de kérosène, les nausées de Devouassoud, la 204 de Gérard Devouassoud : voilà tout ce dont il se souvient. De toute façon, aujourd'hui, il s'efforce de rester en retrait de tout ce qui peut se dire. Il n'a pas cherché à savoir. Desmaison, là-dedans ? Il ne sait pas, ne sait plus. J'insiste. « Oh, vous savez, il n'y avait rien là-haut. Oui, des singes, mais des corps humains, je n'en ai pas vu, l'avion a explosé, il y avait des débris partout. Je me souviens, j'ai ramassé un sac d'Air India que j'ai toujours, et des petites cuillères en argent marquées Air India. Tous les matins, je touille mon café avec... Si j'ai été interrogé par Air India, la compagnie d'assurances, les familles ? Non. J'ai bien un dossier avec des trucs, des lettres de l'avocat d'un Américain mort dans l'avion, qui voulait savoir je ne sais quoi, je vous la montrerai. »

Ça ne devait pas être très important mais, malheureusement, George Payot n'arrivait pas à remettre la main dessus. Sans doute l'avait-il jetée...

Et Pierre Grospellier, ancien gendarme au PSHM, sous l'autorité de Mollaret. Aujourd'hui hôtelier à Chamonix, il a collaboré à un article paru dans *VSD* en 1987 sous le titre *Le cimetière du mont Blanc*. Pierre, Pierrot comme on dit là-bas, une cinquantaine d'années aujourd'hui, est monté lui aussi sur le « deuxième ».

« J'y suis allé dès le premier jour, quasiment en même temps que Payot, mon chef Mollaret, et Devouassoud, mais dans un autre hélico. Ils nous ont laissés à environ trois quarts d'heure de l'impact, aux Bosses. Je me souviens qu'il fallait absolument trouver la serviette d'un savant russe qui était dans l'avion et qui allait assister à une conférence, à New York. C'était le plus important avec la boîte noire. Comme par miracle, cette serviette était à dix mètres de l'endroit où nous a posés l'hélico ! Une mallette en cuir, fermée avec de la cire, sous scellés. D'autres ont récupéré la boîte noire sous les rochers de la Tournette...

— Pardon ? Vous êtes sûr ? Elle était comment ?

— Grise, en métal, non, mais je sais qu'il y avait eu une histoire. Ce n'était soi-disant pas la bonne, je ne sais plus bien... Bref, on a continué jusqu'au point d'impact. Il y avait partout des petits corps. On a d'abord cru que c'était des enfants, mais c'était des singes, trois ou quatre cents ! On a redescendu sept corps humains mais on a dû les remonter, les familles ne voulaient pas qu'on les transporte, elles préféraient les laisser dans la nature. On les a sortis de la morgue. On les a remis dans l'hélico et on les a balancés du côté italien. Mais avant ça, la compagnie a organisé un voyage à Chamonix pour les familles. Je crois que ça coûtait moins cher de les faire venir, eux, que de rapatrier les corps. Ils ont fait une cérémonie sur la place du Mont-Blanc. Uniquement entre eux, on n'avait pas le droit de se mettre aux fenêtres, ils étaient plusieurs centaines. C'était peut-être deux mois après le crash. Nous, pendant qu'ils priaient, nous étions chargés d'aller lancer des fleurs sur le mont Blanc...

— Pourquoi n'en a-t-on pas parlé dans les journaux ?

— Je ne sais pas ! A la gendarmerie, on a effectivement beaucoup entendu parler d'une collision, et même d'un possible attentat contre ce savant russe, mais tout a été démenti presque aussitôt. Desmaison ? Oui, je sais qu'il y était allé mais je ne me souviens pas bien. Je me souviens qu'une compagnie d'assurances offrait une très jolie récompense à la gendarmerie si elle ramenait les cassettes de diamants, mais on n'a jamais rien retrouvé de ce genre. Il y a eu moins d'histoires pour l'Air India que pour la Malabar. Il paraît qu'en 1950, on aurait vu des gens se faire construire des maisons ou prendre un commerce quelque temps après le drame, c'est tout à fait possible... A mon avis, un jour où l'autre on va retrouver quelque chose. Les gens ont raison de chercher, mais si vous trouvez une jambe coincée dans la glace, inutile d'aller le signaler au PGHM, vous repartiriez avec votre jambe sous le bras ! Si c'est une main et qu'elle porte des bijoux ? Il faudrait bien pourtant... »

Qu'en dit le chef, l'ex-« gardien des cimes », le héros des « missions impossibles », le lieutenant Mollaret, aujourd'hui recyclé en directeur de station de ski ?

« L'affaire de l'Air India » ? Ça ne le rajeunit pas ! Il est encore marqué par cette phrase entendue à l'école des officiers de gendarmerie : « Ce qui peut vous arriver de pire dans votre carrière, c'est l'accident d'avion ! »

« La boîte noire ? Nous l'avons cherchée jusqu'à ce qu'on laisse entendre que ce n'était plus la peine. Mais nous sommes quand même montés dix-sept fois au sommet dans le cadre de l'enquête. La malette de Bhabha ? C'était également une de nos principales préoccupations. Nous n'avons retrouvé que des documents en vrac. Nous avions d'abord tous pensé, et jusqu'en haut lieu, qu'il s'agissait d'un attentat contre le professeur Bhabha. Lorsque j'ai constaté moi-même l'indescriptible chaos qui régnait là-haut, j'ai été convaincu que ça ne pouvait être que le résultat de l'explosion d'une bombe, puis les éléments examinés nous ont fait abandonner cette hypothèse. Quant à celle de la collision, c'est une aberration, je n'ai jamais eu la moindre preuve ou le moindre soupçon de preuve... L'histoire de Desmaison est, à mon avis, un coup monté de toutes pièces. J'ai beaucoup fréquenté Desmaison dont j'admire les qualités d'alpiniste et surtout de guide, et je sais qu'il est doté d'une imagination incroyable dès qu'il s'agit de communiquer avec la presse ! Cela étant, j'ai d'autres raisons de penser que cette histoire était une pure invention : les enquêteurs d'Air India, des Lloyd's et de Boeing, qui auraient eu intérêt à le prouver, n'avaient eux-mêmes aucun soupçon à ce sujet. Je peux vous dire que dans tout ce qui est actuellement trouvé aux Bossons, il n'y a aucun indice “ aberrant ”... »

Bien sûr, je lui parle de ce type qui revendrait très cher certaines pièces, du moteur volé sur la DZ...

« Jamais entendu parler. En revanche, les diamants, c'est une certitude. Nous avons reçu plusieurs courriers officiels des Lloyd's avec description détaillée du coffret : une boîte en bois, genre grosse boîte de cigarillos, remplie de diamants ! J'ai même une anecdote là-dessus. Plusieurs années après, lors d'une autre opération de secours en montagne dans le secteur, nous avons trouvé une telle boîte... Le cœur palpitant, nous l'avons ouverte. Elle était pleine de bonbons à la menthe ! A ma connaissance, ils n'ont pas encore été trouvés, et je sais qu'on cherche beaucoup, il y a eu un pillage éhonté de cette épave. J'ai même vu l'un de mes gendarmes vouloir s'accaparer un ballot de fourrures, je l'ai insulté et, la mort dans l'âme, il l'a jeté dans une crevasse. Les corps ? Sept ont été redescendus, deux ou trois seulement ont pu être identifiés. C'était très mystérieux, vous pensez, passer de 900 à 0 kilomètre/heure... Et dans tout ça, seuls les petits singes étaient parfaitement intacts, avec leurs petites mains roses. C'est vrai que nous avons jeté dans les crevasses de très nombreux restes humains qu'on jugeait impossibles à identifier. A quoi bon les descendre ? Au printemps 1966, de très nombreuses familles sont venues des Indes se rendre compte sur place. Ils ne pouvaient supporter l'idée qu'on ne puisse pas retrouver les corps. La compagnie leur payait le voyage. Ils arrivaient ici en groupes, en car, depuis Genève. Puis certains de nos gendarmes les emmenaient au sommet du téléphérique de l'aiguille du Midi afin de leur faire « sentir » la montagne. C'était très émouvant. Ils nous proposaient souvent des sommes considérables pour retrouver un corps ou un objet ayant appartenu à leur défunt. Ils arrivaient avec des photos, des radios médicales, des inventaires de valises, etc. Je me souviens d'un père qui est venu avec une photo de sa fille. Elle avait une bague incroyable au doigt. Il m'en a donné la valeur... Avec ça, ma fortune aurait été faite ! Vous ne pouvez pas vous imaginer... »

Jean-Jacques Mollaret n'a cependant aucun souvenir de cette grande fête religieuse qui, selon Pierre Grospellier, fut organisée à Chamonix avec plus de quatre cents Indiens. Il avoue n'avoir jamais pu enquêter officiellement du côté italien. « Je n'ai jamais compris pourquoi, malgré ma commission rogatoire, les autorités italiennes n'ont jamais voulu que je poursuive mes recherches chez eux, alors qu'eux n'avaient aucun moyen sérieux, ni unité d'élite, ni hélicoptère. La première opération conjointe franco-italienne ne remonte qu'à 1970, explique-t-il. Il s'agissait d'aller récupérer deux corps découverts dans la Sentinelle Rouge. C'était des Autrichiens disparus trois ou quatre ans plus tôt. Ils étaient en Italie, mais c'est nous, PSHM, qui nous sommes occupés de les redescendre et de les faire identifier à Chamonix. Lorsque nous nous sommes rendu compte que ces alpinistes étaient partis de Courmayeur, nous les avons mis dans une ambulance et nous leur avons vite fait traverser le tunnel. En parfaite illégalité certes, mais cela nous évitait de nombreuses complications administratives. »

Sur ce, quelqu'un de Chamonix me raconte qu'un « type » se vante dans les dîners de « retaper » beaucoup de bijoux ces derniers temps... De fil en aiguille, j'appelle ce personnage que je ne veux pas nommer et je me fais aussitôt insulter : « Vous n'avez pas honte, laissez donc ces morts reposer en paix, plutôt que de vous amuser à ressortir les vieilles histoires. Personne ne vous dira rien ici, sachez-le bien, personne. C'est une affaire entre gens de la vallée, je vois que ceux que je croyais mes amis parlent un peu trop. Vous savez qu'il y a des guides d'ici qui sont morts ! Pas qu'un Payot... Vous voyez, vous ne savez rien ! » Je n'en saurai pas plus.

On se vante assez facilement de trouver des bouts de macchabées, c'est visiblement une manière de se rendre intéressant, mais dès que l'on veut aller plus loin, « Y'a d' la gêne. »

De la gêne aussi chez René Desmaison. Ou simplement un manque de chance dont je suis victime. Au premier contact téléphonique, il se souvient bien sûr de l'opération Chabert et s'étonne un peu que je veuille « remuer » cette histoire. Il aimerait m'aider, mais malheureusement il part en expédition au Pérou le lendemain. Il n'a pas envie d'une conversation par téléphone. Nous décidons donc de nous contacter à son retour. Après avoir laissé plusieurs messages à l'époque dite, je le saisis enfin au vol, car voilà qu'il repart en voyage le lendemain. Dommage. N'a-t-il pas, ne serait-ce que dix minutes à me consacrer au téléphone ? Non, il me demande gentiment au passage de l'oublier dans cette histoire. Comment le pourrais-je, monsieur Desmaison ? « Allez voir Réal. Je suis désolé. »

Ce que j'ai fait, bien sûr. J'ai contacté Réal, Trotziar et Pontanier. Tous trois étaient ravis de pouvoir raconter enfin leur aventure. J'aurais pourtant aimé avoir votre avis, monsieur Desmaison, car leurs témoignages divergent sur au moins un point : l'histoire du Georges V que m'a racontée Pontanier, mais dont Philippe Réal pense qu'elle n'est pas tout à fait « réelle ».

Il est vrai qu'on la dirait extraite du registre de James Bond, mais justement, ce qui est intéressant dans ces faits divers, c'est qu'ils devraient nourrir la fiction alors que c'est le contraire qui se produit. N'ayant aucune information de la part des instances officielles — compagnies d'assurances, compagnie aérienne —, les dossiers étant trop loin et, classés et archivés (EMHM, PGHM, compagnie de gendarmerie) ou finalement assez peu précis (rapport d'enquête technique, dossier d'instruction), il est finalement bien difficile de faire la part des choses. Disons qu'il semble y avoir des lièvres à lever, des comportements pas très clairs, des rumeurs trop précises, des boîtes noires qui disparaissent trop rapidement, et des recherches qu'on arrête un peu vite.

Ensuite les esprits travaillent et fantasment. C'est la règle du jeu. Les glaciers poursuivent leur glissade, les hommes continuent à vouloir être riches, d'autres à se prendre pour des héros, et la terre tourne... Est-il vraiment important de savoir où est le vrai, où est le faux ? Ce n'est pas ce qui m'intéresse. On n'est jamais sûr de rien. Et puis il est trop tard.

44

. . . .

La parole du preneur de son

Jean Pontanier exerce toujours le même métier, au sein d'une chaîne publique. A l'écouter, on sent que l'opération Chabert a beaucoup compté dans sa carrière. Parce qu'il aime la montagne, parce que l'aventure était inoubliable, enfin parce qu'il en a sacrément bavé. Peut-être aussi parce qu'il a eu peur. Il dit en insistant que c'était incroyable mais vrai !

« Vous savez qu'on avait planqué les films et les photos dignes d'intérêt, celles des pièces, etc., dans un endroit secret au bord du glacier de Miage. Les films acheminés à Paris ont donc été en partie saisis à l'ORTF, mais il restait les photos, trois pellicules au total. Une soixantaine de photos, qu'on a fait développer par un copain. Nous nous sommes partagé les tirages. Environ un mois et demi après notre retour, René a été contacté prétendument par la Lloyd's qui voulait récupérer ces photos avec les négatifs. Ils en proposaient une fortune. Si ça avait marché, je ne travaillerais plus. Le rendez-vous était à Paris, à la brasserie George V à 11 heures 30 — je ne sais pas pourquoi je me souviens de ça. C'est Biessy et Desmaison qui devaient s'y rendre. Ils avaient mis les négatifs et les tirages dans une mallette en cuir qu'ils avaient cachée sous le siège de la voiture. Ils s'étaient garés quasiment en face du George V. Ils ne voulaient pas arriver au rendez-vous avec, ils préféraient s'assurer des conditions. Arrivés au Georges V, ils attendent, ils attendent et puis, ils finissent par ressortir. La voiture était sens dessus dessous, la malette avait disparu. Plus de photos. C'est ce que croyaient ceux qui les avaient piquées en tout cas. En fait, chacun de nous en avait un jeu. Qui a fait le coup ? La Lloyd's, on ne voit pas pourquoi. Un coup monté, sans doute, par de hautes autorités, les militaires peut-être. Bien sûr, on a essayé de vendre nos photos par la suite, on se rendait bien compte qu'elles avaient de la valeur, mais personne n'en voulait, elles étaient trop compromettantes. C'était clair, ça n'était pas le Boeing ! »

Jean Pontanier m'a donné avec plaisir des photos de sa collection personnelle : le départ en hélico, Alain Frank à la radio, etc., mais pas une de ces fameuses pièces ! Perdues dans un déménagement, c'est bête... Philipe Réal, lui non plus ne remet plus la main dessus. Reste Desmaison, il aurait tout Desmaison, les photos, des pièces de l'avion, mais voilà, René ne veut pas.

Et Trotziar ? « C'était une trop grosse affaire, on a été obligés de se taire, ça s'est réglé de gouvernement à gouvernement. Oh, je n'ai plus rien. »

Décidément...

45

D. K. Chadha

Célèbre alpiniste de la nouvelle génération, Patrick Gabarrou, bien évidemment, a lu tous les livres de son aîné Desmaison. *La montagne à mains nues, 342 heures dans les Grandes Jorasses,* etc. Aucune ligne n'évoque cette aventure. Gabarrou n'avait jamais entendu parler de l'opération Chabert et, jusqu'en 1984, ne savait rien du Kanchenjunga.

Depuis quelque temps déjà, Patrick Gabarrou avait fait de l'Envers du mont Blanc sa destination privilégiée dans le massif. Cet « Himalaya du pauvre », comme il l'appelle, ce versant méconnu, abrité des regards des vallées et qui se découvre au prix de longues marches d'approche. Pendant ses courses de la saison 1984, il repère une voie à ouvrir, superbe mais très exposée aux chutes de séracs. Il s'y engage le 19 août en compagnie de l'Italien Carlo Stratta.

« Carlo voulait retourner dans ce coin du massif où l'un de ses copains, Mario Marone, avait trouvé la mort. Une certaine manière de conjurer le sort. » Mais si Carlo est un bon alpiniste amateur, ce jour-là, avec Patrick, il présume un peu de ses forces et l'ascension se transforme en galère. « On aborde la barre de séracs, immense étrave de navire. Soudain, toute la partie gauche, puis la droite s'effondrent. Je venais juste de passer, Carlo était derrière et j'ai pensé qu'il avait été emporté. Mais non, il m'a tout de suite crié quelque chose. En revanche, il était cuit, son moral en avait pris un coup, ensuite j'ai dû le traîner. On a pris un retard de sept à huit heures. »

Ils se font prendre par la nuit dans un éperon rocheux, à la verticale des rochers de la Tournette, ils allument les lampes frontales et continuent. Soudain, vers 2 heures du matin, alors qu'il progresse en tête dans une fissure, Patrick découvre une masse sombre.

« Un pantalon ! Un pantalon qui tenait debout, raide, fiché dans la glace. » Il s'assure au niveau de l'objet, le dégage précautionneusement. Une des poches arrières contient un énorme portefeuille. A l'intérieur, un carnet, des livres sterling...

« J'ai cru que c'était les fringues d'un grimpeur anglais tombées d'un sac, j'ai tout remis dans le portefeuille, et le portefeuille dans la poche. J'ai laissé le pantalon dans la fissure et j'ai grimpé jusqu'au relais. C'est un réflexe d'honnêteté, je ne touche pas ce genre de choses trouvées en montagne. »

Ça peut pourtant aider à retrouver la trace d'un alpiniste disparu, ces choses-là, c'est certainement la réflexion que se fait l'Italien qui lui, malgré la fatigue, prend le temps de ranger le portefeuille dans son sac. Dès qu'ils sont en situation confortable, les deux grimpeurs l'examinent ensemble. Quelques dollars, des livres anglaises et des livres libanaises, un petit carnet d'adresses et un badge d'Air India. Y figurent la photo et le nom du présumé propriétaire du pantalon : D. K. Chadha, et dans le carnet des adresses et des numéros de téléphone des quatre coins du monde : Marlene à Sydney, Gloria à Moscou, Shirley à Los Angeles, Helen à Perth... Autant d'escales galantes ? Gabarrou et Stratta pensent d'abord au Malabar.

« Et puis dans ce portefeuille, se souvient bien Carlo Stratta, il y avait aussi deux trucs, comme ce dice en français ? Ah oui, deux glands. Vous appelez aussi comme ça les testicules, no ? Comme je travaille à l'aéroport de Turin, j'ai demandé à des pilotes d'Air India si cela avait une signification... Il paraît que c'est un porte-bonheur en amour ! »

C'est Carlo qui garde la pièce et, bien placé par son travail, averti immédiatement la compagnie Air India de cette découverte. On lui explique qu'il s'agit du co-pilote du Boeing. (En fait, après vérification dans la liste des passagers, il s'agit d'un steward). Carlo se propose d'envoyer lui-même le portefeuille à la famille en donnant des détails sur le lieu où il avait passé dix-huit années.

« On m'a fait comprendre que ce n'était pas nécessaire, que personne ne voulait entendre parler de cette histoire à nouveau. Mais ils m'ont demandé de retourner le plus vite possible à l'endroit où nous avions trouvé le pantalon pour procéder à des recherches. »

« Ils s'imaginaient sans doute que c'était une gentille petite falaise placée un peu haut en altitude, mais qu'il suffisait d'être alpiniste et d'aller au pied pour trouver ce qu'ils attendaient toujours.

Il y avait visiblement une histoire de diamants », souligne Gabarrou.

« Oui, ils ont vraiment insisté longtemps pour qu'on y aille, répète Stratta, ils ne voulaient pas parler clairement, mais j'ai eu l'impression que c'était extrêmement important, je crois qu'il s'agissait de retrouver des bijoux. J'ai aussi compris qu'il fallait que je sois discret... Bref, nous n'avons pas marché. »

Et c'est encore un hasard si, le 2 juin de l'année suivante, c'est à eux qu'apparut le sourire et la grâce de la danseuse indienne. « Je me souviens très bien de cette date parce que c'est le jour de la mort de Gaston Rébuffat et, chose que je ne fais jamais, j'avais monté là-haut une photo du coin découpée dans son livre les *Cent plus belles du massif du mont Blanc.* On m'a appris son décès le lendemain, c'était une drôle de coïncidence... » Gabarrou, toujours accompagné de Carlo Stratta ainsi que d'un autre guide et ami français, Wilfried Colonna, décide d'aller « ouvrir » une voie dans un autre grand éperon de la face ouest du mont Blanc, une voie qui « sort » au sommet des rochers de la Tournette.

« Une voie splendide, se souvient encore Gabarrou. Vers 14 heures, on était dans les dernières longueurs, lorsqu'on a trouvé des tas, des tas de débris. Surtout des fils électriques enchevêtrés. Et là, brusquement, j'ai eu une vision : une danseuse indienne en sari bleu qui me souriait, lumineuse dans la glace, haute de 40 centimètres environ, peinte sur un bout de tôle ; on nous a dit que c'était la mascotte du Constellation de 1950. »

Malabar Princess, était-ce vous ? Sur le reste de la pièce, la peinture est effritée mais la princesse est intacte. Trente-cinq ans pourtant que la belle était là, à quelques dizaines de mètres en fait de la voie normale du mont Blanc. Depuis le crash, elle avait sûrement entendu les souffles de milliers d'alpinistes, à deux doigts d'atteindre leur objectif. Triomphateurs sur la plate-forme du sommet, le regard perdu sur la ligne bleue des Vosges, ils auraient été loin d'imaginer quel spectacle macabre s'était joué ici. Tous les guides dont c'est le métier de « monter » des gens là-haut, savent bien pourtant... Pendant des années, ils ont vu dépasser un morceau de tôle, aileron pour certains, bout de l'empennage pour d'autres... Et puis un jour tout a disparu. La mémoire aussi.

DE KABUL

[illegible] que la [illegible]
[illegible]
[illegible] entre u des soufflés [illegible]
[illegible]
sur la place [illegible]
[illegible] des Vosges [illegible]
[illegible] Tous les [illegible]
[illegible]
savent bien pourtant [illegible]
[illegible] morceau [illegible]
[illegible]
[illegible] mémoire [illegible]

46

Mrs. Robinson

1969, trois ans après le drame du Boeing d'Air India. Aux Etats-Unis, Mrs. Robinson avait perdu le sommeil et toute raison de vivre. Elle le répétait sans cesse à son fils : « Si encore quelque chose nous avait été rendu... mais rien ! Et pas de tombe pour se recueillir. » Alors elle restait des heures, Mrs. Robinson, prostrée devant les photos encadrées de son mari, disposées un peu partout sur chaque mur et chaque meuble de la maison. Elle était triste et elle semblait souvent rêver les yeux ouverts. Elle disait qu'elle partait dans la montagne.

Pour s'imaginer un peu, elle avait acheté des livres de tourisme sur le massif du Mont-Blanc, mais cela ne suffisait pas. Elle voulait sentir les cimes ; les difficultés, le froid, les glaciers, les tempêtes, les ascensions, les cordées, le matériel qu'il faut pour aller là-haut. Elle voulait tout savoir sur cet « inaccessible » où était resté son époux. Alors, elle s'était acheté les récits de Jeremy Bernstein. Elle avait préféré *Ascent* et *Mountain Passages* à *In the Himalayas,* parce que ces deux livres parlent de Chamonix. Le premier raconte la naissance de l'alpinisme avec la première victoire du mont Blanc. Le second, écrit en 1965, narre les péripéties de l'auteur au bout de la corde de son guide, Claude Jaccoux.

Un alpiniste américain célèbre, ce Jeremy Bernstein? « Pas du tout, il est nul mais il adore ça, être en montagne! s'esclaffe Claude Jaccoux. Il estime avoir fait le tour des Alpes, et comme il est un peu vieux maintenant, il partage son temps entre New York et Aspen Colorado. »

Ce monsieur, célèbre physicien, professeur au Steven Institute of Technology, également journaliste au *New Yorker,* avait déjà une trentaine de livres scientifiques à son actif. Un de plus ou de moins, il s'est laissé guider par son autre passion. D'ailleurs, avant d'être publié, *Ascent* était paru en feuilleton dans *The New Yorker.* En résumé, Jeremy Bernstein était aux Etats-Unis le « spécialiste des Alpes, et plus particulièrement de Chamonix et de ses sommets », un habitué de la prestigieuse compagnie des guides. Il était avant tout devenu un ami de Claude Jaccoux, grand nom du milieu « alpinistique ». En parlant de lui dans chacune de ses phrases, en le faisant vivre dans les voies, photos à l'appui (Claude Jaccoux at work), dans les refuges, mais aussi au milieu de ses amis et des femmes, il avait réussit à en faire un véritable héros. « J'étais quasiment le personnage principal, il a presque fait de moi un surhomme. Il m'a donné un prestige invraisemblable et je suis très connu aux Etats-Unis par ceux qui s'intéressent à la montagne. » C'est en tout cas à lui que Mrs.

Robinson demanda à son fils de s'adresser lorsqu'il arriverait à Chamonix.

Mr. Robinson Junior débarqua à Chamonix durant les derniers jours de juillet 1969. Il descendit à l'hôtel de Paris et, à la compagnie des guides, en anglais, il demanda timidement « the famous » Claude Jaccoux. « On s'est isolé et il m'a discrètement expliqué ce qu'il voulait.

Plus qu'un pèlerinage, il s'agissait pour lui d'honorer la promesse faite à sa mère de gravir le mont Blanc et de procéder à des recherches aux alentours. Car sa mère ne voulait pas croire que les corps n'aient pu être redescendus. Etant persuadé que ce serait la seule façon de calmer son tourment, il avait spécialement fait le voyage. Robinson Junior avait environ trente-cinq ans, il n'avait jamais mis les pieds en montagne. Je lui ai laissé peu d'espoir. D'abord d'arriver au sommet, vu son inexpérience et encore moins de retrouver quoi que ce soit. Il s'était écoulé quatre étés depuis le crash, mais il a insisté et j'ai fini par comprendre ce que cela représentait pour lui. Je l'ai entraîné un peu, lui ai donné la liste de l'équipement à acheter et on est parti. Sa volonté a été plus forte que tout.

Arrivés au-dessous de l'arête des Bosses, près des rochers de la Tournette — puisque je savais que c'était là —, nous nous sommes arrêtés. J'ai attaché le gars et je suis allé me balader côté italien — c'est très raide, et rocheux. Tout de suite, j'ai découvert une masse de débris absolument invraisemblable. Il y en avait partout, bizarrement retenus dans la pente par les rochers. Des chaussures, des morceaux de valise. A perte de vue, je voyais des trucs, des papiers, etc.

Du coup, par curiosité, j'ai fouillé et j'ai trouvé un sac postal dans lequel restait une liasse de lettres postées en Inde, attachées par un fil. Elles étaient toutes adressées en Suède. (J'ai remis ce paquet à la poste). J'ai retrouvé mon Américain et je lui ai expliqué qu'il fallait orienter nos recherches du côté italien.

Comme il n'était pas question d'emmener le type grimper sur ce versant, il a loué un hélicoptère. On l'a pris au pied du glacier de Miage et on a remonté l'Envers du mont Blanc. Tout le long, on voyait des débris en tous genres mais rien qui ressemble à un cadavre. On volait au ras de la paroi, j'étais très inquiet parce que c'est une face pourrie, ça parpine tout le temps. On zigzaguait pour éviter les chutes de pierres. J'étais tellement angoissé que je laissais l'Américain explorer le sol pendant que moi, je restais les yeux en l'air à surveiller les pierres. Il suffisait d'un tout petit caillou dans les pales et on était en bas ! A un moment, j'ai hurlé ! Le pilote a dégagé immédiatement mais il était moins une ! Dans le même mouvement, notre Américain avait vu quelque chose. A la hauteur de la Petite Bosse, un fauteuil avec un mec assis dedans ! Un corps absolument intact, hormis le fait qu'il était décapité. C'était à dix minutes de l'arête de la voie normale du mont Blanc. Durant quatre étés, des centaines de personnes étaient passées à côté sans le voir. Incroyable ! L'hélicoptère m'a posé sur l'arête, j'ai chaussé mes crampons, je suis descendu. Le type était en costume impeccable, avec une chemise blanche et un gilet de laine rouge à manches longues. Il y avait plein de papiers coincés dans sa ceinture, écrits en japonais. En remontant, j'ai expliqué à Mr. Robinson que ça ne devait pas être un Américain, mais c'était difficile à savoir. En bas, j'ai immédiatement prévenu le PGHM. Ils m'ont béni... Tu penses, déployer des moyens importants en pleine saison pour aller récupérer un cadavre vieux de trois ans et demi ! J'ai insisté, ils sont montés quelques jours plus tard. Et le cadavre a pu être identifié. Ça n'était hélas pas le père de mon Américain, mais Robinson était content d'avoir fait son possible et même l'impossible. Il pouvait rentrer en Amérique soulagé. »

C'est Mollaret et le gendarme Arbez-Gindre qui montèrent. Le malheureux passager était pris dans la glace. Dans la poche arrière de son pantalon, ils trouvèrent son portefeuille. L'identification fut assez facile. Il s'agissait de Gangaikondan Venkatajuba Sivaswadi, employé d'Air India à Bombay.

Quelque temps plus tard, Claude Jaccoux et Bernard Domenech réalisèrent une première dans un éperon rocheux du versant italien, à la verticale du refuge Quintina Sella. Bernard Domenech se souvient d'avoir vu lui aussi un passager assis sur son siège...

La presse fit part de ces dernières découvertes et, de nouveau, des lettres chargées d'espoir affluèrent sur le bureau du juge d'instruction...

Jean-Jacques Mollaret me disait encore : « Le plus troublant dans cette affaire, c'est de s'imaginer que cent passagers se sont pour ainsi dire volatilisés. Qu'ils hantent la montagne. Et qu'ils réapparaissent de temps à autre. C'est un cas rarissime. En ce sens, ce crash fut extraordinaire. »

Après tout, il a raison l'ex-officier de gendarmerie, les faits divers sont là pour ça, faire basculer l'ordinaire du quotidien dans l'« extraordinaire », transformer leurs protagonistes en héros, leurs victimes en martyrs, alimenter la chronique et exciter les conversations du moment. Avec le temps les drames deviennent simplement de grandes histoires qu'une communauté s'approprie, dont on oublie peu à peu les origines et les détails pour n'en retenir que les légendes incroyables. La vérité ? C'est celle que chacun se plaît à croire ou préfère oublier.

La compagnie Air India, doublement touchée, est encore plongée dans la honte et ne veut plus entendre parler de ces accidents.

Les enquêtes ont été bouclées sans que certaines questions aient jamais été vraiment élucidées.

A Chamonix, on ne sait plus très bien comment raconter. On fuit devant les questions.

Dans les deux crashs du mont Blanc, certains ont trouvé la mort ou le malheur, d'autres la gloire ou la richesse, d'autres encore l'inspiration.

A Bombay ou à Londres, en France comme en Belgique ou aux Etats-Unis, les chagrins se sont estompés.

Dans les glaciers se poursuit le long voyage des passagers d'Air India.

Dans les placards et les garages s'entassent des débris d'avion, des morceaux de papiers qui sentent encore le kérosène.

Dans les mémoires, tout s'emmêle.

Dans le cimetière de Chamonix, vieillit une plaque dédiée à Josette Bonnargent, de la part de ses collègues d'Air France New York. Sans que rien d'autre ne soit précisé.

Que penserait le vieil Emile de ceux qui aujourd'hui ramassent des mains indiennes dans leur sac à dos, des voleurs de moteurs, des pièces exhibées devant les touristes ?

Il serait gêné. Il ne pourrait entendre parler de membres trouvés aux Bossons sans penser à Bertoli, Munkund, Robinson, au petit Demello, au steward Ganesh, au commandant Saint...

TABLE DES MATIERES

Première partie 11

1. *Gateway of India* 17
2. *De l'eau de soleil* 35
3. *Vendredi 3 novembre 1950* 45
4. *Ganesh* 55
5. *Dimanche 5 novembre 1950* 61
6. *Lundi 6 novembre 1950* 69
7. *Mort d'un guide* 81
8. *Dans la légende* 91
9. *Mardi 7 novembre 1950* 101
10. *La montagne au trésor* 107
11. *Les « cinq » de Saint-Gervais* 123
12. *Sois un homme !* 135
13. *A la gloire de Saint-Gervais* 143
14. *Le sacrifice* 153
15. *Lundi 24 janvier 1966* 163
16. *A 5 miles du mont Blanc* 169
17. *Comme un nuage noir* 177
18. *Les gardiens des cimes* 189
19. *Un décor d'éternité* 199

20. *Des singes presque intacts* 207
21. *Au milieu des éléphants et des temples* . . . 217
22. *Circulez !* 223
23. *La lumière des vivants* 235
24. *Lorsque la neige aura fondu* 241
25. *Entre la grève et le scoop* 249
26. *Sport et collision* 259
27. *Opération Chabert* 269
28. *Secret défense* 285
29. *Redescente sur terre* 297
30. *Chamonix s'en fout* 307
31. *Plusieurs voix* 315
32. *Adieu l'Emile* 321
33. *Intimes convictions* 329
34. *Dossier classé* 335
35. *Montagnards au cœur pur* 347

Deuxième partie 353

36. *L'exotisme et la mort sur le toit de l'Europe* 355
37. *Des Bossons du mont Blanc* 361
38. *Le gérant de la buvette* 367
39. *La ferailleuse des Bossons* 375
40. *La neige en deuil* 381
41. *The mountain V.O.* 387
42. *Vincendon et Henry* 395
43. *Quarante ans déjà* 407
44. *La parole du preneur de son* 419
45. *D.K. Chadha* 425
46. *Mrs. Robinson* 433

Sources 443
Bibliographie 445
Remerciements 447

Sources

Archives départementales de l'Isère, archives du tribunal de Bonneville, archives de l'Aviation civile, mairie de Chamonix, INA, Cinémathèque française, Radio France, Lloyd's, Carabinieri Courmayeur, Philippe Réal, Jean Pontanier, Robert Petitprestout, Louis Viallet, Sylviane Buratti, *Le Figaro, Le Dauphiné Libéré, Le Progrès, Paris-Match, Le Monde, Le Canard Enchaîné, La Stampa, La Tribune de Genève, VSD, Times, Le Sunday Times, Radar, Sois un homme!, Le Journal officiel, Le Daily Telegraph, Ciné Révélation, Ciné Revue, L'écho de la Gendarmerie nationale, Vertical, Montagnes magazine, La Montagne et Alpinisme.*

Bibliographie

Nocturne indien, Antonio Tabucchi, Christian Bourgois éditeur ; *La cité de la joie,* Dominique Lapierre, Robert Laffont ; *La neige en deuil,* Henri Troyat, Flammarion ; *Un si long chemin,* Henri Troyat, Flammarion ; *Mont-Blanc Story,* Philippe Gindraux, Slatkine ; *Guide,* Pierre Leroux, Arthaud ; *Au royaume de Mont Blanc,* Paul Payot, Arthaud ; *Cathédrales de Trango,* Patrick Cordier, Arthaud ; *Missions impossibles,* Jean-Jacques Mollaret, Cerf ; *342 heures dans les Grandes Jorasses,* René Desmaison, Flammarion ; *La montagne à mains nues,* René Desmaison, Flammarion ; *Mountain,* Jeremy Bernstein, Touchstone ; *Ascent,* Jeremy Bernstein, Touchstone.

Bibliographie

[illegible] Antoine [illegible] Dominique Lapierre, Robert Laffont [illegible] Henri [illegible] Pierre Leroux [illegible] Jacques [illegible] René [illegible] Jérôme Bernard [illegible]

Remerciements

Henri Troyat, Sylviane Buratti, madame Gubler, Marie Campet, monsieur et madame Christian Mollier, Louis Pirally, Georges Payot, Alfred Payot et son cousin Alfred Payot, Philippe Réal, René Desmaison, Louis Viallet, Pierre Grospellier, Claude Jaccoux, José de Vérité, James Couttet, Cathy Ravanel, Marie-Hélène Simond, Joakim Arlaud, René Simond, Bernard Domenech, Patrick Gabarrou, Jean-Jacques Mollaret, Robert Petitprestout, maresciallo Romano, brigadier Paulo Loddo, François Chamagne, Roger Bozon, Carlo Stratta, Emile Troksiar, Jean Pontanier, Philippe Rabut, madame Burnier du tribunal de Bonneville, madame Blanc, Didier Bonnel, Olivier Chanay, J.-F. Gay, Doune Porter, Céline Rey, Mr. Mc Guire, Godefroy Perroux et François Damilano.

Aubin Imprimeur
LIGUGÉ, POITIERS

Achevé d'imprimer en mars 1993
N° ES 93057 / N° d'impression L 42301
Dépôt légal avril 1993
Imprimé en France

ISBN 2-73-820594-1
33-12-5594-01/8